刘国光

经济论著全集

（进入社会主义市场经济初期的思考 1996—1997年）

第 ⑬ 卷

知识产权出版社

全国百佳图书出版单位

目 录

中国经济的两个根本性转变*

（1996年12月）

一、两种经济体制和两种经济增长方式

1995年9月，中国共产党召开了第十四届中央委员会第五次全体会议，审议并通过了《中共中央关于制定国民经济和社会发展"九五"计划和2010年远景目标的建议》（以下简称《建议》）。接着在1996年3月，第八届全国人民代表大会召开了第四次会议，批准了国务院根据《建议》制定的《中华人民共和国国民经济和社会发展"九五"计划和2010年远景目标纲要》（以下简称《纲要》）。两个历史性文献是组织和动员全国人民推进改革开放和现代化建设的行动纲领，描绘了宏伟绚丽的蓝图，具有承前启后、继往开来的重大意义和指导作用。《建议》和《纲要》都强调指出：实现今后15年的奋斗目标，"关键是实行两个具有全局意义的根本性转变，一是经济体制从传统的计划经济体制向社会主义市场经济体制转变，二是经济增长方式从粗放型向集约型转变"，其目的是促进国民经济持续、快速、健康发展和社会全面进步。两个根本性转变是《建议》和《纲要》中的画龙点睛之笔，决定着伟大的中国将以什么样的新姿态和形象，昂首阔步地迈向迎面而来的21世纪！

一个国家的经济发展，决定其轨迹的，一是经济体制，二

---

* 上海远东出版社1996年版。

是经济增长方式。前者与生产关系相联系，后者与生产力相联系，两者之间相互依存、相互制约、相互促进，在不同条件下有不同的组合形态。一定的经济体制与一定的经济增长方式是对应的。在经济体制与经济增长方式相适应的情况下，经济发展比较顺利；当经济体制不适应经济增长方式转变要求时，就会出现这样那样的矛盾和障碍。当出现后一种情况时，必须改革经济体制，才能进一步解放和发展生产力。我们经常把改革与发展并提，就是为了求得生产关系的完善，以促进生产力的发展。同时，发展本身，还有一个采取什么经济增长方式的问题。不同的经济增长方式，对发展经济也有不同的决定性影响，导致发展的不同成效。因此，在经济建设中，经济体制的选择和改革与经济增长方式的选择和更新，成为经济工作始终关注和决策的重要内容。《建议》和《纲要》提出两个转变，既具有"全局意义"，又具有"根本性"，确实抓住了经济发展的关键。

阐述和研究两个转变，首先有必要对计划经济和市场经济两种经济体制，尤其是粗放型和集约型两种经济增长方式的含义和内容及其联系和区别，作出理论的界定和结合实际的解释，以便在本书各章能有明确的话语前提。

关于经济体制和计划经济、市场经济，经过十多年的实践和研讨，大家获得了基本共识，有的已经耳熟能详，这里只需简略言之。

什么是经济体制？一般的工具书和教科书各有大同小异的诠注。1988年出版的《中国大百科全书·经济卷》，对"国民经济体制"简称"经济体制"条目所下的定义是："在一定的社会经济制度下，生产关系的具体形式以及组织、管理和调节国民经济的制度、方式、方法的总称。"这里所说的社会经济制度，是指资本主义制度和社会主义制度等基本的经济制度，是以占主体地位起主导作用的生产资料所有制为转移的：在当代，私有经济为主是资本主义，公有经济为主是社会主义。在一定的基本制度下，应当和可能有不同的经济体制，即生产关系的具体形式。这是从实践中得出的新概念。过去不这样看，传统的观念是把市场经济归属于资本主义，而把计划经济视为社会主义的基本特征之一。直至邓小平指出："我们必须从理论上搞懂，资本主义与社会主义的区分不在于是计划还是市场这样的问题。社会主义也有市场经济，资本主义也有计划控制"①，终于突破了旧框框。后来又说："计划多一点还是市场多一点，不是社会主义与资本主义的本质区别。计划经济不等于社会主义，资本主义也有计划；市场经济不等于资本主义，社会主义也有市场。计划和市场都是经济手段。"②这就是说，在社会主义基本制度下，实行何种经济体制大有选择的余地，一切应当从有利于解放和发展社会生产力出发，别无其他标准和限制。

"计划和市场都是经济手段"，也就是说，计划和市场都服从和服务于发展生产力这个经济目的。现在大家把经济体制定义为一种资源配置方式，比过去深入了一步。资源配置是经济学的一个重要概念。资源是指人们可以掌握、支配、利用的人力、物力、财力和土地等经济资源。相对于需求的无限，资源总是有限的、稀缺的。经济学的任务就是研究如何把有限的资源有效地配置到社会的各个部门、产品和劳务的生产上去，以产生最佳效益，最大限度地满足社会不断增长的需求。资源配置要靠一定的经济手段，要建立一定的经济体制。以市场为主来配置资源，就是市场经济；以计划为主来配置资源，就是计划经济。两者之间有交错、结合，而以起基础性作用的机制为主来区别市场经济或

① 《善于利用时机解决发展问题》，《邓小平文选》第三卷，第364页。
② 《在武昌、深圳、珠海、上海等地的谈话要点》，《邓小平文选》第三卷，第373页。

计划经济。在这个意义上，市场经济和计划经济只是两种经济体制，不涉及姓"资"或姓"社"的基本制度问题。

由市场经济到计划经济，有其产生、发展和变化的历史过程。从基本制度即生产方式看，历史分为原始社会、奴隶社会、封建社会、资本主义社会和社会主义、共产主义社会；从经济形态或经济体制看，主要是由自然经济逐步发展为商品经济和市场经济。原始社会的生产力极不发达，基本上没有剩余产品，只能维持勉强的自给，那是自然经济。原始社会末期，生产力有所发展，出现了社会分工和剩余产品，于是有了商品生产和商品交换。但是奴隶社会和封建社会，商品经济只在自然经济的夹缝里成长，市场很不发达，市场还不是资源配置的主要手段。即使在资本主义社会的初期和早期，商品生产和商品交换有了长足发展，而其广度和深度仍然有限，还不是成熟的市场经济。只有到了产业革命以后，机器广泛地代替了手工工具，生产力发展了，社会分工深化了，商品经济全面取代了自然经济，市场成了资源配置的主要手段，才成为一种普遍的经济体制。

市场经济促进了生产力的空前发展，但是在资本主义制度下，存在着生产社会化与生产资料私有制的根本矛盾，导致生产的无政府状态和周期性的经济危机。针对此一现象，马克思曾经设想在公有制基础上有计划地组织全社会的生产和经济活动。俄国十月革命使此一设想得到实验场地，计划经济于是产生，成为市场经济以外的又一种经济体制，至今也有大半个世纪了。与此同时，资本主义经过"凯恩斯革命"，实行国家干预，有的国家和地区也采用了不同形式的计划手段，在某种意义上是借鉴了社会主义国家的经济体制，但是并未脱离其市场为主的体制本质。第二次世界大战后，从南斯拉夫开始，实行计划经济的一批国家先后发现这种体制的弊病，改革的方向是不同程度地引入市场机制，即所谓市场取向，直至以建立市场经济体制为目标。正是在这样的历史背景下，市场经济和计划经济并列为两种经济体制，或称两种经济体制模式。

为什么说市场经济体制的资源配置比计划经济体制要有效呢？我们的理解是：一方面，由于社会经济的发展，生产越来越社会化，存在广泛的社会分工；另一方面，由于现阶段存在多种经济成分，即使在公有制内部，也存在着各单位之间的利益差别，相互之间的联系只能通过商品交换。一切资源因此都具有商品属性，或者说，都商品化了，必须通过市场来流动和组合。在这种条件下，只有发挥市场机制的作用，即按照市场供求变化引起的价格升降来促进资源流动，使其流向需求最大的部门和效率最高的企业，才能达到资源的优化配置。相反，如果只发挥计划机制的作用，靠大量指令性指标来配置资源，则由于必须处理的大量信息难以处理而不可避免地要与实际动态相脱节，加上既不尊重价值规律，也不讲究成本—效益关系，其结果必然是资源配置的不当。两种资源配置方式的优劣表明，必须扬弃计划经济，选择市场经济，不改革就没有出路。这是吸收人类创造的文明成果，拿来为我所用，与引进世界先进技术一样，是无可厚非的。

当然，市场经济也不是尽善尽美，也有其失灵之处。补充之道，在于逐步加强和完善国家的宏观调控。计划作为宏观调控的重要工具之一，重新找到了自己的位置。但是，这已不是传统的以指令性指标为主的计划，而是经过改革，脱胎换骨，建立在市场经济体制基础上的计划，即具有战略性、宏观性、长远性、指导性、政策性、预测性以及调控性。市场经济不仅可以与不同的社会制度相容，而且不是只有一个模式。当代西方的市场经济，至少有三种主要类型：以美国为代表的所谓金融主导型市场经济，以德国为代表的所谓社会市场经济和以日本、法国为代表的政府主导型市场经济（还有其他类型）。社会主义市场经济，更有自己的特色。至于将来会有什么变化，商品经济或市场经济是否"万岁"，计划经济能否东山再起，现在有各种议论，当待实践来回答，我们不必为后人作出目前还说不清楚的预言。

关于经济增长方式的粗放型、集约型，虽然理论上提出很早、实践上也有涉及，但是过去强调不够、不太明确，现在有些人还感到陌生甚至新鲜，因而有必要略加阐述。

什么是经济增长方式？已有的工具书和教科书还没有作出专门的定义和解释。"经济增长"是指经济数量的增加和经济规模的扩大，在现代经济学中，与"经济发展"是两个既有联系又有区别的概念。联系，是因为经济发展离不开经济增长，没有增长也就没有发展；区别，是因为经济发展又不仅是经济增长，还包括以科技进步为标志的经济素质的提高和经济结构的优化。所以，在绝对意义上，增长不等于发展。发展经济学认为，对发展中国家来说，不该满足于增长，更要追求发展，才能逐步发达起来；而对发达国家来说，发展的历史任务似已完成，现实的追求是继续增长。但是，由于我国处于发展中阶段，发展从增长开始，因此在一般意义上，约定俗成地把经济增长和经济发展基本上视为同义词。基于这样的习惯，不妨把经济增长方式理解为经济发展方式，或称经济发展模式，是指经济发展的途径、道路和方法、形式的总和，也是经济增长目的与经济增长手段的统一。这与经济发展战略既有联系又有区别。"经济发展战略是指在较长时期内，例如，五年、十年、二十年，根据对经济发展的各种因素、条件的估量，从关系经济发展全局的各个方面出发，考虑和制定经济发展所要达到的目标、所要解决的重点、所要经过的阶段以及为实现上述要求所采取的力量部署和重大的政策措施而言。它涉及经济发展中带有全局性、长远性和根本性的问

刘国光

经济论著全集

第
13
卷

题。"①经济发展战略的含义比经济增长方式要宽一些,包括经济发展的战略目标、战略重点、战略部署、战略措施和发展方式等,其中发展方式相当于增长方式。现在所说的经济增长方式,从资源配置的角度看,是指在经济增长中多种生产要素的组合方式。这可以认为是经济发展战略的概括和体现,或者说,是贯穿于整个经济发展战略的一条主线。经济发展战略的选择和转变,往往集中地表现为经济增长方式的选择和转变,两者是亦步亦趋的。

经济增长和经济发展都以扩大再生产为基础,所以,经济增长方式和经济发展方式也就是马克思说的扩大再生产方式。他把扩大再生产方式分为两种基本类型:一是外延的扩大再生产,二是内涵的扩大再生产。外延和内涵,又翻译为粗放和集约(原文是extensive和intensive)。翻译用语的不同,就中文而言,具体理解也会略有差异。粗放和集约的划分,源自古典经济学,李嘉图等在地租理论中首先提出,马克思在《资本论》中给以解释,集约是"资本集中在同一土地上,而不是分散在若干毗连的土地上"②。这是指农业经营,通过扩大耕地面积来增加产品总量属于粗放型,通过在一定面积的土地上投入更多的劳动或资本来提高产量属于集约型。这与我们常说的广种薄收和精耕细作,大体上是一个意思。马克思起先用于工业,把通过追加资本投入使产出增加叫作外延扩大再生产方式,把通过技术改进等使产出增加叫作内涵扩大再生产方式,当时的背景是资本主义国家正处于工业化过程中,资本是经济发展的主要支持要素,经济活动直接表现为资本的扩大再生产活动,资本的投入和产出成为研究一切经济现象的基本依据。后来逐步延伸到其他生产要素,他说:"如

① 刘国光:《中国经济发展战略问题研究》,上海人民出版社1984年版,第2—3页。

② 《马克思恩格斯全集》第25卷,人民出版社1972年版,第760页。

果生产场所扩大了，就是在外延上扩大"；"如果生产资料效率提高了，就是在内涵上扩大。"[①]可见，粗放型增长和集约型增长是指对待和利用生产要素的两种不同的方式：粗放型增长强调增加投入，通过增加生产要素的数量来实现；集约型增长强调改善投入产出关系，通过提高生产要素的使用效率来实现。

这些概念，在西方经济学中得到广泛使用，先后提出"生产函数"和"全（总）要素生产率"或"综合要素生产率"等经济术语。这些理论认为，构成一国经济增长的源泉主要有两类因素，一是要素投入（包括劳动要素和资本要素）的增加，二是综合要素生产率的提高。简化了的数学模型是 $GY = GI + GA$。其中 GY 表示经济增长率，GI 表示要素投入增长率，GA 表示综合要素生产率的增长率。利用这个模型，根据要素投入和效率（综合要素生产率）在经济增长过程中贡献份额的大小，可以把所有经济增长大体上分为两种方式：一是投入型增长方式，其中要素投入增长对经济增长的作用大；二是效率型增长方式，其中综合要素增长率的增长对经济增长的作用大。这两种增长方式，与外延和内涵、粗放和集约的含义也基本上相通。值得注意的是，在有关理论中还联系要素的有限性，认为依靠要素投入，其效率是递减的并有其边际，因此仅靠投入型增长也不可能长期持续。[②]

这些概念，在苏联和东欧国家的理论和实践中曾经有过较大反响。20世纪60年代起，苏联及东欧各国的经济增长率开始下降，经济状况越来越糟，多数经济学家的判断是：问题出在"外延增长"战略上，克服困难的出路在于从外延增长转向内涵增长，并且必须进行经济体制改革。于是而有1962年的"利别尔曼建议"和1965年的"柯西金改革"以及实际的策划；但当时在传

① 《马克思恩格斯全集》第24卷，人民出版社1972年版，第192页。
② ［美］萨缪尔森等：《经济学》下册（第12版），中国发展出版社1992年版，第1335—1342页。

统思想的统治下，这类在旧体制和旧增长方式范围内的转变也被视作离经叛道，终于遭到扼杀。对苏联及东欧学者使用的概念，匈牙利经济学家科尔奈曾通过与西方的对比，指出总产出的增长可以由两组原因产生：一是包括由各种生产要素投入增加产生的效应，二是涵盖由要素生产率提高产生的效应；只是用语不同而含义相同："要素增加等于外延方式，要素生产率提高则与内涵方式相当。"[1]

这些概念，我国经济学界在20世纪60年代就曾有所讨论，20世纪80年代则进一步深化。其中可以摘引的有如："其实，从每一种生产要素（生产资料、土地、劳动力）来看，都有外延扩大和内涵发展的问题。如果扩大再生产是靠增加某种生产要素的数量实现的，那就是外延扩大；如果是靠提高其质量效率实现的，则是内涵扩大。问题在于外延和内涵往往是结合在一起的。"[2] "一般来说，发展经济有两条途径，一是外延型扩大再生产，二是内涵型扩大再生产"；"所谓外延的扩大再生产，是指依靠增加生产要素的数量，即依靠增人、增投资、增材料、扩大生产场所来扩大生产规模，……所谓内涵的扩大再生产，是指生产规模的扩大，……是依靠技术进步，依靠生产要素的质量，依靠提高社会生产效率而取得的。"[3]

经济增长方式的分类，除了外延和内涵、粗放型和集约型以及投入型和效率型等外，经常使用的还有速度型和效益型、数量型和质量型，其含义与前述也基本上相对应。因为外延、粗放型和投入型，着重的是速度和数量而不是效益和质量，内涵、集约型和效率型则相反。所以有多样的说法，是因角度和视野不同，

---

① The Socialist System，1992，pp.180—181.

② 刘国光：《关于外延的扩大再生产和内涵的扩大再生产的关系》，《光明日报》1962年7月2日。

③ 刘国光：《论经济改革与经济调整》，江苏人民出版社1983年版，第228、311页。

实质上却是相同或相似、相近的。总之，外延、粗放型的增长方式是以追求数量、规模、速度产值等为目的，其手段是依靠资金、物资、劳动力等的投入，上新项目，铺新摊子，而对于经济发展的质量和效率、效益却重视不够；内涵、集约型的增长方式则主要依靠科技进步、更新改造和管理合理化以及人的素质的提高，以求得经济增长的质量和效率、效益的提高。换句话说，粗放型增长就是高投入、高消耗甚至高浪费和低质量、低效率、低效益甚至负效益的方式，而集约型增长则是以低投入和低消耗求得高质量和高效率的方式，两者的目的和手段迥然有异。

如前所述，两种经济增长方式往往结合在一起，难以截然分开。这不仅指一个国家的宏观而言，在经济增长中同时存在两种方式；并且也指一个企业的微观而言，其经济增长方式是粗放型和集约型并存。例如，在一个时期或一项工程中，既增加资金和劳动力，又有相当的科技投入并显示科技进步；特别如增加和改进设备，一般都要相应增加资金、劳动力，同时在某种程度上提高科技水平。当然，也有只增加要素投入而不改善技术构成的纯粗放型增长，或在科技进步中节约劳动力和节约资金并举的纯集约型增长。怎样划分和区别，大致有两个标准：一是看经济增长主要是靠增加劳动力还是靠提高劳动生产率；二是看投入对经济增长所占份额主要靠增加要素还是主要靠科技进步。其量化标准迄无定论：有人认为，可以对资本的有机构成进行分析，用生产资料价值（C）和劳动力价值（V）之比来判断，C占比重越大就是集约化程度越高，反之则为粗放型；有人认为，要看粗放因素和集约因素对经济增长的贡献大小，并从其消长变化来观察粗放型增长向集约型增长的渐进；还有人认为，要看科技进步对经济增长的贡献份额，达到一定程度如50%或60%以上，才是到达了集约型增长。鉴于两者的交错，有人认为，一般没有绝对的粗放型增长或集约型增长，科学的提法应当是粗放为主的增长方式或集约为主的增长方式，还有两者比重相当的从粗放向集约转型、过渡和结合的增长方式。

两种经济增长方式之间的关系和比较，与两种经济体制之间的关系和比较，不尽相同。前面，我们比较了两种经济体制的优劣，肯定了应当通过深化改革，从计划经济转变为社会主义市场经济。对两种经济增长方式，虽然也有优劣之分，但是两者之间又有历史的嬗递关系，代表了经济发展的不同阶段，其转变更决定于各项条件的具备，因而要求主观的认识和实践跟上经济发展的形势。所以，从计划经济到市场经济是以一种符合市场经济运行规律的资源配置方式来取代另一种不符合客观规律的资源配置方式；而从粗放型增长到集约型增长则是以一种适应新形势的增长方式来接替另一种落后于形势的增长方式。体制改革也是一场革命，目的是解放和发展生产力；增长方式的更新就不一定说是革命，其目的只是继续推动生产力的发展。

在两种经济体制和两种经济增长方式之间，有着相互依存、相互制约和相互促进的关系。有人认为，经济增长方式不过是一个经济系统在一定的体制安排下，在所处的发展阶段上关于经济运行状况和经济增长动力结构的统称。所谓动力结构，是指经济增长主要靠增加生产要素和靠科技进步的关系，这既与发展阶段有关，又与经济体制有关。由于发展阶段在短期内相对固定，因此在一定阶段，经济增长方式是经济体制的函数。①换句话说，与计划经济相适应的是靠投入、重数量的粗放型增长方式，并有碍于向集约型顺利转变；而靠科技进步、重效益的集约型增长方式，则有赖于以形成市场经济为前提和保证。这种联动关系表明，两个转变一定要同步进行！

《建议》和《纲要》提出两个根本性转变，作为实现今后

---

① 《转变：我们的目标是什么？》，《经济日报》1996年3月11日。

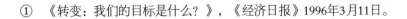

15年奋斗目标的关键，立即博得大家的高度重视，成为经济工作和理论研究的热点。由于对经济体制的实践和研究至少已有17年之久，而对经济增长方式的研究和实践相对较短暂，本书拟侧重于后者的探索，但对前者也就其有关方面进行必要的阐述。在方法上，我们将从回顾历史（1949—1978年）入手，经过对现状（1979—1995年）的分析和评价，落脚于瞻望未来（1996—2010年），提供一些对策设想。对改革和发展的这两个转变，我们过去曾经与许多同行一起，做过若干研究，现在更面临着很多新情况和新问题。可以相信，经过大家的共同努力，我们的研究工作一定会有所前进，将对社会主义现代化建设事业作出应有的贡献，以尽经济学人的社会职责。

二、两个转变的理论和决策的开拓

改革与发展之间的联动关系，有人譬喻为鸡与蛋，谁生谁，像是一个封闭的圆圈，形成一个没有起点和终点的循环。

以党的十一届三中全会为起点，改革开放和现代化建设的帷幕拉开了，中国的经济发展进入了史无前例的新时期，捷报频传，凯歌高奏。正如《纲要》所说，经过四十多年的建设，特别是近十七年的发展，"取得了历史性成就，形成了有步骤地实现现代化的路线、方针和政策，成功地走出了一条建设有中国特色社会主义的道路"。

（一）经济体制改革的目标选择和逐步推进

改革是解放和发展生产力的必由之路。没有前人的经验，这条路全靠自己的摸索。所以在改革之初，不得不"摸着石头过河"。但在有所跋涉之后，要不要择定一个目标，曾经有过争论。有人认为，由于理论准备很不充分，改革不可设计，也无须设计，或者只能"边设计、边施工"；有人认为，要搞总体设计，如果没有可供实施的总体方案，而走一步看一步，会使整个体制作为一个系统失去平衡。这既说明了拟定总体设想的艰巨性，又确实说明了进一步深入研究目标的必要性。这个必要性意味着，择定改革目标，一则有利于克服盲目性，提高自觉性；二则有利于坚定改革的信念，防止改革中的动摇；三则有利于抓住根本，排除细节的干扰。

至于选择什么目标，先后有过多种方案。起初，有的坚持计划经济，有的提出商品经济，也有的提出市场经济，更多的赞成计划经济与商品经济相结合，而结合又有不同含义，表述为计划商品经济、计划市场经济或商品计划经济（区别于原来的产品计划经济）。在党的十一届三中全会10周年前夕，1987年年底到1988年夏，国家体改委组织各方面专家研究设计中期（1988—1995年）经济体制改革规划时，大致有几种不同思路，包括"市场—价格改革中心论""企业—所有制改革中心论""企业—所有制改革和市场—价格改革两条主线同时推进论""整体协调改革论""宏观体制先行论"等。[①]此外，如"国家调节市场、市场引导企业论"，也流行一时。各种思路的共同点是走出纯计划经济，扩大商品经济或引入市场经济，在计划和市场两者之间寻找结合点。可以认为，经济体制改革一开始，就基本上采取了市场方向，这是对头的。

我们主张选择一种目标模式。当时，不少人对"模式"的说法不太理解，往往误解为一成不变的定式或依样描画的模特，类似于"样板"。其实，模式无非是"类型""形态""形式"的意思，只是研究和分析的工具，是从具体的经济体制中排除了细节而得到的理论抽象，是对某一种经济体制的基本规定性的概

---

① 国家经济体制改革委员会综合规划司：《中国改革大思路》，沈阳出版社1988年版。

括，是指这种经济体制的基本框架和主要运行机制的总和。党的十一届六中全会《关于建国以来党的若干历史问题的决议》中指出："社会主义生产关系的发展并不存在一套固定的模式，我们的任务是要根据我国生产力发展的要求，在每一个阶段上创造出与之相适应和便于继续前进的生产关系的具体形式。"

根据所有制结构、决策结构、调控结构、利益和动力结构以及组织结构五个方面的特征，我们曾经把社会主义经济体制大体上分为五种模式。

1. 军事共产主义的供给制模式

这是一种完全排斥商品货币关系和市场机制的实物分配型经济，其目标构想是把整个社会看成一个大工厂，这种模式只能在战争和经济封锁等异常条件下实行，有很大的特殊性、暂时性和局限性。

2. 传统的集中计划经济模式

基本上就是我们曾经实行过的那种体制，其特点是宏观经济活动和企业日常活动的决策权集中在国家，借以实现的基本方式是以行政权力等级结构为基础的指令性计划，与前一种模式的区别在于个人和家庭的经济活动决策权基本上是分散的。

3. 改良的集中计划经济模式

基本上保留了传统的集中计划经济的基本模式，但将部分微观决策权力下放给企业，如计划外产品有一部分可以自销，有一部分利润可以由企业留用于发展生产和奖金福利等。与前两种模式的不同之处，主要是扩大了价值规律的作用，扩大了市场调节的范围，开始注意了运用价格、利润、工资、信贷等经济杠杆，但是仍旧坚持集中计划经济的原则。

4. 计划调节与市场机制有机结合的计划经济模式

这是在计划的指导下扩大市场机制的作用，在所有制形式、经营方式和企业的经营自主权等方面有了更大的松动。其特点是宏观经济的决策权集中于国家，企业日常经济活动则基本上自行决策，使国家的宏观计划决策通过微观的市场机制来实现，从而使计划调节与市场机制内在地有机地结合起来。在这种模式下，传统模式的弊病较大程度上得到了克服，主要困难则在计划调节与市场机制如何结合，在什么范围和程度上发挥两者的作用。

5. 市场社会主义经济模式

其特点是宏观、微观以及家庭和个人三层经济活动的决策都分散化，市场调节在整个国民经济中起着普遍的和主导的作用，然而国家既不直接管理经济，又缺乏必要的调节、控制手段。

通过比较，从我国当时改革和发展的具体条件出发，主张近期内继续采取上述第三种模式的某些办法作为过渡，那是必要的；但是，为了比较彻底地破除旧体制的弊病，应当采取更积极的措施，为进一步实现计划调节与市场调节的有机结合准备条件。[1]

随着改革开放形势的进一步发展，后来在经济特区的调查、研究和咨询中，我们对作为改革开放的实验区和排头兵的深圳经济特区，主张"经济运行是在国家计划指导下以市场调节为主"；"从特区经济的运动形式来看，市场调节是主要的，计划指导是辅助的"[2]。对海南岛建设经济特区，我们建议"实行社会主义的市场经济"，认为"既有区别于资本主义的市场经济，又能吸收融合其一切好的做法和经验，比其他经济特区的'市场调节为主'向前推进一大步。这种新的经济体制，与国际市场的运行机制、运行方式协调一致"[3]。后者的基本框架是：多元化的微观基础（指多种经济成分并存），股份化的企业组织，全面

① 中国社会科学院经济所课题组：《关于我国经济体制改革的目标模式问题》，《中国社会科学》1984年第5期。

② 刘国光：《深圳特区发展战略研究》，香港经济导报社1985年版，第38、179页。

③ 刘国光：《海南经济发展战略》，经济管理出版社1988年版，第8页。

化的市场体系，开放化的价格形态，间接化的宏观调控以及多样化的分配方式。①

以上讲的是有关改革目标模式的理论探讨。改革理论的进展，源于并推动改革实践。党的十一届三中全会以来，实践中的改革目标是逐步明确的，大体上可以分为三个阶段。

1. 第一阶段：从党的十一届三中全会到1984年10月召开党的十二届三中全会

在此阶段，农村改革首先突破。农民、农业和农村是中国经济决定全局的大头。传统体制的弊病，其实在农村表现得最为典型，从所有制的"一大二公"、指令性计划的安排生产、产品的非商品化和非市场化（统购统销）到分配的平均主义，支配了整个农村经济，使农业生产发展缓慢、农民生活改善不快。推行联产承包经营责任制，基本上转变了上述体制格局，解放和发展了农业生产力。农业是国民经济的基础，农村改革的初步胜利，为计划经济打开一个大缺口，开始容纳商品经济的成长，不仅鼓舞了亿万农民，使广大干部解放思想，并且也为整个改革树立了榜样和信念。

在此阶段，城市工商业改革也跨出了第一步。放宽政策，逐步发展了一批集体、个体和私营、合营企业。对全民所有制企业扩大部分自主权，提出"保护竞争，促进联合"的构想。同时，实行财政包干、"分灶吃饭"。另外，在流通领域，提出"三多一少"（发展多种经济形式、实行多种经营方式、开辟多条流通渠道和减少流通环节）。还进行城市经济体制综合改革试点。这些，虽然带有探索性，但在不同领域、不同程度上开创了新局面，为整个改革开了一个好头。

这几年的初步改革，从总体上看，由无所不统的计划经济

---

① 中国社会科学院《要报》（内刊）1988年第38期。

转向"计划经济为主、市场调节为辅"。1979年3月8日,陈云在《计划与市场问题》的讲话提纲中提出:"整个社会主义时期经济必须有两个部分:(1)计划经济部分(有计划按比例的部分);(2)市场调节部分(即不作计划,让它根据市场供求的变化进行生产,即带有'盲目'调节的部分)。第一部分是基本的主要的;第二部分是从属的次要的,但又是必需的。"①1982年9月召开党的十二大,在《政治报告》中进一步明确"计划经济为主、市场调节为辅",把这一原则具体化为指令性计划、指导性计划和不作计划的市场调节三种管理方式。当时,一般理解为计划经济是一种经济制度,市场调节是一种经济机制,故有主、辅之分。这种用语,虽然还停留于传统体制,但是已经开始引入市场机制,历史地看,是有创新意义的重大步骤和决定性转折。以此为起点,改革就会继续朝着市场目标前进。

2. 第二阶段:从党的十二届三中全会到1991年年底

1984年10月,在党的十二届三中全会上讨论通过了《中共中央关于经济体制改革的决定》。这是在总结改革初期的经验后,第一次制定有关改革的目标、方针、原则和实施途径的蓝图,是指导经济体制改革的纲领性文件。这个文件的公布,标志着改革的重点由农村转入城市、由局部试点进入全面推开。这个文件与以往的文件相比,在理论上和政策上有进一步突破,集中表现在指出商品经济的充分发展是社会经济发展不可逾越的阶段,进而确认社会主义经济是"在公有制基础上的有计划商品经济"。该决定强调:"实行计划经济同运用价值规律、发展商品经济,不是互相排斥的,而是统一的。"这一确认,一举破除了长期存在的计划经济同商品经济、计划同市场的对立论,从两者之间的主辅论变为统一论。虽然,后来有过一些理解上的分歧,有人仍旧

中国经济的两个根本性转变

---

① 《三中全会以来重要文献选编》上,人民出版社1982年版,第66页。

强调计划是主导，但是越来越多的人认为，应当落脚到商品经济，肯定社会主义也是商品经济，与资本主义商品经济的区别在于以公有制为基础。《决定》还提出改革的中心环节是企业改革，关键是价格体系改革，以及土地、矿山等也是商品等。

1987年10月，召开了党的十三大。这次大会，对计划和市场关系的认识又深入了一步，超出了单纯的计划体制改革的范围，从探寻新的经济运行机制的高度来观察和研究两者的关系。十三大的报告指出："社会主义有计划商品经济体制，应该是计划与市场内在统一的体制"，还提出了两个不等式：一是利用市场调节不等于搞资本主义；二是计划调节不等于指令性计划。从1988年第四季度起，对国民经济进行治理整顿，指令性计划和行政手段有所加强，改革步伐有所放慢，但是市场取向的目标没有变。邓小平和江泽民在几次重要讲话中，继续肯定"计划经济与市场调节相结合"。

在此阶段，各项改革逐步发展，并有不少新的探索，促进了经济发展，配合了治理整顿，支持了对外开放，并且积累了越来越多的经验。

3. 第三阶段：从1992年到1995年

1992年年初，邓小平视察南方，发表了重要谈话。以这次谈话为标志，表明中国经济的改革和发展进入了一个新时期，掀起了又一轮新高潮。谈话中的一个耀眼的亮点是"市场经济不等于资本主义，社会主义也有市场"。这在理论界引起强烈反响，多数学者感到，市场经济已是呼之欲出了。到了10月，召开党的十四大，江泽民作报告，题目是《加快改革开放和现代化建设步伐，夺取有中国特色社会主义事业的更大胜利》。他在报告中提出："我国经济体制改革的目标是建立社会主义市场经济体制，以利于进一步解放和发展生产力"；还说："我们要建立的社会主义市场经济体制，就是要使市场在社会主义宏观调控下对资源配置起基础性作用，使经济活动遵循价值规律的要求，适应供求关系的变化。"明确这一目标，真实地反映了改革开放实践的发展和人们对社会主义经济体制认识的深化，具有重大的理论意义和实践意义。可以认为，经过十多年改革的实践和探索，终于作出了正确的选择。这不是说，过去的一些提法都是错了或岔了；相反，正是经过这些步骤，才能得到此一正确的结论。

接着，1993年11月，党的十四届三中全会通过了《关于建立社会主义市场经济体制若干问题的决定》。该决定对改革目标进一步具体化、系统化，为社会主义市场经济体制设计了基本框架。这个基本框架的核心内容主要是：理顺产权关系，建立现代企业制度；培育和发展包括商品市场和各种生产要素市场在内的市场体系；建立计划、金融、财税相互配合的宏观调控体系；建立"效率优先、兼顾公平"的收入分配制度和社会保障制度。改革目标和基本框架的清晰，加快了改革步伐。1994年出台的改革项目很多，所谓"五大改革"，实际上不止，有金融、财税、投资、外贸、汇率、物价、国有资产管理和流通领域等，这是前所未有的。1995年，这些改革得到巩固，一批法规得到建立。从此，开始了建立和完善社会主义市场经济的发展过程。

（二）经济发展战略和经济增长方式的更新

回顾我国改革开放17年来的历史，人们或许会感到，经济体制改革有丰富内容，目标的择定过程也比较明确；而对经济发展战略和经济增长方式的更新似觉模糊，从理论研讨到决策选择都不够清楚。其实，自党的十一届三中全会以来，工作重点转向经济建设，经济发展战略已逐步引起重视。根据各方面形势的变化，先后在几个不同时期，对此都有认真的探索和选择。无论是理论还是决策，都在不断地开拓，从而取得了举世瞩目的巨大成就。这段时间经济发展的经验说明，进一步转变经济增长方式，在全面实现第二步战略目标的基础上继续迈向第三步战略目标，是完全必要的。

经济发展战略的概念，国外在20世纪50年代首次提出，20世纪60年代后得到较普遍的运用，引入我国则在20世纪70年代末。经济增长方式的讨论，苏联和东欧各国在20世纪60年代即有热烈展开，引入我国也早一些，只是用语不尽相同。之所以到20世纪70年代末又博得重视，则是为了谋求国民经济的更好发展。人们认为，过去有成绩，也有失误，既有发展战略目标选择上的失误，也有实现战略目标方法、方式上的失误。"在经济发展战略目标的选择上，或多或少地背离了社会主义生产的目的。"[①]至于实现经济发展战略目标的方法、方式上的失误，具体表现在：（1）在生产建设上，片面地追求产值的高指标，而忽视经济效果；（2）片面强调发展重工业，挤了农业和轻工业；（3）扩大再生产单纯地依靠上新的基本建设项目，忽略了充分发挥原有企业的作用，不重视原有企业的技术改造；（4）片面地追求像钢铁等重工业初级产品、中间产品的产量，严重忽视最终消费品的生产；（5）片面追求高积累，挤了人民必需品的消费；（6）片面地强调人多好办事，对人口增长缺乏控制，吃了大亏；（7）片面地理解自力更生，实际上搞闭关自守，造成了不少本来可以避免的浪费；（8）在生产关系上急于过渡，脱离实际地提高公有化的程度。[②]以上所指出的八个方面的问题，包括经济体制和对外开放，都是影响经济发展的重要因素。这些情况充分说明，传统的经济发展战略必须更新，如果还走老路，后果肯定是不好的。

20世纪80年代初期，国务院财经委员会组织了经济体制、经济结构、对外经济关系和理论与方法等四个调查组，集中一

---

① 马洪：《试论我国社会主义经济发展的新战略》，中国社会科学出版社1982年版，第13—14页。

② 同上书，第14—15页。

批专家学者，对我国经济发展的历史和现实进行全面深入的调查研究，从不同角度得出了大致相同的看法：过去数十年间采取了一种高指标、高投入、低效率的增长方式，增长率虽然不低，但是缺乏成效。当这种战略发挥到极致时，就会出现"大跃进"和"文化大革命"一类灾难。所以，在制定"六五"计划和1980—1990年十年规划时，一些经济学家提出，出路在于实行从外延（粗放）增长方式到内涵（集约）增长方式的转变。同时指出：外延增长方式乃是集中计划经济的产物，要转变经济增长方式，就必须改革现有的经济体制，发挥市场的作用，建立商品经济体制。[①]

关于经济增长方式的转变，我们曾经把它作为中国经济发展战略转换的一项主要内容来看待。在《中国经济发展战略问题》一书中，曾有专门一节论述"从粗放发展到集约增长的转变"[②]。其中提到："实现以提高经济效果为前提的战略目标，一个重要问题就是使我国的经济从外延方式为主的发展逐步走向以内涵方式为主的发展，并把两者恰当地结合起来"；"社会主义的经济发展，当然要重视利用外延因素来扩大再生产，特别是一些经济技术比较落后、劳动力资源丰富的国家在建设初期，可以主要依靠外延方式。但是，从整个社会主义发展进程来看，随着技术的进步和社会生产力的发展，应当逐步把以提高经济效率为特征的内涵扩大再生产作为经济发展的主要方式"。该书还研讨了三个问题：一是如何依据外延和内涵扩大再生产的理论，正确处理新建扩建和现有企业更新改造的关系？二是以内涵扩大再生产为主是否与重点建设相矛盾？三是以内涵扩大再生产为主是否与解决劳动力就业相矛盾？正确处理这些问题，"不仅可以实

---

① 《我国经济增长方式转变问题综述》，《改革》1995年第6期。
② 刘国光：《中国经济发展战略问题》，上海人民出版社1984年版，第113—118页。

现外延和内涵两种方式在不同情况下和不同程度上的结合，而且可以促进前者向后者的转变，使我国经济走上以提高经济效果为中心的发展道路"。

上述理论的开拓，也源于建设实践的进展。党的十一届三中全会后，我国经济发展在战略和增长方式的选择上有过几次转变，但在实践中又有过若干反复。

党的十一届三中全会前，在粉碎"四人帮"和结束"文化大革命"后，1977—1978年国民经济有了初步回升。但是在制定1976—1985年发展国民经济十年规划纲要时，又重犯片面追求高速度并导致高积累的错误，把所需资金寄托于大量举借外债、大规模引进项目上，脱离当时的国情国力，搞所谓的"洋跃进"。不久，1979年4月，中央召开工作会议，决定对经济进行调整，制定了"调整、改革、整顿、提高"的新"八字方针"。这次调整，提出12项措施，一方面要把失调的经济结构调整过来，另一方面要从思想领域清除"左"的影响。调整的过程，实际上也是转变经济发展战略和转变经济增长方式以及推进改革开放的过程，目的是探索中国特色社会主义现代化道路，含有积极意义，不同于20世纪60年代初的"八字方针"。

1981年年底，召开五届人大四次会议，《政府工作报告》对今后经济建设的方针明确指出："要切实改变长期以来在'左'的思想指导下的一套老的做法，真正从我国实际情况出发，走出一条速度比较实在、经济效益比较好、人民可以得到更多实惠的新路子"；并且强调："千方百计地提高生产、建设、流通等各个领域的经济效益，这是一个核心问题。"这条新路子就是新的经济发展战略和新的经济增长方式，与传统的不同就在于：要正确处理速度和效益、生产和生活的关系。围绕着提高经济效益，提出必须认真贯彻执行十条方针：依靠政策和科学，加快农业的发展；把消费品工业的发展放到重要地位，进一步调整重工业的服务方向；提高能源的利用效率，加强能源工业和交通运输业的建设；有重点有步骤地进行技术改造，充分发挥现有企业的作用；分批进行企业的全面整顿和必要改组；讲究生财、聚财、用财之道，增加和节省建设资金；坚持对外开放政策，增强我国自力更生的能力；积极稳妥地改革经济体制，充分有效地调动各方面的积极性；提高全体劳动者的科学文化水平，大力组织科研攻关；从一切为人民的思想出发，统筹安排生产建设和人民生活。这十条是新"八字方针"的充分体现，涉及的问题比较广泛。之所以到那时才能比较系统、具体地提出这一问题，是因为过去的实践还不够，以致人们不可能从中得到应有的认识，作出应有的判断和结论。可见，转变经济发展战略和经济增长方式，有一个认识和实践的长过程。

1982年9月，召开党的十二大。这次会议确定，从1981年到20世纪末的20年，我国经济建设总的奋斗目标是：在不断提高经济效益的前提下，力争使全国工农业的年总产值翻两番，即由1980年的7100亿元增加到2000年的2.8万亿元左右，使人民生活达到小康水平。这个奋斗目标，以提高经济效益为前提，不仅是实现总产值的翻番，并且是以人民生活达到小康水平为落脚点，不是为翻番而翻番。在这个党的文献中，第一次正式使用经济发展战略的术语，规定了经济发展战略的重点是农业、能源、交通以及教育和科学技术；同时，这个文献还规定在发展的战略部署上分两步走，前十年主要是打好基础，积蓄力量，创造条件；后十年要进入一个新的经济振兴时期。后来，把工农业总产值改为国民生产总值，把前十年翻一番的任务明确为解决温饱，连同实现小康和到21世纪中叶接近发达国家水平，作为经济发展的第一、第二、第三步战略目标，有步骤地实现基本现代化。

其实，在党的历次重要会议和重要文献中，都不止一次地从各种角度提出过和强调过转变经济增长方式的问题。党的十一届三中全会确定工作重点转向经济建设，就要求各项经济活动必须讲求经济效益。党的十二大提出，"把全部经济工作转到以提高经济效益为中心的轨道上来"。党的十三大提出，"使经济建设转到依靠科技进步和提高劳动者素质的轨道上来"；"要从粗放经营为主逐步转上集约经营为主的轨道"。党的十四大进一步强调："努力提高科技进步在经济增长中所占的含量，促进整个经济由粗放经营向集约经营转变。"这些说法，虽然重点和侧重面不尽相同，但是基本精神是一致的，都表明不仅在理论上，而且在方针路线上，党和政府为转变经济增长方式下了极大的决心，并作出了坚持不懈的努力，希望和期待着得到逐步的实施，达到既定的"三步走"战略目标。

应当承认，贯彻新的"八字方针"以来，在1984—1988年，围绕"六五"和"七五"计划，总的情况是好的，表现在：经济增长比较稳定，保持了较快的速度；经济结构有所调整，农业和轻工业发展较好，基础产业得到加强；出现了有限的买方市场势头，形成了比较宽松的经济环境；城乡人民生活也有明显改善。但是也要看到，在此期间，经济的效益和质量，正如每年和每季度分析经济形势时所用的新闻辞令，始终是"不够理想"。1992年以后，经济增长速度加快，综合经济实力加强。然而在此前后，又出现了两次不小的周期波动。第一次在1988年后，第二次在1993年后，都是由于速度过快、投资规模过大，导致经济过热。针对第一次过热，实行治理整顿，有所缓解；但是开始过严，致使一度出现增长滑坡。针对第二次过热，加强宏观调控，经过三年努力，初步接近"软着陆"。在此期间，突出的矛盾是出现通货膨胀，连续三年，到1995年还攀高在两位数，有待继续抑制。对这两次周期波动，有过不尽一致的看法：有人认为是由于推进市场取向改革所致，主张重新采取计划经济体制的某些办法；有人认为是传统体制的惯性使然，只有以转变经济体制推进经济增长方式的转变，才有可能逐步根治上述经济痼疾。17年来的实践已清楚地告诉我们，问题的关键在于实行两个根本性转变。只有这样，国民经济才能逐步走向持续、快速、健康发展！

（三）改革和发展的联动及双重模式的转换

经济体制的改革和经济发展战略（经济增长方式）的更新，两者互为条件、互为因果。一般地说，经济体制是手段，经济发展是目标，前者服务和服从于后者，为后者所决定。也就是说，选择什么样的经济发展战略和增长方式，就要求有什么样的经济体制，两者必须统一；否则，经济体制会影响经济发展，使战略目标难以实现。但是，前者对后者有反作用，可以制约经济发展。改革与发展之间的联动关系，有人譬喻为鸡与蛋，谁生谁，像是一个封闭的圆圈，形成一个没有起点和终点的循环。

同时必须指出，经济体制改革的进行，必须有良好的经济环境，这又与经济发展的方式有关。这里有两层意思：一是改革在某种意义上是对原有利益格局的调整，为了使多数人在改革中得到实惠，增加改革动力，减少改革阻力，应当在改革进程中保证经济的持续发展，使消费基金不断增长，否则群众不会拥护和参与改革；二是改革的目标之一是创造生产经营者之间的竞争，为了使竞争能在正常的环境中进行，应当保持市场的稳定运行，否则如果过热，出现通货膨胀，价格信号混乱，包括价格改革在内的不少改革措施就难以出台。为此，我们主张"渐进"方式，或者叫作"双向协同，稳中求进"的改革策略和发展策略。[①]"双向协同"是指体制转变与发展战略转变的配合。"稳中求进"是既不赞成束手束脚，不敢突破传统体制的基本框架；又不赞成急躁冒进，把经济增长搞得过热，使改革处于紧张的经

① 中国社会科学院课题组：《双向协同，稳中求进》，《80年代中国经济改革与发展》，经济管理出版社1991年版，第71—74页。

中国经济的两个根本性转变

济环境里而难以有序地推进。与此相应，我们还主张必须努力争取有限的买方市场，这也是市场取向改革和发挥市场功能必要的基本条件。①

能否做到？很有难度。传统的经济发展战略，以追求数量的高速增长为主要目标，以通过粗放、外延型增长为主要方式，与高度集中的传统体制本来是相匹配的。但是，在这种双重模式结合下，往往会投入过度而又不能提高效率和效益以致产出不足，造成供需失衡，即所谓"短缺经济"，使经济运行始终处于紧张状况，难以形成比较宽松的经济环境。看来，传统的经济体制和传统的增长方式似乎是一对死结，两者相互约束。经济体制不改革，增长方式不能转变，环境不会宽松，改革就有障碍；要转变增长方式，就要改革经济体制，这以宽松的环境为前提，又以转变增长方式为条件。17年来，改革和发展都有前进，但是此一死结并未解开。

出路何在？仅从一个方面或一点上个别突破，借以推动全盘，是不够的。必须把经济发展和经济改革视为一个整体结合起来，同步进行经济体制模式和经济发展模式的双重转变，才可望成功。在10年前，中共中央关于制定"七五"计划的《建议》中已经含有这个精神，并早在"六五"期间就有所体现，基本上实现了国民经济的持续稳定增长，经济失衡有所缓和，人民的需要得到比以往任何时期都好的满足。当时，提高质量和效益以及强调内涵、集约发展的课题也已开始列上议程，经济活力初步增强。然而，在肯定改革、发展进展的同时，还要看到，双重模式的转变起步不久，传统模式的影响和作用远未消除，而新模式的运行机制也远未完善。因此，无论改革或发展，都存在许多亟待

---

① 详见《经济发展模式转换与经济体制模式转移》一章，《中国经济体制改革的模式研究》，中国社会科学出版社1988年版，第425—467页。

解决的问题。由于旧的发展模式中追求产值增长速度的惯性很大，旧的体制模式中投资饥渴、数量扩张的痼疾依然存在，加上宏观未能控制、微观未能放活，减少行政指令支配范围却缺乏健全的市场协调机制，因而经济发展过程中出现了某些不稳定因素，影响了改革进程，使双重模式的转变欲行又止。接着，出现了总需求的猛增和经济超速增长，国民经济中重新出现了旧模式中常见的增长过热和严重的通货膨胀。此外，产业结构的某些失衡现象远远没有纠正，铺新摊子和重复建设之风也未稍衰，都使双重模式的转变不能顺利进行。[①]

　　这样看来，实行双重模式的转变，是一个非常艰辛曲折的过程。这不仅因为新旧模式转变之际有冲突，并且两种模式各自转变也有内在矛盾。就发展模式说，当前在工业和农业、城市和农村存在鲜明的二元结构，对发展模式转变有很大压力，增加了发展模式转变本身的摩擦；从体制模式看，由于生产力水平较低、发展很不平衡、人才和经验都缺乏等原因，对体制模式转变也有很大牵制，并导致新旧体制并存的种种摩擦。

　　回顾历史，总结经验，可以明确，体制模式和发展模式是不能分割的统一体，双重模式的转变必须一起实行。认识其难度和复杂性，不是让人知难而退，而是要提高自觉，花更大力气，下更大苦功。一方面，经济发展要以改革为动力，并为改革提供良好环境，有利于改革的逐步深化，进而取得改革的配合；另一方面，经济改革要以发展为己任，每一步、每一项改革都要有利于发展，并在发展中取得支持，尽量减少改革付出的代价（或称"改革成本"）。联系当前现实，显然比10年前有了很大进展，实行双重模式的转变既有更迫切的需要，又有更有利的条件。提出两个根本性转变，可以说是此其时矣！

---

① 刘国光：《试论我国经济的双重模式转变》，《人民日报》1985年11月4日。

三、两个转变的进程及其估量

我们认为，"渐进"改革和双重体制，与"一揽子"改革和"休克疗法"相对照，从中国改革实践看，有明显的积极效应。

党的十一届三中全会后，中国经济进入一个新的阶段，也可以说是开始了经济体制和经济增长方式的两个转变，并且取得了伟大的历史性成新。这17年的辉煌，总的来说，是在邓小平建设有中国特色社会主义理论和党的一个中心、两个基本点的基本路线指引下取得的；具体来说，经济发展的成就来自工作重点转向了经济建设，来自改革开放为经济发展提供了强劲动力，也来自经济发展战略和经济增长方式有了逐步演进。不这样看，就不能正确地解释这段历史。但是，为什么现在还要提出两个根本性转变？简单的回答是：上述两个转变还处于进行过程中，还没有达标。这正是17年来直至今天经济发展的基本走势和鲜明特点。对改革和发展的进程给以恰当的估量，是为了加快转变的步伐、增强转变的力度，争取逐步建立和完善社会主义市场经济体制，实行以集约型为主要方式的经济增长，确保在20世纪末全面实现小康，以新的形象进入21世纪，为走向社会主义现代化的宏伟目标打下基础、做好准备。

（一）改革的"渐进"和形成双轨并存

改革是中国经济工作的重头戏，对其累累硕果已有充分的高度评价。《纲要》的提法是："经济体制改革取得突破性进展，国民经济市场化、社会化程度明显提高，社会主义市场经济体制正在逐步建立。"特别是"八五"期间，确认了建立社会主义市场经济的目标和基本框架，市场在资源配置中不同程度地发挥了基础性作用。具体地说，不妨列出这么几条：（1）在所有制结构上，初步形成了以公有制为主体、多种经济成分共同发展的新格局。按照工业产值计算，一半以上是由非国有经济创造的，非公有制经济在不同经济领域已占不同程度的相当比重。（2）大部分企业已经初步进入市场，按照市场需求变化组织生产，涌现了一批活力较强的典型。国有企业转换经营机制也有一定进展，大中型企业建立现代企业制度、组建企业集团的试点以及放开放活中小企业的试点正在全面展开，解决部分企业的困难问题正在积极探索。（3）商品市场逐步成熟，各类生产要素市场开始发育，市场体系建设进度趋快。连同价格的逐步放开，市场调节的范围不断扩大，在一些领域所起的作用不断增强。汇率顺利并转，外贸体制也有改进。（4）新的宏观调控体系的框架初步建立，加强和改善宏观调控有明显成效。新的税制和财政体制已经基本建立并正常运行。政策性金融和商业性金融初步分开。国家制定中长期计划，转向以市场为基础，初步具有战略性、指导性和政策性。（5）与市场经济相适应的劳动就业制度和收入分配制度正在形成，包括失业、养老、医疗和工伤等在内的社会保障制度通过试点，正在逐步推进。住房制度改革也在积极推行。此外，农村改革和政府机构改革以及科技、教育、文化、体育等社会事业的体制改革同样在有计划地进行。在此进程中，经济政策、经济杠杆和法律法规等手段日益发挥重要作用。这些，都提高了人们对改革的理解、认同和支持、参与，进一步深化改革成了波澜壮阔的时代大潮。

大家认为，中国改革是成功的。之所以成功，有不同说法。一种较普遍的说法，归之于采取了"渐进"的策略和方法。海外认为，这是中国改革成功的秘密法宝。我们也持此说。所谓"渐进"，是相对于"一揽子"而言。在其他国家先行改革时，一些从事经济体制改革研究的经济学家大多认为，改革是从一种运行模式转变到另一种运行模式，每一种经济体制都有其独特的运行机制和独特的内在逻辑，不能也不该加以混合或折中，否则就必然会有冲突、摩擦和紊乱。科尔奈就说过："我们需要的是这样一种改革，即对现行经济机制的所有主要方面进行系统的、并行不悖的与和谐一致的改革。"①基于这种观点，他们主张在改革的方法和步骤上采取"一揽子"行动，就是经过充分酝酿，制定统一方案，选择适当时机，全面推开实施。援例是第二次世界大战后联邦德国的曼哈德计划，实行社会市场经济体制，一举告捷。后来有人设计的"休克疗法"，也同此理。"渐进"和"一揽子"式究竟孰优？各国情况不同，不能一概而论。我们赞成和肯定"渐进"，是鉴于中国之大、改革之复杂、经验之不多，要求我们更加讲究策略性、技术性和计划性。虽然在改革初期阶段，不可能有长远打算，就是后来制定中长期规划，也必须分段设计、分步实施。这是考虑到必须立足现实，稳定经济，稳中求进，把阶段性改革同最终目标衔接起来，这又是为了处理好改革与发展的关系，在经济形势稳定的条件下，改革的步子可以迈得大一些；在经济发展出现不稳定因素时，就要先求稳定，适当放慢改革进度，但又不是把改革停下来。"经济要稳定，改革要深化"，这是从实践中得出的宝贵经验，也是中国改革的特色和成功之源。②

奉行"渐进"方式，由此而来的结果是造成改革进程的双轨并存现象，这将持续相当长的时间，一直贯穿于改革的始终。简称为"双轨制"或"双重体制"，就是既有计划又有市场，既有计划机制又有市场机制，既有计划调节又有市场调节，既有计划经济又有市场经济。所不同的是，在不同领域和不同阶段，两者的地位、作用或其所占份额不同，并有不同的并存形态，或呈

① ［匈］亚诺什·科尔奈：《经济管理中的过度集中》，牛津大学出版社1959年英文版，第226页。
② 刘国光：《稳中求进的改革思路》，《财贸经济》1988年第3期。

"板块式"，或呈"渗透式"。所谓"计划经济为主、市场经济为辅"，"计划经济与市场调节相结合"或"计划经济与市场经济相结合"，正是双轨制进程中的如实反映和写真。另有一种看法，认为从"计划经济与市场调节相结合"到"有计划的商品经济"到"社会主义市场经济"，就是循序渐进，肯定要经过双重体制并存的阶段。双重体制的出现，其过程大致是：首先，曾经把集中统一的计划经济分为三块，即指令性计划、指导性计划和不作计划的市场调节，于是就有计划内和计划外的区别；这最早表现在不同企业的生产计划上，接着是对其生产资料和产品的调拨与否，还有相应的定价也区别为计划价、协作价和自由价或市场价。其实，在改革前，计划经济也没有完全做到包打天下，"大计划，小自由"由来已久，只是有时被视为是不合法的。改革以后，才被认可，并有决策推进。于是，双重的计划体制、双重的物资体制和双重的价格体制成为"三位一体"的改革新事。[1]这符合商品经济发展的客观规律，所以一旦放开，就如星星之火，迅即燎原。双重体制，表现在经济体制演进过程的几乎所有方面。

1. 企业体制

国有企业尤其是大中型企业，基本上在计划内；但是后来，同一个企业的产供销、人财物也常是双轨并存，形成"一厂两制"。小企业和非国有、非公有企业，计划外的因素居多。乡镇企业的异军突起，就起于计划外的广阔天地。

2. 物资（生产资料）流通体制

本来也是计划调拨占绝大比重，但是包不下来。后来出现计划外的企业之间、地区之间的协作，实际上是生产资料的商品

---

① 参见《我国经济模式转换过程中的双重体制问题》一章，《中国经济体制改革的模式研究》，中国社会科学出版社1988年版，第395—424页。

化，进一步形成生产资料市场。

3. 商品流通体制

在改革以前的计划经济体制下，主要农副产品和工业品大部分由国有商业和供销合作社收购和批发，到了零售环节才成为商品（配给制有不同）。改革以后，计划收购部分增长不多，增产部分不少也商品化、市场化了。

4. 价格体制

除计划价格或称固定价格外，改革以后，市场机制形成的协作价、自由价逐步扩大，并逐步随供求变化而上下波动。与此同时，利率、汇率等实际上也有计划和市场两种。

5. 投资体制

在实行单一计划经济体制时，对各种项目的投资本来也基本上由计划安排，随着投资主体、投资来源和投资决策的多元化，计划外投资不断增多，有的国家只能实行间接调控。

6. 农村体制

改革以前的农村也是计划经济的重要阵地，只有自留地和农贸市场在计划外；随着农村改革的进展，除主要农产品由国家统购外，其他产品和统购外部分先后上了市场。

7. 财政体制

改革前的财政统收统支是铁板一块，但在"分灶吃饭"后，各级地方政府有了自由支配的财源；尤其是预算外部分增长很快，其用途也多样化，与传统的财政体制已有区别。

8. 金融体制

随着我国金融市场的出现和不断成长，资金和资本都成了商品，这与还未商业化的专业银行之间有不相称之处，是改革中出现的新问题，也是双重体制的另一种表现形式。

9. 劳动工资体制

单一计划经济体制下实行的统一分配（劳动者及其工资收

入）在改革后继续存在，通过劳动市场和人才市场的流动陆续扩大，市场形成的工资分配也随之扩大。

10. 政府管理体制

改革之后的政府管理体制，同样出现双重化，即既有直接控制，又有间接控制。即使是部分行业主管部门改为"公司"或"协会"，同样未摆脱其政府管理企业的职责。

此外，也有人认为，双轨制中最重要、影响最大的是所有制结构的双轨制，国有制和非国有制并存，是整个双轨制的基础。可以存此一说。但要注意，国有制内部也有双轨并存现象。

从"渐进"改革导致双轨并存是中国改革的一大特色。对此，也有不同表述。有人认为，不如描绘为从"体制外改革"转向"体制内改革"，因为起先，计划内一块并未放开或引入市场机制，市场化主要在计划外发展，也可以叫作"增量改革"。就是说，对旧体制的核心即国有部门，存量基本不变，而在体制外放手改革，使其增量扩大。其实，这同样有一个演变过程，与"渐进"并不矛盾，并且也有计划内外之分，说是"双轨"并不算错。至于有人说是从"试错"、"撞击"到推进，那只是指改革的前期，与后来把试点作为工作方法、思维方式和实践过程，并不一样。

双轨并存曾经受到人们谴责，甚至认为改革进程中出现的各种负面效应，都从双轨制来。这是不公允、不全面的，缺乏历史观点。我们认为，"渐进"改革和双重体制，与"一揽子"改革和"休克疗法"相对照，从中国改革实践看，有明显的积极效应。这在今天，可以列出以下几方面。

1. 有利于改革的较快起步，争取了时间。采取这种做法，看到哪里要改、能改就改，更有利于改革的推进、发展和深化。否则，等待制定了"一揽子"的改革方案再启动，可能难以措手足，就会旷日持久。

2. 有利于稳住一块，放开一块，处理好稳定和改革的关系，在相对稳定的环境里逐步推进改革。改革是一场革命，也有风险。采取"渐进"或"体制外"的改革策略，计划一块稳住，市场一块放开，就把风险控制在可以调节的有限范围内。

3. 有利于逐步调整人们之间的经济利益关系，防止出现过大的振荡，减少可能的阻力。改革势必引起国家、企业、个人之间和不同群众之间利益关系的变化，操之过急，影响的面和量会过大，产生的振荡容易使较多的人受到损失，不能取得大多数人的拥护。

4. 有利于积累经验、培养干部和避免发生大的偏差。改革是一件新事，在实践中摸索，又靠人去做。有步骤地推进，包括重大举措经过试点，是为了不断提高干部水平，掌握改革规律，不致发生过大的失误，把改革成本降低到尽可能低的程度。

5. 有利于相互比较、相互联动，让新的机制逐步成长进而取代落后的旧机制。市场经济与计划经济的孰优孰劣，如果光靠空泛无凭的说理与辨析，那就会引起过多的争论。让两种体制并存一个时候，不仅可以使人们得以辨别，还能以市场机制带动和改造计划机制，发挥其竞争压力和示范功能。

6. 有利于保证国民经济的持续发展，这是上述各点的归纳，也是中国改革的最大成功之处。改革的好不好和要不要改革下去，要靠实践来进行检验，经济能否增长是唯一标准。改革保证经济发展，经济发展证明改革可行，人们就有越来越大的改革积极性，并且有决心和信心把改革进行到底！

（二）双重体制要进一步转变

双重体制的形成是改革进程中的一种过渡状态，有其历史功绩，特别在改革前期。随着改革的深化，对照中后期改革目标，双重体制的正面效应逐步减退，负面效应逐步显露。双重体制是一把双刃剑，因为两种体制各有其运行机制和规则，在并存中会有冲突和摩擦。正如一度否定双轨制的理论所揭示，有如行车，靠左的规则与靠右的规则不能并存。双重体制所带来的种种矛盾，从微观到宏观，主要表现在：

1. 企业目标不明，企业行为扭曲。计划经济把企业变为"算盘珠"，市场经济让企业自己去游泳，有着根本的不同。而在双重体制下，前一约束并未解脱，后一放开也不彻底，多数企业会感到两难。于是，企业既以完成计划指标为目标，又以追求利润最大化为目标，使其行为左右为难，即所谓"一只眼睛盯住市长，一只眼睛盯住市场"。

2. 市场竞争不够平等。走向市场经济，要给企业以公开、公正、公平的市场竞争环境。但在双重体制下，无论国有企业或非公有制企业，都感到自己在竞争中处于不平等地位，"吃亏"的呼声经常在耳。国有企业认为，自己的产品全部或大部由国家收购，收购价由计划规定，长期不动，越来越偏低，不能卖自由价；一些非公有制企业则认为，自己进行生产所需要的原材料向市场采购，不仅缺乏可靠的保证，而且价格高于国家调拨价，必然增加成本费用，使参与竞争处于劣势。

3. 市场发育迟缓，难以规范。计划经济杜绝市场，市场经济呼唤市场，明显是对立的。在双重体制下培育市场，同样是矛盾重重，步履维艰。一方面，作为市场主体的企业，姗姗来迟，活力不强；另一方面，作为市场客体的商品和生产要素，也没有真正商品化，通过市场流通的只是有限部分。特别是资金市场和资本市场，作为市场体系的枢纽，受到传统体制的牵制，难以尽快规范化。"跑步（部）前（钱）进"之风未见稍戢，即其一例。

4. 市场信号紊乱，常有逆向调节。计划经济以计划指标为信号，有其不可抗拒的权威性；市场经济以价格为信号，随市场情况变化而浮动。在双重体制下，两种信号并存，无论对企业或对商品和生产要素，都不能真正起到导向作用。盲目生产和重复建设之屡戒不止，大多与此有关。表现在：市场一旦出现短缺，计划就会一哄而上，以致酿成各种"大战"，最后是生产能力过剩、竞争过度，两败俱伤。从轻纺到家电，多点投资，多线引进，究竟是计划造成还是市场诱生，谁也说不清楚。

5. 中介组织也难生长。计划经济由政府直接支配企业经营，市场经济要求政企职责分开，联系政府与企业靠中介组织。在双重体制下，政府对企业的支配关系没有割断，中介组织显得并不必要。现在构筑的中介组织，往往是行政机关"翻牌"而成，半官半商，不伦不类，很难发挥中介组织的应有功能。这对企业、市场和政府的改革都不是有效的促进和配合。

6. 宏观调控不顺，容易失控。计划经济之下称为综合平衡，运用的是行政手段；市场经济之下称为宏观调控，运用的主要是经济手段。双重体制作为过渡，综合平衡的手段削弱了，宏观调控的手段还不够健全，出现了某种真空，以致失控难免一再发生。过去长期是短缺经济，通货膨胀属于隐性；现在多少是买方市场，物价上涨率却连续三年达两位数。

7. 发展不平衡，差距在扩大。两种体制并存，也是两种体制之间的竞争，优劣易分，胜负易定，导致发展的不平衡。从企业看，主要靠市场机制发展的非国有经济增长快，国有经济相对萎缩，不少陷于困境。从地区看，政策放开的东南沿海地区靠市场优势，发展迅猛；而商品经济不够发达的中西部腹地相形见绌，差距越来越大。反映在分配上，拿固定工资的国有企事业和机关工作人员收入提高慢，与市场相联系的其他企业和社会群体收入增加多，导致相当多的群众心理不平衡。

8. 为非法经营和"寻租"活动提供温床。两种体制之间的差别，形成两种价格、两种利率和两种汇率等，为投机倒把和牟取暴利创造了大气候，导致公有资产和税利的大量流失。特别是在各级政府掌握投资、贷款、减免税和进出口许可等审批权的情况下，以权谋私的"寻租"活动悄然而生。这几年腐败之风蔓延滋长，虽有种种原因，双重体制也不能辞其咎。

双重体制的消极一面，表现在企业、市场、政府所有层次上，更集中于政府与企业的关系上，仍然是政企不分。[①] 政企不分，就是传统体制还占一定优势的重要标志。

过去，有人曾经设想，实行计划与市场相结合，目的在于把两种体制的长处结合起来，克服彼此的短处。实践证明，两种体制各有其独立的运行机制，不可能平起平坐地实现所谓"有机结合"。相反，随着形势发展，原来推动改革起步和前进的双轨

---

① 　对此症结，有篇长文（刘吉：《政企不分、政企不分、政企不分》，《经济日报》1995年7月17日。）作了充分论述，值得摘引和推荐。此文首先指出："政企不分是计划经济体制的本质和要害。要建立社会主义市场经济体制，必须实行政企分开，舍此没有他途"；最后谈到：政企分开有难点，但是"理论问题已经解决，现在就看领导者的魄力了"。文中以大量篇幅强调："政企不分是当代中国一切矛盾的焦点，政企分开是打开种种'老大难'锈锁的第一把钥匙。"文章认为"当代中国经济、政治、科技和社会等种种弊病与困境都渊源于政企不分或者与之密切相关"，举出了长期解决不了又普遍存在的10个重大问题：（1）国有大中型企业缺乏竞争的活力，不如资本主义私有企业，问题不在所有制，而在于政企不分这种管理体制。（2）经济建设低效益，微观因素在企业，宏观因素突出表现在盲目建设和重复建设，政企不分对该下马的往往因"非经济原因"而得以保留。（3）科技和教育难以到位，问题出在领导岗位，主要精力绝大部分消耗在经济活动包括"救火"上，企业也不可能把许多资金投入科教。（4）机构臃肿，人浮于事，甚至每精简一次，随后膨胀一次。（5）腐败问题，原因复杂，其中之一是政府仍拥有计划经济体制种种直接的经济行为权力，例如，"分盘子""配额批件"。（6）中央与地方的矛盾，曾经进行过几次"放权"和"收权"，没有收到什么实际效益，本质上是双方争计划经济权力。（7）东西部差距矛盾，根本原因仍在于地方各自为政，都追求独立发展自成体系，内地和西部必然落后了。（8）说假话，浮夸风，出于把经济数字与领导升迁联系在一起了，又是"法不治众"。（9）宏观经济调控难，政企不分使以微观活力为前提掌握信息、运用经济手段和维护全局利益等都大大削弱。（10）稳定问题，经济失控，立刻下降衰退，几年调整不过来。这篇长文，虽然写得比较尖锐，有的或许不太精巧，但是强调政企分开的极端重要性和迫切性，确实值得一读。

制，成为影响改革深化和到位的障碍。其后果，主要是造成两种资源配置方式并存，相互之间发生冲突和摩擦，妨碍了市场机制充分发挥配置资源的基础性作用，也妨碍了经济增长方式从粗放型向集约型转变。

对双重体制的矛盾，在开始显露时，曾经有过四种对策设想：一种是倒退到计划经济体制去，当然是不可取也是不可能的；一种是尽快向市场经济并轨，不再要"渐进"，也是行不通的；另一种是因势利导，顺水推舟，继续采取"渐进"步骤，最终实行并轨；还有一种是保持双轨制，加以完善，成为改革目标。现在看来，只该采取第三种办法。确认以社会主义市场经济体制为改革目标，实际上排斥了双轨制是改革目标，而仅是过渡，这为逐步并轨吹响了号角。

从计划经济体制到双重体制并存再到社会主义市场经济体制，就是中国经济体制改革的全过程，也是传统体制到新体制的根本性转变。这个转变过程，不论表述为"渐进"或"从体制外到体制内、从增量到存量"以及其他方式，都以双轨制为过渡，并且是一个长过程。与此相应，在主观上也有一个认识飞跃的过程，即从"板块"、"结合"等到扬弃旧体制、择定新体制。问题是到了今天和现阶段，如何进一步转变，在改革的策略和方法上与过去应有何不同？人们的议论围绕这么几点：

1. 从单项改革转变为配套改革。前一阶段所进行的改革，是以单项进行为主，相互之间也想配合，但是没有配成套。相互脱节，表现在微观搞活与宏观调控、产品市场与要素市场尤其是企业、市场、政府之间的改革步调不尽一致，企业改革缺乏相应的外部环境，宏观调控缺乏相应的微观基础，市场建设缺乏企业和政府的支撑。狭而言之，建立社会保障制度相对滞后，市场竞争就少了安全阀。广而言之，经济增长过热，有些改革要等待"软着陆"。深化改革，一定要在各个领域和各个环节协调一致，也可以称为整体推进。

2. 从外围改革转变为攻坚改革。前一阶段的改革，确有趋易避难的现象，改革了一些，又绕过了一些，现在就要把这些难点拿下，才能达到整体推进。改革的难点首先是国有企业，这人所共知。还有哪些？有人认为，实行政企分开、转变政府职能，也是一个碉堡；有人认为，劳动就业、收入分配和社会保障，涉及12亿人的切身利益，绝非易事；也有人认为，财政困难、金融紊乱和投资饥渴，归根结底是体制问题，亟待解决。看来，难点不少，也是改革重点，都要精心设计、精心操作。

3. 从破旧体制到立新体制。前一阶段改革，确是破得多、立得少，有些体制暂时处于空白，这不是改革的成功，农村改革起步早、见效快，而到今天，承包制是否完善了，是否完成了历史使命，怎样适应农业持续发展的要求，怎样保护和调动农民积极性，以及怎样改革农产品流通体制，问题不少，可是办法不多。甚至如价格改革，也不是放开了事，否则抑制通货膨胀就没有把握。市场经济是法制经济，做到有法可依、立法可行，还有一段不短的距离。此外，还有一个迟早要参加世界贸易组织、面临着与开放有关的体制如何与国际接轨的问题。

应当肯定，经过17年的"渐进"式改革，积累了很多改革成果，今天的双轨制已经不同于前几年，向市场的倾斜度明显加大。这个进程，总的说来是顺利的，没有发生大的问题，使人欣慰。但是，前进中也有矛盾，表明传统体制的弊病还是阴魂未散。当务之急是深化改革，积极而慎重地推动双重体制的并轨，拆掉计划经济体制的旧框架，构筑市场经济体制的新框架，以经济体制的根本性转变来促进和保证经济增长方式的根本性转变。

（三）经济增长也是双式并存

发展与改革相伴而行。随着改革的发动和展开，经济增长也不断前进，17年来获得了巨大成就。《纲要》对"八五"计划完成情况是这样说的："国民经济持续快速增长，提前5年实现国民生产总值翻两番，经济实力显著增强。1995年，国民生产总值达到5.76万亿元。在1988年比1980年翻一番的基础上，用7年时间又翻了一番。"同时指出："八五"计划是新中国成立以来执行得最好的五年计划之一，是新中国成立以来速度最快、波动最小的五年。

从经济增长方式和经济发展战略的角度看，这17年有了什么转变，现在处于什么进程，应当给以什么估量，全面的、系统的研究还不多。我们初步考虑，能否认为，与改革出现两种体制并存相似，经济增长也是两种方式并存。换句话说，就是一方面，传统的粗放型增长方式还在继续；另一方面，新的集约型增长方式已经有所启动。两种经济增长方式相互交织，于是带来两种结果：一是经济增长保持了较高速度，转变经济增长方式取得了一定进展；二是在经济增长的同时，转变经济增长方式的总体效果还不明显。相对而言，转变经济增长方式或许更滞后一些。前者是讲成绩，不容抹杀；后者是讲前进中的问题，不容忽视。

所以说有一定进展，除了增长速度较快、周期波动较小，"八五"实施比前几个五年计划都好，整个国民经济上了一个又一个新台阶外，与党的十一届三中全会前相对照，这17年有不少新的特点，可以列举的，主要有以下八点。

1. 经济增长相对稳定。虽有波动，波幅逐步缩小，全国没有出现过负增长，与"大跃进"和"文化大革命"时期的某些年份大不一样。

2. 经济结构得到改善。以农业为主的第一产业绝对值持续上升，相对值下降是合理的；以工业为主的第二产业增长最快，符合现阶段工业化的基本趋势；第三产业的增长率有所提高，在三次产业中所占比重也有所上升。特别是"八五"时期，水利、能源和交通、通信等基础设施得到加强，汽车、电子、石化等新的支柱产业开始成长。

3. 在上述基础上，经济质量有所进步。先后开发了一大批新产品，填补了不少空白，有的技术含量较高，有的成为名牌。

4. 经济效益也有所进步。财政收入的增长率有所提高，积累基金和消费基金都有较大增长。

5. 科技和教育事业取得重大进步。社会事业全面发展，仅在"八五"时期，国家级科研成果有16万项，"星火"计划与"火炬"计划都有显著收获。普通教育和高等教育发展也快，培养了大批合格人才，全民文化素质同样有提高。

6. 对外开放突飞猛进。进出口外向度大幅度提高，利用外资大幅度增加，开放格局基本形成。

7. 生活质量进一步改善。城乡居民生活水平提高较快，特别是基本上实现了温饱，这是中国几千年来历代人的殷切希望，终于在几年前圆了好梦。

8. 区域经济不同程度地发展壮大。各地区因地制宜发展优势产业，不仅沿海地区出现繁荣，内地也有不同程度的改观。

可以想见，如果不是改革开放，不是经济发展战略有所转变，不是经济增长方式有所转变，如果还是沿着前30年的老路子走下去，肯定还会发生或多或少的折腾。应当肯定，17年来不止一次强调要有新的发展战略直至制定科教兴国的战略方针，强调把经济发展转到提高经济效益的轨道上来，转到依靠科技进步和提高劳动者素质的轨道上来，是起了一定作用、收到一定效果的。

所以说经济增长方式有所转变。还可以指出的：一是在固定资产投资中，更新改造投资占的比重有所上升，1995年为30%左右，比"七五"时期上升约5个百分点；二是整个投资规模有所控制，1995年比上年增长18.8%，扣除价格因素为11%，与国民生产总值增长10.2%相当接近；三是产业结构有所升级，过去也说农、轻、重为序，实际上是重二产、轻一产、忽视三产，近年来得到初步纠正；四是生产目的有所调整，过去长期是"为革命而生产"、为生产而生产，现在重视改善人民生活，使生活水平逐步提高。这些虽然不能说都是来自经济增长方式的转变，但是与完全的粗放型增长方式相比，不能否定有了演进。从17年来改革和发展的基本态势看，两个转变是有进展的，并且相互促进，才使中国经济焕发了生机，呈现出新貌。提出两个根本性转变，正是概括了17年经验的结晶。

之所以说总体效果还不明显，或者说当前还是粗放型增长方式占主导地位，值得正视的有下列一些方面。

1. 经济增长的周期波动仍然存在，而导致起伏较大的主要原因还是片面追求过高速度。"七五"期间，增长波峰（1988年的11.3%）与其波谷（1990年的4.1%）之间的落差为7.2个百分点。"八五"期间，落差较小，但是从过热到"软着陆"，连续两年通货膨胀率超过20%，1995年还在两位数。

2. 经济增长快，靠大量投入，所以才有较大起伏和通货膨胀。1992年和1993年经济增长最快，达到13.4%和14%；也是这两年，固定资产投资增长42.6%和58.6%，超过经济增长率近2倍。1980—1994年，国民生产总值增长近3倍，而投资增长17倍。处于发展中的我国经济，最稀缺的是资金或资本，而搞"不惜资本"、"不计成本"的高速增长，其结果是投入产出率低，而这些正是粗放型增长方式的特征和弊病。

3. 经济增长要素中，技术进步的贡献份额偏低。这与上述指标是相对应的，但有不同计算方法。一份资料测算，各要素对经济增长的贡献份额是：资金投入占62%，劳动投入占10%，技术进步仅占28%。这不仅大大低于发达国家的50%~70%，即使

刘国光
经济论著全集
第
13
卷

在发展中国家也处于中间地位。①另以多种要素与外国比较，如人均产值（1993年），不仅只有日本的1/65，美国的1/50，甚至只有韩国的1/15，马来西亚的1/6，泰国的1/4，仅高于印度；劳动生产率（1990年），以我国为1，美国则为36.5，日本为40.8，德国为45.9。至于科技研究和开发经费水平，我国1990年占国民生产总值的0.71%，1992年占0.7%，1994年占0.51%，1995年占0.5%；而1994年印度占0.9%，韩国占1.9%，德国、日本、美国各占2.9%。②

4. 能耗和物耗偏高。经济增长主要不靠技术，而靠其他要素投入，其投入效率又如何？从能耗看，我国每吨标准煤消耗所实现的国民生产总值为710美元，而美、日、法、德、英等发达国家为2165~6388美元，相差3倍到近10倍；从物耗看，我国12种主要原材料的国民生产总值消耗强度比美、日、欧洲发达国家和地区普遍高5~10倍以上，比印度也高2~3倍。③

5. 经济效益不好。有关资料表明，许多经济效益指标多年来或徘徊或下降，与历史最好水平比，差距有增无减。财政收入占国民生产总值的比重在10%左右，可能是所有大国中最低的。1995年上半年，工业企业经济效益综合指数为87.68%，比上年同期下降3.81个百分点；工业资金利税率和成本费用利润率分别比上年下降1.45个和1.12个百分点；百元资金投入创利税竟低于银行贷款利息。④国家统计局的经济形势报告表明，据对全国37.7万

---

① 中国宏观经济学会课题组：《以转换经济增长方式为核心，研究中长期规划的基本思路》，《中国宏观经济学会研究动态》1995年第2期。

② 余天心、王石生：《经济增长要素：中外国际比较》，《经济日报》1996年1月8日（1995年数字按国家统计局1995年《统计公报》统计）。

③ 《转变：我们从什么地方起步？》，《经济日报》1996年3月10日。

④ 赵涛：《"九五"发展主题：转变经济增长方式，提高经济运行质量》，《瞭望》1995年第43期。

家独立核算工业企业统计，1995年1—11月工业经济效益综合指数为88.76%，比上年同期下降3.19个百分点；至11月末，国有企业亏损面为39.6%（1995年全年状况，《统计公报》未有具体数字，只说"经济效益不好"）。

6. 经济质量不好。仅从产品质量看，1995年国家共抽查5288家企业生产、经销的185类6713种产品，合格5061种，抽样合格率为75.4%，较上年提高5.6个百分点；全年四个季度的抽样合格率分别为65.9%、77.7%、73.6%和81.0%，不够稳定。产品质量问题是技术和管理问题的综合反映，造成我国产品质量问题的主要原因有：企业内部质量管理滑坡；部分企业产品质量与国际先进水平相比还有相当差距；一些产品的标准符合率不高；还有一些企业缺乏基本的生产条件，技术设备落后，职工素质低，技术水平差等。[①]

此外，从具体部门看，如农业，我国以占世界7%的耕地（相当美国的1/2），养活占世界22%的人口（相当美国的5倍），固然很了不起，但是我国只有1/3耕地应用现代技术，1992年农用拖拉机只有76万台（美国481万台，日本200万台，印度114万台），总体还是粗放经营。又如出口贸易，近几年发展快，名次已经接近第10位，但是产品档次和附加值低，纺织品出口量占世界的1/7，而换汇额只占1/14。再如我国是世界最大的机床生产国，同时又是世界上第二大的机床进口国。[②]

我国当前的经济增长方式，集中到一句话，就是：高速度和低效率并存。有人陶醉于高速度，甚至认为，只要有了速度，不怕没有效益。那是非常有害的。诚然，我国的增长速度在当代世界领先。但是，不该为此骄傲自满、沾沾自喜。这里，听听海外

---

① 宣湘：《产品质量面面观——从1995年抽查结果看我国产品质量状况》，《人民日报》1996年3月13日。
② 《陈锦华谈两个根本转变》，《改革月报》1996年第4期。

评论，不无启迪。海外流传多种说法。有人认为，中国已经不是发展中国家，人均国民生产总值，按某种币值计，达到2000美元或更多。这是别有用心的，他们想在国际贸易中取消我国作为发展中国家的适当保护权利，对此，我国政府的有关部门给予了驳斥。不少人士认为，中国经济发展很快，已与东南亚的一些国家和地区一起，成为当代世界经济发展的热点；进而推测，21世纪的世界经济重心将移到亚洲或东南亚，出现"亚洲世纪"，有人称为"东亚奇迹"。

　　但是，另有一种声音，值得我们注意。美国斯坦福大学的经济学家保罗·克鲁格曼认为，东亚经济发展速度虽快，然而靠的是投入增加，不是效率提高，从长远看是不能持久的。他在答中国记者采访时又说，中国的经济在总量上当然越来越庞大，但在21世纪前30年仍不可能成为世界最强大的国家之一，理由就是我们的经济质量不行。持此说的，不仅是他，最近有篇文章报道：保罗·克鲁格曼和同校的劳伦斯·劳以及波士顿大学的阿尔文·扬等学者认为，亚洲的奇迹远不像人们所说的那样伟大。他们认为，只有两种增长方式，一种是通过"投入"（如增加投资、劳力并改善教育），一种是通过效率（也就是增加所有投资的收益）来取得经济成效。他们主张用"总要素生产率"来衡量，从长远说，这种效率是经济增长的唯一方式，因为一个国家的投入最终是会枯竭的。阿尔文·扬说，纯粹的投入增长"是靠刺激促成的经济增长，表面上令人瞩目，但内部却空虚"。苏联的情况就是这样，20世纪50年代，它被认为经济增长率很高，但没有什么效率，本身的资本枯竭了。劳伦斯·劳指出，东亚在向西方的技术靠拢方面没有取得什么结果，这意味着，一旦亚洲发现，它的生产成本和劳动力成本升得太高（不可避免地会出现这种情况），以致无法压倒西方设计的小汽车和计算机时，就没有什么新的增长基础了。①对这些说法，我们并不苟同；但对我们来说，不论是当作一记警钟或者一盆冷水，至少可以让我们在考虑问题时稍为清醒一点。有人提出，只有我国经济发展的实绩打破了他们的预言，成为内涵式发展的经济、有效率的经济，才算获得了真正的成功。

（四）转变经济增长方式为什么这样艰难

实现经济增长方式从粗放型向集约型的转变，正如江泽民在党的十一届五中全会闭幕时的讲话中所说："此一思想，早在改革开放之初就已明确提出，虽然取得了一定进展，但总体效果还不明显。其原因是复杂的、多方面的，最主要的是经济体制和运行机制的问题。"这些多方面的复杂原因，包括了发展观念的制约、基本国情的制约、发展阶段的制约、科教水平和管理水平的制约尤其是经济体制的制约，等等。

人们在问：转变经济增长方式为什么这样艰难？我们认为，应当特别强调指出的，首先是各级政府和官员的政绩考核，事实上是与各地的经济发展速度、规模相关的。②对此，不少人有同感，如黎诣远说："这些传统观念（指'唯总产值论'等）之所以错误，从道理上并不难说清楚，但有些人明知不对，依然故我。究其原因，极其复杂，最主要的问题存在于经济体制和运行机制方面，特别是政府行为尚有许多不合理之处"；他也认为，转变经济增长方式，"关键在于规范政府行为"。③事实确是如此。长期以来，政绩考核的标准很不规范，实际上则是明确

① ［美］迈克尔·赫什：《哪一种亚洲模式？》，《新闻周刊》（美国）1995年11月20日。

② 刘国光：《转变增长方式迫眉睫，加快体制改革同步行》（记者访谈），《中华工商时报》1995年10月11日；沈立人：《端正考绩机制，规范地方行为》，《经济学消息报》1995年6月10日。

③ 《增长：从粗放到集约》，《求是》1996年第3期。

或不明确地、自觉或不自觉地、有意或无意地以一个地区、一个部门在一定时期内的产值增长速度的快慢、高低来衡量，排名次、争座位，相互攀比，你追我赶，蔚然成风。至于效益和质量等，专管部门有时也作调查、统计并公布，却与考绩基本无关，尽可漠然视之。为了高速度，只能靠投资，于是争项目特别是搞新扩建之风也随之而起。由于片面追求速度、片面扩大投资，带来数量扩张、效益和质量下降、结构劣化以及需求膨胀、信用膨胀和通货膨胀以致反复出现大起大落等一系列恶果，正是导致粗放型增长经常存在和发展而难以转变为集约型增长的重要障碍。经济生活中屡次出现的"三高"（高速度、高积累、高物价）和"三低"（低效益、低质量、低产出），根子就在这里。具体做法更是多种多样，各有奇招，最常见的是层层压产值、压投资，并且采取重奖、重罚，所谓"一手举鞭子，一手拿刀子"，直至基层。如对乡镇，所谓"不上亿元乡，书记不好当"，对上了亿元或10亿元产值的，有的奖给汽车一辆、别墅一幢或几万元，并参加县（市）常委，晋升为副县级干部；还有跑到一个项目或引进一个项目，就奖给3%，全家户口"农转非"；等等。相反，如果达不到高增长指标，有的地方是带了组织部长下去检查，就地免职，以示警诫。这种做法，还形成"数字出干部、干部出数字"，如千方百计、不择手段地实在完不成，就弄虚作假，所谓"水（分）到渠成"。揭示这些，不是否定各级干部的勤奋努力，而是希望把干部的主要精力引向正途，积极实行经济增长方式的转变。这也是各级干部的共同愿望，不少同志反映了在产值速度压力下的种种苦恼，应当给以同情，给以解脱，让他们为党、为国家、为人民作出更有效的贡献。

转变经济增长方式的难处，不仅存在上述一个难点，而且还有主客观各方面的制约因素。

1. 发展观念的制约

发展思路从发展观念来。长期以来，我们的干部习惯于把发展理解为仅是一个速度问题。当然，发展要有速度，慢了不行。但是发展的含义决不仅限于速度，更包括了效率和效益、质量、结构、科技进步等。对邓小平的名言"发展是硬道理"，仅理解为速度唯一或速度第一，也是不全面的。他在提到速度时都与效益相联系，如说："我国的经济发展，总要力争隔几年上一个台阶。当然，不是鼓励不切实际的高速度，还是要扎扎实实，讲求效益，稳步协调地发展。"①

片面追求速度，就是忽视效益。效益是指投入和产出之比。讲求效益就是要力争以最小的投入获得最大的产出。但是在传统观念上，往往只求产出，不讲投入。有人指出，我国是一个传统的农业社会，在一个劳动力无限供给的农业社会中，有浓厚的产出观念，但缺乏投入和产出、成本和收益比较的观念。古代筑长城、开运河，不会去考虑要使用多少劳动力；即使在1958年大炼钢铁时，想的也是产量翻一番，没有顾及6000万人上山和其他方面的耗费。至于反映企业经营成果的综合指标——利润，还曾经被作为批判的对象；其实，没有利润，何来效益，何来经济增长方式的转变？②

影响发展思路的，还有其他一些观念群，例如，缺乏质量观念，缺乏科学和技术进步观念，缺乏市场和市场竞争观念，缺乏发展与改革相互联系的观念，等等。是这些传统的、陈旧的、落后的观念，决定着人们的发展思路，追求和满足于粗放型增长方式，制约着经济发展战略和经济增长方式的转变。即使在中央作

---

① 《在武昌、深圳、珠海、上海等地的谈话要点》，《邓小平文选》第三卷，人民出版社1993年版，第375页。
② 赵人伟：《略谈经济增长方式较变的若干制约因素》，《亚太经济时报》1995年12月19日。

出决定、发出呼唤后，还是原地踏步，我行我素，不能及时地、真正地在各项经济工作中落实经济增长方式的转变。

2. 基本国情的制约

一个国家的经济增长方式，与基本国情有关，所以才有各具特色的发展途径。我国的基本国情之一是人多地少，区域发展很不平衡。人多，一方面，就业压力大；另一方面，劳动资源丰富，劳动成本较低。粗放型增长能够安排较多的就业者，集约型增长安排的就业者少得多，从粗放转变为集约，有时还要挤出一部分不适用的劳动力，加上我们的政策又是尽可能实现充分就业，因此在经济增长方式的选择上往往倾向于粗放型，这给转向集约型添了不少难度。人多地少，人均耕地面积只有世界平均的1/3。这也是既有压力，又有动力。为了提高产量，我国农业素有精耕细作的传统，但是这种集约经营，靠的是增加劳动投入、提高耕作水平，属于古典式的，不等于现代化的集约型增长。于是存在提高土地生产率与提高劳动生产率的矛盾，也就是增加劳动投入与增加机械动力的矛盾，导致劳动拒绝机械，客观上推迟了走向集约型增长的进程。二十多年来，乡镇企业蓬勃发展，转移了上亿的农村剩余劳动力；但是除个别年份外，当年转移的劳动力数量并不超过当年农村劳动力的自然增长；出不抵增，加上耕地渐减，机械动力渐增，农村剩余劳动力的绝对数有增无减。这同样适用于城乡工业和其他产业，在依靠劳动力增产的成本低于依靠采用先进设备技术的成本的情况下，粗放型经营有其广阔延伸的空间，转向集约型经营的进程也被推迟了。这个国情，不仅在计划经济体制下倾向粗放经营，用计划规定三个人的饭五个人吃、三个人的活五个人干；就是在市场经济体制下，由成本—利润机制驱动，相当时期也会倾向利用劳动、节约资本的粗放经营。

我国是一个大国，由于种种原因，区域经济发展的差距很大，经济增长方式也相应地呈梯度状态。一则，存在相当大的后进地区，起点低，不得不从铺摊子起步；二则，从粗放转向集约，也不可能同时并举，要分一个先后，一部分地区的粗放型增长还有一段长路要走。从全国看，仅是地区布局，粗放型增长占主导地位，就有历史的和区域的重要原因。

3. 发展阶段的制约

尽管17年来有很大发展，我国至今还是世界上最大的发展中国家，人均国民生产总值和人均收入都不高，这是基本国情的另一方面。社会主义现代化建设是一个漫长过程，从新中国成立算起，至少要百年之久。"行百里者半九十"，前面走过的路，属于传统的经济增长方式，有其历史局限和历史必然。按照三步走的战略部署，第一、第二步也只能是粗放型增长和以粗放型增长为主。按照工业化的演进，初期工业化和中期工业化都没有也不可能走出粗放型增长的大框架。我们正处于这样的发展阶段，由于发展层次或发展水平不高，采取粗放型增长为主是无可奈何的。这不排斥应当努力向集约型增长前进，充分利用后发效应，争取两种经济增长方式并进、并存，特别是在发展有差别的不同地区。

从粗放到集约，从另一角度看，又是从二元结构向一元结构演进。这也是经济发展的两个阶段。我国至今已经历了四十多年的发展，正处于这个演进过程之中，二元结构还处于主导地位。从二元结构到一元结构，既有产业结构的升级，又有技术结构的飞跃，都不是容易事、简单事。只有逐步实现农业、工业和科学技术的现代化，二元结构才会转变为一元结构，两种经济增长方式并存也才会转变为以集约为主体。这与地区之间的梯度演进同呼吸，不可强求。

4. 科教水平和管理水平的制约

转变经济增长方式，在某种意义上，就是用先进科学技术成果武装国民经济的各个部门，与现代化有类似含义，都建立在现代科技的基础上。这取决于一个国家的科技水平和教育水平，表现为人才的数量、质量和劳动者的文化程度。我国的科学技术和教育事业，四十多年来有很大进步，有的已达到世界先进水平和尖端水平。但是就整体而言，科技人员虽多，而高水平的还是少数；科研机构虽多，而力量分散，"拳头"不多。这与科技投入有限，无论占国民生产总值或占企业销售收入的比重都偏低；科研工作组织欠佳，高、中、低三个层次重复过多，并与企业相脱节；科技成果转化不畅，中间环节薄弱等有关。其结果就是企业技术装备水平不高，据调查，达到或接近当代国际水平的只占15%左右，先进产业的差距更大。这就是说，一定的增长方式与一定的科技水平相对应，在科技水平还不很高的情况下，转变增长方式不可能很快、很顺利。

教育是科技实力的基础和支柱。我国教育普及率较高，成人识字率居世界中上水平，但是高等教育薄弱，据联合国教科文组织统计，1992年，我国大学生入学率为1.6%远远低于发展中国家4.1%的平均水平，甚至低于印度。①这对转变经济增长方式是一个非常不利的因素。

与科技、教育密切联系的另一个重要因素是管理水平。微观层次是企业管理，宏观层次是国民经济管理，还有中观层次是部门经济管理和地区经济管理，这里存在问题也多，成为经济运行中的薄弱环节。管理是一门科学，有人还认为是一门艺术。第二次世界大战后，世界兴起管理热潮，先进的、科学的现代化管理成为各国提高经济效率的不二法门。但在我国，不仅管理水平本来不高，近几年来还有管理滑坡现象。能否认为，管理也是生产力，也是增长方式？管理落后，至少反映了企业素质偏低，这是

---

① 龚佼：《实力增强，举世瞩目——我国经济与社会发展在世界上的地位》，《经济日报》1995年9月3日。

实行集约型增长方式和集约经营的一块大绊脚石。

5. 经济体制的制约

与上述诸因素相比，经济体制和运行机制对经济增长方式有更大的制约性。首先是企业尤其是国有企业，在传统体制下，存在预算软约束，缺乏利益激励机制和优胜劣汰的竞争机制，自然不会追求技术进步和管理进步，不会自觉、主动地转变经营方式，即使经过了几次初步改革，效果仍不理想。拿经营承包制来说，似乎对"大锅饭"有所触动，但却诱发了普遍的短期行为。因而转变经营方式、推行更新改造都着眼于长远，在现行体制下始终缺乏动力和活力。在这方面，非国有企业的情况稍好一些，而囿于大环境，也不能认为问题都解决了。甚至如乡镇企业，也有另一种基层的政企不分，存在粗放导向，同样影响其自动转变。

其次是宏观层次，在传统体制下，排斥市场，固然也倾向于数量扩张；即使经过初步改革，至今还缺乏有效的调控体系和调控手段来遏制粗放型增长的势头。有时采用政治手段，发出一般号召，或者采用行政手段，禁止乱铺摊子，都难以取得预期效果，至多是限制了粗放，却不能促进集约。

再次是市场层次，通过竞争，促进生产要素流向效益好的部门和企业，正是从粗放到集约的具体途径。但是目前，由于市场发育还未完善，行政干预较强，要素的流动性不高，难以按照集约的要求加以重组，达到优化组合。

总之，经济增长方式与经济体制和运行机制分不开。与双重体制并存相对称，只能是双重增长方式并存。现行体制处于转轨阶段，计划经济在宏、中、微观层次都未引退，还是一个助长外延、粗放型增长的体制，基本上还不是一个鼓励竞争和科技进步以提高经济效益、导致向内涵、集约型增长的体制。

转变经济增长方式，苏联讨论较早，1971年苏共二十四大正式提出向集约化为主的发展道路过渡，苏共二十七大进一步确定

"生产的全面集约化"和"整个国民经济转向集约化轨道"的发展方针。但是提出来以后，主要还是从技术上来考虑，企图以加强机械制造业发展的方法来解决。戈尔巴乔夫上台，第一件事还是加快发展，仍是从生产力而不是从生产关系的角度提出问题，机制上没有新通道。直至1991年年底解体，基本上仍是粗放经营，每卢布生产基金生产的国民收入从1970年的55戈比下降到1990年的28戈比，20世纪80年代中后期处于停滞状态，有的年份是负增长。原因很多，最根本的是体制问题，体制改革没有成功。相反，东南亚各国虽然起点不高，但是一直实行市场经济，企业的活力较强，追求效益的观念也强，从粗放转向集约自然是顺理成章，"四小龙"的近几年变化就是实例。

四、计划经济体制在中国的形成及反思

一个国家实行某种经济体制，并非偶然，取决于当时当地的政治、经济、社会、文化和历史、国际等条件，同时还与执政群体的理论、观点和偏好有关。

实行两个转变，从传统的经济体制和经济增长方式转变为新的经济体制和经济增长方式是具有根本性的。为什么必须实行这种根本性的转变？是由于传统体制和传统增长方式存在着根本性的缺陷和弊端，不能促进和保证社会生产力的持续发展，不能适应社会主义现代化建设的新形势和新任务。对于传统的计划经济体制，我们应当以历史唯物主义的观点来看待。其在中国的实践，从萌生到形成，特别是其在当时条件下的作用，值得我们深刻反思。

（一）计划经济体制在中国的形成

长期以来，中国实行的是计划经济体制，直至改革开放，前

后约三十年。对于这种体制是怎么形成的，其特征和内容何在，大家已有反复研究，大体上取得了共识。我们也有一些论著谈到这个问题，并在《中国经济体制改革的模式研究》[①]中有比较系统的阐述，这里扼要地谈谈。

一个国家实行某种经济体制，并非偶然，取决于当时当地的政治、经济、社会、文化和历史、国际等条件，同时还与执政群体的理论、观点和偏好有关。即使在没有自觉地意识到经济发展要以一定的经济体制为依托时，实际上也在实行不是这种就是那种经济体制。中华人民共和国成立后，经过三年恢复，从1953年开始的第一个五年计划起，开展大规模的经济建设，同时构筑着相应的经济体制。过去，从传统的理论出发，批判和否定与资本主义制度相连的自由经济体制，自然会肯定和选择与社会主义制度相连的计划经济体制，并与公有制、按劳分配一起，列为社会主义经济的基本特征，认为其具有无比的优越性。传统经济体制在中国的诞生，其来由有以下几点。

1. 苏联在落后基础上实行了工业化，其高度集中的计划经济模式对刚刚解放的中国人民有极大的吸引力

新中国成立以后开始建设，由于缺乏管理社会主义经济的足够经验，最直接的办法是向第一个社会主义国家的苏联学习，"以老大哥为师"是当然的事，整个拿来，基本上按照苏联模式实行高度集中的计划经济体制。

2. 源于经济贫困和战争需要的军事共产主义即供给制，渗透于经济体制的方方面面

中国革命经过长期的武装斗争，革命根据地的集中统一的财政经济工作对于保证革命起到过重要作用，广大干部已经习惯，广大群众有了信仰，这也是经济体制形成的重要因素。

---

① 刘国光主编，沈立人是编审组成员，中国社会科学出版社1988年版。本节摘录其中要点，一般不再注出。

3. 早期工业化中的多数计划管理方式在经济体制中得以保留

新中国成立后，中国推进工业化与三大改造并行，不仅农业和手工业的合作化产生了公有性质的合作制，尤其是对资本主义工商业的社会主义改造相当"彻底"，不同程度上限制了商品生产和商品交换而代之以统购、包销等计划管理，并沿袭于以后的经济体制内。

4. 传统自然经济的影响

旧中国经济处于十分落后的状态，商品经济不发达，自给性生产占相当大的比重，尤其在农村，自然经济的思想和行为有深厚基础，这对经济体制的形成也有很大影响。并且，这与计划经济的排斥市场机制有相似处，很容易一拍即合。①

此外，当时对外封闭，与世隔绝，也是经济体制不开放的原因之一。

基于以上几方面原因而形成的经济体制，基本上属于高度集中的计划经济体制模式，并带有供给制的色彩。这与中国经济的起点很低，脱胎于半殖民地、半封建社会，脱胎于工业化程度很低的农业社会，脱胎于商品化、货币化和社会化水平也很低的半自然经济社会有关。因此，与马克思主义创始人曾经设想的经济制度，在实行中不尽一致。例如：指令性计划难以包揽天下，决策权力难以充分集中，在集中性计划管理的部分也经常发生"不紧不硬"、"讨价还价"和"变通"、"扭曲"等现象。

另一方面，在沿袭和模仿苏联一套的同时，也有不完全同于苏联的某些变化。除了在社会主义改造过程中还存在多种经济成分从而在"限制"中采取"利用"的政策外，改造基本完成后，农村允许社员经营自留地和家庭副业，在强调"大计划"的同时

中国经济的两个根本性转变

---

① 参见《建设具有中国特色的经济体制的总体设想》，写于1984年，公开发表于刘国光等：《中国社会主义经济的改革、开放和发展》，经济管理出版社1987年版，第38—39页。

允许"小自由"，在实行直接计划为主的前提下保留少数的间接计划。总的来说，在现代工业、基本建设、物资供应、劳动工资等领域，苏联模式的影响更大一些；而在农业、商业、物价、财政等领域，则继承和保留了全国解放前的若干做法。这种经济体制，在后来的各个时期有所演变，几放几收，有松有紧，但是始终没有突破计划经济的基本框架。对经济体制的构成要素，有两分法（宏观、微观）、三分法（国家、企业、个人）。我们把计划经济体制的基本特征，分为五项。

1. 所有制结构

经济体制分为所有制基础和经济运行机制两个部分。所有制关系及其结构不仅是区别基本制度的重要标准，还是经济运行机制赖以形成的前提。有什么样的所有制，在很大程度上导致有什么样的经济运行机制。按照传统理论，社会主义—共产主义是一个以共同占有生产资料为基础的社会，私有制必须被消灭。后来苏联承认公有制有两种，一是全民所有制，二是集体所有制，不承认非公有制的合法性。我国原来的所有制结构，也是遵照传统理论，并以苏联为榜样，通过三大改造来构筑的。

农业和手工业通过社会主义改造，把小生产者组织起来，在初级社阶段还有利于举办一些集体工程；但是，在否定"先有机械化、后有集体化"后，就脱离生产力水平，不断提高公有化程度，搞"一大二公"，进而实行政社合一的公社化，实际上连两种公有制的界限也打破了。城市工商业的社会主义改造，经过短暂的全行业公私合营，基本上消灭了私有制，个体工商业缩小到无足轻重的地步；同时，对集体企业不断升级，由小集体到大集体，由大集体到国有，越来越单一化，都以最终过渡到国有企业为归宿。当时的看法是，只有这样的所有制结构，才能为高度集中的计划经济提供体制基础。

2. 经济决策体系

我们把经济运行机制分为四个部分，即经济决策体系、经济利益体系、经济调节体系和经济组织体系。经济决策是经济主体对其经济行为的一种选择，能否正确决策，关系到能否获得最好或较好的经济效益和社会效益。这又分为从微观到宏观的若干层次，形成一个决策体系。传统的经济决策体系也是高度集中的。在这方面，我国开始也是以苏联为榜样的，有一整套的决策组织、决策方法、决策手段和决策程序。"一五"时期，曾对国有经济实行"统一计划、分级管理"的原则，成为"有统有分、统分结合"的格局。后来虽有几次变化，如"大跃进"和"文化大革命"时期都曾扩大地方政府的决策权力，但是一直没有改变其基本特征，表现在：计划决策的范围极广，决策选择基本上集中于中央；决策过程越来越非程序化，缺乏自我约束和自我调节，带有很大的不确定性；决策的实施采取指令性的行政强制方式。值得注意的是，无论放权或收权，都限于中央和地方政府之间，即所谓行政性放权、收权，与企业关系不大，企业不进入决策层次。

3. 经济利益体系

在不同的经济体制下有不同的经济利益体系，决定着经济刺激、动力机制和约束机制的结构和运行。在传统体制下，强调了整体利益的一致性。虽然也讲要正确处理国家、集体（企业）、个人三者之间的利益关系，但是在承认上述三者利益时，缺乏进一步的细分，忽视了工农、城乡、地区之间的利益差别；在承认个别利益时，又过分强调了政治热情，而缺乏利益刺激，实际上未能充分调动广大群众的积极性。由于忽视多元利益主体或群体的存在，以行政命令为手段，往往使利益结构受到扭曲，如把个人财产局限于消费领域；加上缺乏利益约束，中央和地方政府对其计划、投资等决策的失误不承担任何责任，企业对亏损也不负责；结果是利益界限模糊，突出表现为职工吃企业的"大锅饭"、企业吃国家的"大锅饭"。

4. 经济调节体系

经济调节是经济运行的核心，其功能在于资源配置，也就是通过一定的手段和方式，把人力、物力、财力等生产要素配置在各种产品和服务的生产和流通上，实现整个经济运行的协调，以促进生产力的发展和人民物质、文化生活水平的提高。这关系到经济发展的速度、效益、质量和结构，是衡量和判断一种经济体制优劣的基本尺度。传统调节体系的特征是计划调节、行政调节、直接调节，不通过市场，不靠市场机制，不让市场来配置资源。在具体运行时，配置资源的权力集中于政府，企业基本无权；配置资源按行政系统和行政层次，采取行政办法；调节主体的职责、权力与利益脱节，没有动力和约束；调节信息按照纵向传输，不讲时效，难免失真。有所谓"三位一体"，即统一指令、统购统配、统收统支。实际上存在更多的"一统天下"，包括用指令性计划统一安排生产、统一安排投资、统一调拨物资、统一财政收支、统一银行信贷、统一安排就业甚至统一生活消费（凭票证供应生活必需品）等。这种调节体系的特征还表现在以指令性计划作为唯一的、至尊的信号上，而不像在市场经济体制下以价格（包括工资、利率、地租等要素价格）为调节信号；相反，这些价格不由客观存在的市场供求关系决定，却由有关当局的计划规定，与供求脱节，也不随供求变化而上下浮动。

5. 经济组织体系

国民经济是一个多层次、多要素、多单元的大系统，由千百万个生产、流通、服务等企业所组成，分别属于不同的部门和行业，并分布于不同的地区和城市，相互之间发生千丝万缕的联系。这些经济单位的运行，要有一定的组织机构和组织形式，成为整个经济体制的骨架。经济组织体系与经济决策体系、利益体系和调节体系相互适应，往往前者就是后者的载体。传统经济组织体系的特征，主要是政企职责不分，政府代替企业在产供销、人财物上实行直接控制；在政府内部，则是条块分割，各自为政，即所谓"条条专政"和"诸侯经济"；在政府与企业之间缺少中介组织，企业成为主管部门的附属物；企业之间的组织度也差，如同一盘散沙。这些，都是计划经济体制所决定，并为计划管理、计划调节、计划运行服务。为了适应此一需要，又形成"大政府"、"强政府"与"小企业"相对应。

在计划经济体制下，计划支配一切，商品和市场黯然失色。商品的范围本来主要限于消费品，而在凭票证供应后，部分消费品也失去了商品属性；市场的范围本来也只限于消费品，其中农产品的市场活动空间越来越小；除少数生产资料外，其他生产要素都被剥夺了商品属性，更没有相应的要素市场。这些，前30年虽有变化，但其总趋势不是商品化、市场化。相反，却是所有制结构越来越单一化，经济决策越来越集中化，经济利益越来越模糊化，经济调节越来越生硬化，经济组织越来越行政化。此外，在收益分配上，虽然讲的是按劳分配原则，实际执行的是平均主义，尤其是长期冻结工资，又禁止其他分配形式，为传统体制增加了另一特征。

（二）经济理论界的反思

从20世纪50年代中叶起，我国经济理论界针对计划经济体制暴露的问题，先后提出了一系列值得重视的新观点。以杰出的经济学家孙冶方为代表，发表了"把计划和统计放在价值规律的基础上"的著名论文，[1]阐明了他对社会主义经济体制的独到见解。他批评了长期以来流传的"价值规律是商品经济的范畴，它

———————
① 《经济研究》1956年第6期。

中国经济的两个根本性转变

是与社会主义计划经济相互排斥的；计划管理范围越广泛、越深入，那么价值规律的作用范围便越受约束"的传统观念。他强调指出："价值规律同国民经济的计划管理不是互相排斥的，同时也不是两个各行其是的并行的规律。……那些无视价值规律，光凭主观意图行事的经济政策（包括价格政策）和经济计划，到头来就是打乱了一切比例关系，妨碍了国民经济的迅速发展；主观主义的强调计划，它的结果只是使计划脱离了实际。"因此他主张："只有把计划放在价值规律的基础上，才能使计划成为现实的计划，才能充分发挥计划的效能。"尽管对价值规律的理解，当时和后来还有争论，尽管孙冶方当时对价值规律的理解还有其特殊的历史限制，但是他首先肯定计划要以价值规律为基础，却是石破天惊。这就告诉人们：计划经济并不完善，并且指出了改革的基本方向。无怪乎经济学界推崇孙冶方是我国改革经济学的先行者。

而事实上，孙冶方的上述文章是从顾准那里受到启发的，价值规律在社会主义经济中的作用问题是吴绛枫（顾准）最先向他提出的。[1]早在1956年初夏，公私合营还没有结束，社会主义建设实践还不过几年，顾准就研究价值规律在社会主义经济中的作用问题，写了"试论社会主义条件下的商品生产和价值规律"一文。[2]此文提出，社会主义经济毫无疑问地必须进行核算，进行核算所凭借的工具只能是货币、工资和价格；商品货币关系在社会主义经济中不能排除；社会主义经济是"计划经济与经济核算的矛盾统一体"。他还说："目前社会主义之所以存在着商品生产，应该肯定，其原因是经济核算的存在，不是两种所有制并存的结果。"他提出："社会主义经济是计划经济，马克思、恩格

---

① 张劲夫：《关于顾准的一件重要史实》，《顾准文集》，贵州人民出版社1994年版，第62页。
② 《经济研究》1957年第3期。

斯再三指明过；社会主义经济是实行经济核算的计划经济，马克思、恩格斯从未指明过。"他认为，"经过几十年的历史发展，社会主义经济已经形成一个体系。这个体系的全部细节是马克思、恩格斯没有全部预见，也不可能全部预见的"。这些精辟的语言，为改革传统经济体制提供了解放思想的武器。

谈到经济体制及其改革，孙冶方也开风气之先。他在1961年6月写的内部研究报告《关于全民所有制内部的财经体制问题》一文，劈头就提出了当时我国经济学界还没有人认真研究过的课题：体制问题在社会主义政治经济学中的地位。

他旗帜鲜明地提出：经济体制（他当时称为财经体制）是社会主义政治经济学中的一个重要理论问题；还说："财经管理体制的中心问题是作为独立核算单位的企业的权力、责任和它们同国家的关系问题，也即是企业的经营管理权问题。至于体制中的其他问题，如中央与地方的关系、条条与块块的关系等，在企业的职权问题解决以后，是容易解决的。"①

在此前后，他坚持深入实际，研究经济体制问题，写出许多论文和报告，对传统体制的弊端和改革的方向提出许多中肯的意见。对固定资产管理体制问题，他指出："我们现在企业管理制度上的最大缺点恰恰就在于国家对于新的投资控制过松，而对于不需要国家新投资，只要通过技术改革、设备更新来扩大再生产又控制过严，……这就大大限制了技术进步和生产力的发展，限制了企业的积极性和首创精神。"②对利润问题，他提出："应该提高利润指标在计划经济管理体制中的地位，应该反对用对待资本主义利润的态度来对待社会主义利润，应该表扬那些努力降

---

① 孙冶方：《社会主义经济的若干理论问题》，人民出版社1979年版，第140页。

② 《固定资产管理制度和社会主义再生产问题》，《社会主义经济的若干理论问题》，人民出版社1979年版，第242页。

低成本、增加利润的先进企业，批评那些不关心和由于主观不努力而不能为国家创造利润的企业。我们要恢复利润指标的名誉。"[①]对国家与企业的关系问题，他主张国家管"大权"，企业管"小权"。这些话，今天读来，仍然掷地有声。

在"把计划和统计放在价值规律的基础上"和"从'总产值'谈起"这两文中，孙冶方还就计划体制与经济增长方式问题进一步指出，[②]在资本主义经济中，价值规律通过同一行业内的生产者之间的相互竞争，像一条无情的鞭子一样，督促着生产的进步；同时，价格的不断涨落引导社会资本和劳动力在各个生产部门之间流动，执行分配社会生产力的任务，实现供求平衡。可是，"现在我们的计划统计指标着重于表现物量，而忽视了价值。着重于表现生产的成果，而不着重于分析这成果的内容如何，更不着重于分析如何……提高劳动生产率，以达到增加物质财富的最后目的"；"对资本家来说，生产不计财务成本，简直是不可想象的。但是在我们，'不惜工本'似乎是社会主义建设应有的气魄。"这些话，把经济体制与经济增长方式联系起来，入木三分，发人深省。

五、转变经济体制是转变经济增长方式的保证

市场以企业为主体，以商品和生产要素为客体，是供求双方借以照面和完成交换的汇合点和结合部。市场状况如何，体系是否完善，机制是否健全，决定着整个经济的运行效率。

两个转变相互依存、相互促进，不是孤立的。17年来，改革为发展提供了强大动力，现在已经进入全面建立社会主义市场经

① 《社会主义计划经济管理体制中的利润指标》，《社会主义经济的若干理论问题》，人民出版社1979年版，第266页。

② 《我国经济增长方式转变问题综述》，《改革》1995年第6期。

济体制的新阶段。如果说，过去转变经济增长方式之所以迟迟未能实现是由于改革尚未到位；那么，进一步推动集约化更有赖于进一步推动市场化。从粗放到集约，除了要寻找切入点并狠抓落实，以及明确转变的目标和基本思路外，更将取决于改革的逐步深化，两者亦步亦趋。《建议》提出："实现经济增长方式从粗放型向集约型转变，要靠经济体制改革，形成有利于节约资源、降低消耗、增加效益的企业经营机制，有利于自主创新的技术进步机制，有利于市场公平竞争和资源优化配置的经济运行机制。"这三个机制，前两个比较清楚，后一个实际上涵盖了改革的主要方面。全面深化改革，正是为全面转变经济增长方式创造必不可少的体制保证和机制保证。

（一）建立现代企业制度是转变经济增长方式的微观基础

党的十四大确认以建立社会主义市场经济体制为改革的目标模式，党的十四届三中全会又进一步制定了社会主义市场经济体制的总体框架。这个框架的支点和梁柱，就是建立现代企业制度。因为建立社会主义市场经济体制，首先要有健全的市场活动主体。在多种类型的市场主体（包括政府和家庭）中，最基本、最重要、最大量和最活跃的，既是需方和买方又是供方和卖方的是企业。《建议》和《纲要》提出今后15年的九条指导方针，其中第五条就是："把国有企业改革作为经济体制改革的中心环节。国有企业是国民经济的支柱。以公有制为主体的现代企业制度是社会主义市场经济体制的基础。建立现代企业是国有企业改革的方向"；还说："增强国有企业特别是国有大中型企业的活力，发挥国有经济的主导作用，关系到经济体制改革的成败，关系到社会主义制度优越性的发挥，关系到经济和社会发展战略目标的实现。"从两个转变看，深化企业改革、建立现代企业制度不仅是转变经济体制的微观基础，也是转变经济增长方式的微观基础。经济活动和经济发展以企业为基本单位，犹如生物体的细胞。企业能否增强活力，实行集约经营，决定于能否形成有利于节约资源、降低消耗、增加效益的企业经营机制，这又决定着整个经济增长方式能否从粗放型转变为集约型。

我国的社会主义经济体系，以公有制为主体，以国有经济为主导。改革开放以来，国有经济在比较困难和承担改革"成本"的条件下，虽然由于非国有经济发展更快，国有经济在数量比重上有所下降，在有的地区和某些部门下降更多，但是从总体看，仍旧获得了较快增长，仍旧发挥着主导作用。据全国清产核资工作会议统计，国有资产总量以1995年3月31日为时间点，共有51920亿元，占全社会企业资产总额的65%以上，与1990年比，每年递增17.9%，构成了社会主义制度雄厚的物质基础；每年完成固定资产投资一直占全社会的70%以上，目前国有单位安置就业人员占城镇社会就业人员的67%，国家财政收入的60%来自国有企业。国有企业还控制着国民经济的命脉，在邮电、民航、铁路等关键行业，资产总额占100%；在电力、煤炭、石油开采、冶金、化工、机电、轻纺等重要产业中，发挥着"火车头"的作用；交通、能源等基础产业的迅猛发展，也为其他所有制企业的发展提供了基础条件。另外，通过与其他经济成分合资、合作、参股以及扶持发展集体企业，实际调动或支配着40%~50%的集体、外商资本。[①]

十多年来，国有企业的改革主要沿着扩大企业自主权的方向，包括二步利改税和承包制。1988年颁布了《全民所有制工业企业法》和1992年制定了《全民所有制工业企业转换经营机制条例》，提出要实行自主经营、自负盈亏、自我约束、自我发展，取得了一定的进展，为企业进入市场开辟了道路。但是，由于没

---

① 《人民日报》1996年5月9日。

有触及计划经济体制下传统企业制度本身的再造，长期困扰国有企业的政企不分、产权不清、自主权不落实、约束机制不健全等问题没有也不可能根本解决，以致企业活力还很不足，企业行为难以规范，经济效益不够理想。对国有企业进行制度创新的改革思路，近年来在经济界和理论界逐步形成了一种共识，就是组建以公司法人制度为主要形式的企业制度。这是一种现代企业制度，是市场经济和社会化大生产长期发展的文明成果，属于人类的共同财富。党的十四届三中全会的《决定》确认，它不会动摇社会主义的基本制度，却顺应世界潮流赋予这一制度以时代特征。

现代企业制度的基本特征是"产权清晰、权责明确、政企分开、管理科学"。对此，曾经有过不同侧重点的议论。有人强调产权，认为产权清晰是第一位的，深化企业改革要从产权清晰入手；有人强调管理，认为当前要加强全面管理，防止以包代管、以改代管。其实，这四句话16个字是相互联系的统一整体，不可分割。对现代企业制度的具体理解是：产权关系的清晰，在于有效地实现出资者所有权与企业法人财产权的分离，建立与社会主义市场经济相适应的国有资产出资人制度和法人财产制度，使企业在出资人投资形成的公司法人财产的基础上成为行使民事权利和承担民事责任的法人实体和市场竞争主体。出资人即投资者，国有企业的投资主体是政府机构；国家掌握着终极所有权，体现了企业的国有本质；权责的明确，在于明确资产所有者、经营者和劳动者的权力、责任和义务，建立激励和约束相结合的机制。出资者按其投入企业的资本额，享有资产收益权、经营领导权以及涉及资产问题的重大决策权，但不直接干预企业的经营活动，同时对企业的亏损和债务按其所投资金承担有限责任。企业有了法人财产，既落实了自主经营的权利，又增强了自负盈亏和对出资者承担资产保值增值的责任；政企职责的分开，在于政府把原来既是国有资产所有者又是社会经济管理者的双重身份分开，或叫政资分开，从直接支配企业的产供销、人财物转变为不参与企业经营。这并不否定政府对国有资产的管理，而是要另行建立和完善国有资产的管理体系和营运制度；建立和完善产权登记、统计报告和资产评估等国有资产基础管理制度。这与产权清晰是相呼应的；加强科学管理，首先要通过股东会、董事会、执行部门和监事会等公司治理机构的设置和运作，形成调节所有者、经营者、法人代表和职工集体之间关系的制衡和约束机制；其次要完善经营管理，按市场需求组织生产，加强产品开发，搞好市场营销，提高经济效益。这涉及企业经营管理的方方面面，特别是关系到人的劳动管理和工资管理，既要依靠和调动广大职工的积极性，又要遵守劳动纪律，并体现按劳分配原则。为此，要在建立科学的组织和管理制度上狠下功夫。上述四点，有人认为，政企分开是前提，科学管理是基础，产权清晰和权责明确都是相互联系的重要环节。建立现代企业制度，企业就能成为自主经营、自负盈亏、自我约束、自我发展的法人实体和市场竞争主体，也就会焕发其内在活力，提高其整体素质，积极参与市场竞争，把提高经济效益或者叫作追求利润的最大化作为经营管理的主要目标，从在传统体制下习惯于和束缚于粗放经营的僵化状态中觉醒起来，走向集约经营。通过优胜劣汰，优化资源配置，为国民经济的转变经济增长方式创造富有活力和生机的微观基础。

建立现代企业制度是深化改革的一场重头戏。对此，《纲要》有系统的规定和安排，各部门和各地区均有大胆的试验和创新，经济界和理论界也有进一步的具体探索和设想。基本思想是渐次清晰了：要把企业改制与改组、改造和加强管理结合起来；要抓好大的、放活小的；要坚持以国有制为主导并大力发展集体经济，鼓励和引导非公有制经济的发展；等等。现在的问题是具

刘国光
经济论著全集

第
13
卷

体实施，其要点是：

1. 抓好国有大中型企业

国有经济是整个经济的主导，其中大中型企业更是重中之重的骨干，在整个经济中承担着主要使命。1994年，从增长速度看，整个国有企业增加值的增长率为5.6%，其中大中型企业为12%；从资产负债率看，整个国有企业为75%，其中中央企业为68%；从亏损情况看，长期亏损、扭亏无望的大多是技术陈旧、产品落后、管理不善的小型企业；从固定资产和利税总额看，大型企业个数不多，而所占份额在50%左右。总的来看，国有企业问题不少，但是大型企业的生产和经营状况较好。在企业改革中"抓大"，就抓住了重点，抓住了大头。"九五"期间，国家集中力量抓好1000户国有大型企业和企业集团，分期分批进行资产重组，这既能吸收、兼并、联合一批中小企业，又能壮大规模、优化结构，争取让一部分进入国际大企业行列。

当前，大企业的改革还处于试点阶段，包括若干城市的企业"优化资本结构"试点工作和57家企业集团试点工作。试点的内容有许多方面，其中一个着力点是资本存量的调整。国企改革的根本目的是从总体上巩固和壮大整个国有经济，并不是把每个企业都搞活。为此，一方面要防止国有资产的流失，另一方面要促进国有资产的流动。实行改组和兼并以及必要的少量破产，推动企业的分离和分流，把符合条件的重点企业依照《公司法》改制为有限责任公司、股份有限公司和组建企业集团，有的可开展国际化经营。连同其他措施和配套改革，要纠正国有资产配置的不合理旧貌，形成国有经济的新优势。

以大企业为主的改革试点，在经济较发达地区，行动较早，进展较快。上海早就提出要在三年内率先建成现代企业制度运行机制，在"整体搞活"的指导思想下，集中力量突破难点，已经取得了阶段性成果，并扩大了试点规模。广州大胆试验，摸索出了10种模式，包括中外嫁接式、联合出资式、社会募集式、海外募集式、职工参股式、持股改造式、兼并控股式，各有其适合对象和不同成效。深圳按其特区情况，最早形成三个层次的国有资产管理模式：一级机构是国有资产管理委员会，作为终极所有权的代表，负责制定大计方针和总体规划；二级机构是国有资产投资公司，作为中介，受委员会的委托对产权进行经营；三是企业集团公司或公司，充分运用法人财产权从事生产经营活动。现有好几个省、市在大胆地试、大胆地闯。

2. 放开放活小企业

与大中型企业相对应，小企业的数量很大，占全部企业数的95%以上，遍及工业、商业、建筑业、运输业、服务业的许多领域，是国民经济的重要力量，有其独特的、不可替代的作用。企业改革的"抓大"和"放小"是一项战略决策。抓好大的，有了一批大企业和企业集团，就能体现国家实力，带动一大批小企业；小企业放开放活了，就能为大企业配套，创造市场活力。在改革的部署上，以大企业为重点，不否定小企业的必要性和重要性；因为这不仅有利于集中力量抓好大企业的改革，减轻改革的负担，并且将形成一种市场氛围，推动大企业改革。小企业搞不好，同样会拖整个改革的后腿，并影响经济发展、社会稳定和就业、财税等问题。

在某种程度上，小企业的改革步子可以快一些，形式可以多样一些。几年来，各地抓小企业改革，探索了不少办法，积累了丰富经验。大致分为两类：一类不涉及产权变更，如联合、承包、租赁、托管、委托经营等；一类涉及产权变更，如收购、兼并、股份制、股份合作制和出售等。这表明所有制性质与具体的实现形式之间没有必然联系，公有制可以通过各种形式实现；也表明产权变更不影响整个公有制的实力和地位，物质形式和资金形式之间可以相互转换。这为小企业改革打开了宽广的空间。山东诸城市在三年前，把大部分国有小企业的生产经营性资产折股卖给企业内部的全体职工，曾经有人疑惑；经过实践检验，市直32家改制后的企业进入市场，放开经营，无一亏损，终于得到了肯定。另如，山西朔州市抓紧中小企业改革，在确立"以理顺产权关系为重点，以股份合作制为基本形式"的思路下，三年来摸索出多种形式，包括存量折股、出售存量、分配存量、转债入股、租股结合、抽资租赁、还本租赁、划转兼并、公开拍卖、依法破产等，使多数企业摆脱困境，得到职工普遍认同。[①]

放开放活，针对传统体制下的"管住管死"而言，应当解放思想，敢于创新，灵活多样，不拘一格。如果束手束脚、畏首畏尾，就很难克服当前多数小企业生产经营的困难，时间拖得越久，很可能亏损和负债也会越严重。有人把部分小企业的产权变更认为是搞私有化，这至少是一种误解，不符合实际情况。这是主要方面。另一方面，也要防止另一种倾向，有人把小企业当作包袱，把"放开放活"误解为"放掉"，不是因厂制宜采取多种形式，而是一放了之，在资产评估、折股定价、投标拍卖等做法上过于简单化，导致国有资产的大量流失，甚至标榜"无国有企业"，离开了公有制为主体的原则，那也是不对的。当然，小企业改制同样要与改组、改造和加强管理相结合。

3. 集体企业和非公有制企业的改革

除了国有企业外，公有制经济还包括集体企业特别是乡镇企业，自20世纪70年代初异军突起后，现在已经蔚为大观。按工业总产值统计，乡镇企业成为"半壁江山"，在沿海各省更是"三分天下有其二"或"四分天下有其三"，在农村经济中尤为举足轻重。乡镇企业的兴起，主要是市场取向改革的产物，在计划外成长壮大，基本上具备了自主经营、自负盈亏、自我约束、

---

① 薛军：《对朔州市中小企业改革的调查》，《经济日报》1995年1月25日。

自我发展的能力，并对市场体系的发育起到了催化作用。但是，随着市场经济体制的构筑，乡镇企业是否自然成熟，无须改革了呢？不能这样看；相反，同样存在不适应，集中反映在产权关系上。乡镇企业本来是乡办乡有、村办村有，属于社区所有制，乡村基层政权与企业之间也有职责不分的问题，被称为"二全民"或"小国有"。国有企业的某些痼疾，诸如，行政决策、产值挂帅、相互平调、机构臃肿等，乡镇企业也有反映并日益滋长，资产流失等不正之风有过之而无不及。因此，深化企业改革的大口径，要把乡镇企业和城镇集体企业包括在内，重点也是解决产权模糊问题，这对灌注活力、促进技术进步、扭转部分亏损以转变经营方式，同样是必要的。

集体企业的改革，其特点是体现集体所有，乡镇企业也有一个政企如何分开的问题。现在的做法，一般是转变为股份合作制或合作制。合作制即职工劳动联合，加上股份制即与资本结合，是群众创造的新形式，从产权形式单一化转变为多元化，并非过渡。这些股份，有的属于乡镇集体，成为乡镇财政收入的主要来源，有利于减轻农民负担和进行乡镇建设；有的属于个人，大部分是新旧承包者，也有对创业者的奖励（所谓"贡献股"）。在乡镇企业建立现代企业制度的过程中，要防止两种倾向：一是以坚持公有制为理由，墨守成规，停留于产权模糊和单一产权形式；二是趁改革之机，在产权重组中导致产权流失，在把一部分量化到职工时，大部分为经营者所巧取豪夺。对此，各地有若干较好的经验，例如，建立乡村集体资产管理体系，其范围有：法律规定为集体所有的土地、山岭、森林、草原、荒地、滩涂、水面等；集体经济组织投资形成的建筑、道路、桥梁、线路、农田水利设施和科教文卫设施；集体经济举办的企业、事业系统的资产及其增值部分；集体经济组织投入国内联营和股份经营单位、中外合资或合作经营单位中的资产及其增值部分；国家行政、企事业单位占有的集体经济组织出资形成的资产；集体所有的其他有形或无形资产。[①]

至于非公有制的个体、私营企业和外商投资企业，都是自主经营、自负盈亏，似乎没有改革的问题。但是，对照市场经济的要求，也有一个逐步规范为现代企业制度的要求。有些地区的个体、私营企业，不少转化为股份合作制，所谓"戴红帽子"，就该遵照有关法规，区别于合伙企业。民营科技企业，改革以来发展很快，不少改组为有限责任公司和股份有限公司，同样要规范化，共同成为市场竞争主体。

4. 国有企业改革的难点及其归宿

国有企业改革有很多难点，面对的现实问题是债务负担、人员负担和社会负担过重。有关资料反映，当前国有企业的资产负债率，低的在60%左右，高的超过80%甚至资不抵债；人员过多，一般超员或隐性失业占二三成，老企业的离退休职工相当于在职的50%，直至一对一；大企业包办职工的生活服务，"除了火葬场，什么都要有"。对此，已经有了一些规定和对策：（1）债务。来自固定资产投资的"拨改贷"和流动资金的"全额贷款"，更来自企业经营亏损的债务，要采取多种办法，主要靠企业自身增加资本金、提高效益和偿债能力；而对历史包袱重的，可以部分地实行免息、停息和推迟偿还本金，把"拨改贷"转为"贷改投"，企业之间的债务也可以转为股权，破产企业可以冲销，总的达到增资减债。（2）人员。富余部分要利用企业、社会和政府的力量，多渠道分流，包括办附属企业和劳务公司、经过培训再就业等；退休职工的养老要靠改革社会保障制度，实行统筹和个人账户相结合，由企业包终有一天包不下来。（3）社会服务。方向是服务社会化，要把非生产的服务单位和

中国经济的两个根本性转变

① 《各地深化国有集体企业改革的做法》，《改革月报》1996年第3期。

所承担的社会服务职能逐步分离出去，有条件的也可以剥离出去，成为独立经营的企业化单位。解决人员过多和社会服务问题的相关费用，可以由企业、财政、主管部门和社会保障机构合理分担。

企业改革有丰富内容，涉及很多实际问题和理论问题，诸如：国家所有权与法人财产权到底是什么关系，企业根据法人财产权能不能设"企业股"，政企分开后两者究竟怎么相处，有了"老板"是否就可以不要"婆婆"，专业主管部门改为企业集团或协会仍有部分行政性质如何避免成为"翻牌"，国有资产怎么管理和经营，谁能真正代表国家所有，"新三会"与"老三会"的关系怎样处理，企业破产如何掌握以防止过大震动，等等。每一个问题，都有待进一步研究和探索，目前存在各种不尽相同的论调和观点。我们认为，这要靠实践与理论的逐步深入，既要大胆试验，又要勇于争鸣，既要广泛吸收别人的经验和学说，又要从国情出发来寻找结合点，才能走出自己的新路。

通过企业的深化改革，将有什么样的归宿，是大家关注的焦点。似乎有两种说法：一是认为既要以公有制为主体，就要保持以国有经济为主导的公有制在主要经济领域占较大比重，否则难免是变相的私有化；一是认为公有制尤其是国有经济只要掌握国民经济命脉，在少数要害部门占主导地位就行了，其他都可放给多种经济成分去竞争，不会影响社会主义制度的本质。我们认为，必须具体分析，大致分为三类：在自然垄断性和信息垄断性的行业部门，涉及国家安全、尖端技术、生产某些特殊产品（如利润大的黄金矿开采）的企业，原则上由国家全资独股，同时实行公司化的经营管理方式；对基础产业、支柱产业中的骨干企业以及带有公共福利性的事业，国有全资企业可以逐步转为国家控股，具体比例视股权分散程度而定；属于竞争性的一般行业，国家可以不控股、只参股，对国有股权进行市场操作，以搞活国有资产，使其保值增值。这样，在保持国有经济主导地位的前提下，实行股权多元化，不仅不会削弱而且能够增强国有经济的主导作用，还有利于整个经济运行机制的市场化和规范化，并从体制的转变促进增长方式的转变。值得注意的另一情况是，在以公有制为主体、多种经济成分并存的态势中，以公有制为主体的"混合经济"将有不断发展。"混合经济"有两层含义：一是在宏观层次，多种经济成分并存；二是在微观层次，股份制包括公有和非公有的股权。前一种混合，有利于发展市场机制；后一种混合，有利于企业内部相互制衡。

国有企业的改革和发展，是关系到整个国民经济发展的重大经济问题，也是关系到社会主义制度命运的重大政治问题。搞好国有企业是实现两个根本性转变的基础。各项经济体制改革和转变经济增长方式最终都会涉及企业，只有使国有企业具有自主经营、自负盈亏的机制，成为市场竞争主体，两个根本性转变才能落到实处。

（二）培育市场体系为经济集约化提供运行机制

建立社会主义市场经济体制，顾名思义，一定要有相应的市场体系。市场是市场经济活动的舞台，是企业参与市场竞争、资源进行市场配置的空间和环境。市场以企业为主体，以商品和生产要素为客体，是供求双方借以照面和完成交换的汇合点和结合部。市场状况如何，体系是否完善，机制是否健全，决定着整个经济的运行效率。

改革开放以来，我国市场从被禁锢到复活、萌生和发育、成长，经历了一番曲折过程。人们认为，在计划为主、市场为辅和计划与市场相结合的改革前期，稳住计划一块，放开市场一块，市场只能在计划外或计划的夹缝中吐芽，必然是畸形的。直至确认以市场经济体制为改革目标，市场的建设和发展才取得了合法的"出生证"。但是，由于企业改革迟迟未能到位，使市场主体缺位，连同生产要素的商品化进程也不通畅，市场发育度并不高。特别是政府职能的转变困难重重，从计划经济的政府主导转变为市场经济的市场主导，当前还处于双轨并存的过渡阶段。在具体操作上，有必要靠政府来培育市场。当然，这不否定市场发育有其客观规律，各种要素市场自破土之日起，就显示了不可抗拒的生命力。关键在于如何因势利导，促其发展和完善。至于在市场成长中出现这样那样的问题，则是其幼稚性的表现，将在发育过程中渐趋成熟；切莫误认为是市场经济本身的根本缺陷或不治征象，从而因噎废食，对培育市场采取消极态度。

市场体系含有商品市场和要素市场两大块，相互之间有内在联系。市场供求关系首先显示在商品的余缺上，进而反映在对要素的供求变化上。初看，前者是因，后者是果；再看，后者是源，前者是流。所谓资源配置是对要素的调节，又表现为对商品生产的调节。因此，发展和完善市场体系，要以商品市场为中心，以要素市场为落脚点。评价中国市场的发育程度，人们认为，商品市场由来已久，成熟度高；要素市场萌生较迟，成熟度低，两者之间不尽相称。看来，经济工作要两者并重，当前的重点似乎该向后者倾斜。《纲要》的提法，对前者是"发展和完善"，对后者是"积极培育和规范"，很有分寸；还指出要突出重点、循序渐进，要先试点、后推广等，很有步骤。

1. 发展和完善商品市场

商品包括消费品和生产资料（生产资料也是生产要素，但是有的同时是消费品，现在其商品化程度较高，一般可与消费品相提并论），包括工业品和农产品；商品市场分为零售市场和批发市场，又分为现货市场和期货市场；按其流通范围，还可以分为国内市场和国际市场。这些市场，发育程度不等，总体来说，除期货市场外，正在趋于成熟，还要进一步发展和完善。当前存在的问题，主要是：物价已经基本上放开，除少数产品和服务价格由政府管理外，多数由市场决定，但是价格机制还不够健全，特别是某些重要产品如粮棉、能源和运输价格还未完全理顺；市场组织程度还不高，显得零星分散，环节太多，中介机构落后，国有商业企业和供销合作社在城乡市场还未充分发挥主渠道作用；条块分割的习惯势力还未完全消除，加上交通、信息不畅，地区封锁和货源大战时有发生，开放、有序的统一市场还有待进一步构筑；市场竞争的法制建设及其有效实施相对滞后，假冒伪劣商品屡打不止，消费者利益的保护有待加强。主要对策是：对重要商品要建立储备制度、风险基金和价格调节基金，健全其价格调节机制；以批发市场为重点，搞好市场基础设施建设，积极发展现代流通组织形式，如集团经营、连锁经营、综合商社等，逐步形成一批规模大、凝聚力强、辐射面广的综合和专业市场；加强市场监控和管理，加快市场立法和执法步伐；处理好区域市场和全国市场的关系，推进国内市场与国际市场的接轨，积极参与两个市场的竞争，提高市场的发育和成熟程度。

商品期货市场是一个有争议的题目。从大处看，期货市场的存在有利于现货市场价格的稳定，对调节生产、建设有其积极功能。但是，经过几年培育，得到相当发展后，却连续出现违规事件，不得不加以整顿。这是先天不足，还是后天失调？看来，由于法制不健全、监控力度弱，对期货市场主体行为缺乏有效的制度约束，想很快发展到多品种、大规模是缺乏主客观条件的。因此也导致交易行为不规范，造成过度投机，使期货市场陷于紊乱。人们认为，应当从社会总体动态角度重新认识发展期货市场的目标，本着稳步渐进的原则，挑选少数品种，控制投机资本，鼓励自营和套期保值，并健全法制，加强监控，经过试点，慎重推开，期货市场将有很大的发展余地。

2. 积极培育和规范金融市场

金融市场包括资金市场和资本市场，前者是短近期的，后者是中长期的。在整个市场体系中，金融市场处于枢纽地位，因为不仅任何商品交换行为都以货币为媒介，而且生产要素的流动和组合也以资金和资本为依归。在传统体制下，国有银行只是财政的"账房"，资金融通由计划支配，不经过市场。改革以来，金融市场发育较快，融资规模已经超过财政收支若干倍。国家银行除了掌握货币政策进行宏观调控外，培育金融市场也有进展，并在金融市场上扮演了主角。但是，专业银行还未摆脱行政性，虽然其贷款金额约占市场融资的80%，而其中真正按市场原则运作的不到半数，不良贷款不断增加，经营实绩出现亏损。正是据此，人们认为，与整个改革的要求和目标相对照，以金融市场建设为中心的金融市场化改革是滞后的。近年来，金融改革步伐开始加快，如1996年4月1日就一举推出系列措施，包括开放同业拆借市场、进行公开市场操作、取消保值储蓄、公布和生效《外汇管理条例》等，从不同角度推动着金融业走向市场。

金融市场的功能在于通过资金和资本的融通，促进生产要素的优化配置。这对转变经济增长方式，推动经济集约化，关系很大。市场竞争的焦点之一是资金和资本的竞争，供方和需方在此各显身手，达到优胜劣汰。当前资金紧张，主要表现为需求过度，这有多种原因，主要是由于企业缺乏约束机制，在地方政府鼓励下，投资需求几乎无限；加上企业自有流动资金不足，不少挪用于基本建设，连同"三角债"，普遍感到资金短缺；再加上如果利率低于通货膨胀率，能借到钱就是获利。解开这个结，一靠企业改革，唤醒约束机制，索取贷款要有可靠的使用效益，杜绝盲目的资金需求；二靠银行改革，除政策性银行外，商业银行也要规范其行为，发放贷款要有可靠的回报率。这样，通过利率升降，实现资金的供需平衡。国家银行的企业化，其难点与其他国有企业相同，也不能真正做到自负盈亏；或许还有别的难点，如以货币为经营商品，不同于货物，稍有松懈，很易发放过度。

金融市场以银行融资为主，专业银行的商业化实为关键。在此同时，稳步发展城乡合作银行和其他金融机构，包括引进外资银行试点，都有利于促进金融市场的成长。

积极培育金融市场，当前的重要一步是深化利率改革，并从放开银行同业拆借利率入手。过去，中央银行在制定存贷款利率时，尽管也考虑物价水平、资金盈缺和企业对资金成本的承受能力等经济因素，但是由人为的、行政力量起主导作用，市场上资金供求状况对利率形成过程的影响是事后性的，不是即时性的。前几年，法定利率一直低于物价涨幅，即所谓的"负利率"，对通货膨胀起到推波助澜的作用，加剧了收益分配的不均程度，并导致寻租活动，产生了腐败现象。据了解，企业贷款的实际利率往往高出法定的50%甚至100%，其差额表现为送礼、回扣和参与利润分成。这是一种反市场行为，造成双重利率并存，不利于资金配置的优化。本来，人们曾经建议提高利率，抑制需求，理顺融资关系。随着通货膨胀率下降，现在有条件先在拆借市场放开利率，并在取消保值储蓄后降低存贷款利率，为短期利率市场化扫清了道路，也使金融市场化闯过了一关。这对进一步发展货币市场和带动国债市场、商业票据市场的发育，都有积极作用；对长期利率有影响，对资本市场的运作也有影响；还为今后实现人民币兑换和向外资银行开放人民币业务创造了必要前提。当然，从银行同业拆借利率的市场化到全面的利率市场化并建立可调控的利率体系，还有很多工作要做。

积极培育和规范金融市场，另一个重点是稳妥地发展债券和股票融资，进一步完善和发展证券市场。应当肯定，建立这种资本市场，对促进经济发展和经济改革，提高人们的金融意识，开辟直接的融资渠道，把部分企业推向市场，起到了积极作用。但是也要看到，由于建立时间不长，前后不到十年，这个市场还不成熟，表现为市场规模不大，至今上海、深圳两个证交所的上市公司只有350多家，结构不够合理；市场投机过旺，机构大户操纵市场，证券机构蓄意违规，以致股票价格与企业业绩背离。原因在于法律、规则还不完善，监管和自律水平有待提高。人们认为，目前国家的管理主要是采用控制市场规模和上市节奏，进行上市审批等计划和行政手段，符合转轨期的实际情况。而从长远看，则该逐步转向采取国际证券市场通行的注册制，国家对证券市场的干预要靠法制和运用财政、货币等政策工具，消除现阶段股市的"消息市"、"政策市"特征，使证券市场真正成为引导资本集聚和流动的天地。鉴于证券市场与期货市场类似，属于"不完全市场"范畴，股票价格在很大程度上取决于买卖双方的预期，很容易被大户"炒"；所以必须制定严格的法律和规则，包括按照设立条件来审批证券经营机构，强化证券经营机构的内部管理，特别是对进行内线交易、操纵市场等违法行为实施严厉惩罚，并对市场风险建立一套有效的管理办法。经过不断努力，资本市场逐步规范化了，整个金融市场也将走向成熟，这为促进企业经营的集约化和整个经济增长方式的集约化，无疑是提供了有利的、必要的经营机制和运行机制。

3. 积极培育劳动力市场

劳动力是生产要素，而且是最活跃的生产要素，对此没有异议。劳动力又是商品，要有一个劳动力市场，则是经过一番激烈争论才取得共识的。在劳动力资源丰富的情况下，如何解决就业问题，特别是逐步消除城市和农村的隐性失业问题，绝非易事。这一问题与转变经济增长方式的关系，也很复杂。对于要不要培育和发展劳动力市场，就有不少新的探索。当前，农村劳动力约4.5亿人，除转移到以乡镇企业为主要阵地的非农产业占1/4稍多外，其余从事农林牧渔副业，实际上剩余的几近一半，其中又有近一半成为"民工潮"的成员或其后备军。城市劳动力，以户口为准，基本上实现了充分就业，显性失业者只占3%~4%；但是，姑且不论近年来的所谓下岗人员，在业者中属于市场性劳动力的（主要指合同制职工和个体劳动者）也不占多数，多数还是"三铁"（捧铁饭碗、坐铁交椅、拿铁工资）人员。建立和培育劳动力市场，中近期目标不是破"三铁"，那会引起社会震荡，而是对新增长的劳动力不再采取由城乡分别包下来统一分配、安排的老办法，而是实行用人单位和劳动者的双向选择，同时允许在职者的合理流动。虽然这是局部性改革，但是有利于劳动力资源的优化配置，有利于把市场机制引入分配，对于调动劳动者的积极性大有好处。当然，还不能没有宏观调控，例如，对农民进城，不论是暂住或常住，都要有一套原则和制度，做到有序地流动和转移，不是"盲流"。

在整个劳动力有余的同时，其中"人才"却感不足，于是有了区别于一般劳动力市场的人才市场。人才是指高学历者和有专长者，所以大学生分配也与人才市场相对接。这样有利于人尽其才、才尽其用；有利于打破"读书无用论"，进而开发人力资源；还有利于打破分配中的平均主义，实现多劳多得。当然，搞好人才市场也有很多工作要做，要真正做到公平竞争和任贤与能，还有不少障碍。

与人才市场相对应，另有企业家市场正在萌生。现代企业制度呼唤企业家，企业家也在走向职业化和市场化。转变经济增长方式也必须培养和造就一支庞大的、高水平的企业家队伍。国有企业更要有德才兼备的经营者。当前在产权清晰过程中，经营者成为所有者，并不是普遍的最好办法。对此，有不少问题亟待研讨。

4. 规范和完善房地产市场

房屋和土地在经济性质上不尽相同，但又往往连在一起，合称房地产。两者也有相同处，在计划经济体制下不被认为是商品，在市场经济体制下恢复了商品属性，形成了房地产市场。过去的住房制度，把住房看作是一种福利设施，计划分配，低租使用，本身难以扩大再生产，建筑靠国家投资，卒至成为一个经济问题和社会问题，并使群众的居住条件改善不多。土地也相类似，城市为国家所有，农村为集体所有，都是无偿使用，造成种种浪费。改革以来，房地产开始走向商品化、市场化，变为一大笔社会财富。但是，遗留的不少问题还有待继续改革来解决。

土地的价值通过有偿使用来体现，级差地租不再是理论概念，而是活生生的现实。但是随即出现了又一种滥用，到处设立开发区，到处搞批租拍卖，似乎创造了大量经济效益，却不符合市场经营的基本原则。土地不可再生，属于稀缺资源，如果大量地被推向市场，其价自落，也不利于合理使用，有的甚至成为"鸡肋"。规范和完善土地市场，必须坚持有偿使用，加强国家土地利用总体规划和土地利用计划管理，实行土地使用权有偿、有限期的出让制度，并由国家垄断和管理。这并不否定土地的商品属性，商业用地的使用权要公开出让、竞争定价；特别在使用权交易的二级市场，更要有合理的价格机制。在大城市，级差地租尤高，工业使用成本偏贵。上海把使用权授权企业经营，由出租、抵押到联营、入股、置换、重租，盘活了存量，获得了收益，并推动了企业改革，使不少企业走出了困境。

与土地相连的房屋，房价实际上包括了地租，级差很大。当前的矛盾是一方面部分居民住房困难，另一方面商品房大量闲置。一哄而起建房，作为商业经营，供过于求后就无法平衡。解决这个问题要假以时日。结合住房制度的改革，房产市场渐趋规范，房地产终将成为一个大产业。

要素市场还有技术市场、信息市场等，除具有市场的共同特征外，又各有其个性。随着经济发展走向依靠科技进步，技术市场将逐步壮大。当前显得冷落，主要原因是企业缺乏追求科技进步的内在活力，使不少科技成果找不到买方，转化不了生产力。

这要从两方面努力：一是科技成果适应生产建设需求，提高其使用价值；二是企业有自我发展机制，购买先进技术成果正是走向集约经营的必由之路。技术成果的商品化，不同于一般商品价格由社会必要劳动所决定，而决定于其实用效果，有的大大超过成本。这有利于动员科技投入，但是也有风险。为此，要设置风险基金，进行风险投资，为科技进步提供支撑。

市场体系的发展和完善有其成长过程，但不是完全自发、自流的，需要政府的必要干预，这是社会主义市场经济作为现代市场经济的基本形态，既区别于排斥市场的计划经济，又不同于基本上没有政府干预的原始市场经济即自由放任的市场经济。对政府的作用，一般认为是为了弥补市场的缺陷；当前还要强调的是在市场体系发育过程中，政府应当并且能够助一臂之力，促使其更好成长。这是指政府制定和完善市场规则，加强市场管理和监督，规范流通秩序，并为市场建设提供预算或信贷。市场经济是法制经济。市场法制的作用在于规范市场行为，维护公平竞争，反对垄断和不正当竞争；打破地区封锁和部门分割，构造统一市场；打击不法行为，保护生产者和消费者的合法权益。市场建设要有规划、有分工，防止盲目布点和有场无市。在政府与市场之间，要发展中介组织并力求规范，积极发挥服务、沟通、公正、监督作用。

（三）转变政府职能 完善宏观调控

经济体制的基本框架分为企业、市场、政府三个层次，还有关系个人或家庭的就业、分配、消费等。转变经济增长方式，同样要靠企业、市场、政府的合力，并以三者的体制状况为依托。在计划经济体制下，政府职能几乎无所不包，直接支配企业行为，这在很大程度上替代了企业经营。改革以来，曾经流行一种说法："政府调控市场，市场引导企业"；这句简明的话语表明了三者的关系，只是仍以政府为起点，主要反映了改革的中途现象。按照市场经济的体制本质，政府处于何种地位，与市场是什么关系？诚然，市场在资源配置中发挥基础性作用，但是不能离开政府的宏观调控。这是现代市场经济的特征，对于像我们这样一个发展中的社会主义国家，建立社会主义市场经济体制，尤不可缺。政府职能不限于经济，在经济职能上，主要就是搞好宏观调控，建立完善的宏观调控体系，从直接支配企业经营转变为主要抓宏观调控，或者说从直接调控转变为间接调控，这是政府职能改革的主线。

市场经济需要政府调控，是由于市场作为资源配置的主要手段，并非万能，也有失灵和失效之处。市场配置是由"看不见的手"即价值规律、供求规律和竞争规律发挥作用，一般是自发的、滞后的，对经济生活中有些问题的处理无能为力，或者力量不足。这些问题是指以下几个方面。

（1）经济总量的平衡。即总需求与总供给的平衡，如果让价值规律去自发调节，必然造成周期震荡。

（2）经济结构的调整。即处理第一、第二、第三次产业或农业、轻工业、重工业和基础工业、基础产业以及生产、流通、积累、消费之间的关系，如果仅靠市场调节，必然进度迟缓，发生种种失调。

（3）公平和合理的竞争。这是市场经济的理想原则，但在自发竞争中，总是大鱼吃小鱼，走向垄断，反过来抑制市场机制的有效运作。

（4）社会公正与效率的相称。市场机制可能在等价交换意义上实现机会均等，有利于提高效率；而在收入分配上则会导向贫富悬殊和两极分化，使社会进步为少数人渔利，不能保证社会公正。

（5）生态、环境和资源的保护。即所谓"外部不经济"问题，这在企业追求利润最大化的目标中，往往被置之度外，于是在企业外部造成社会公害，破坏可持续发展。

此外，还可以举出其他一些弱点，例如：公共积累不足，企业只顾自己，不顾或少顾社会公共事业；信息判断不准，风险投资不力；等等。

当代市场经济国家，对经济活动无不进行干预和调控。这是经过几次经济危机，从"凯恩斯革命"以来的普遍现象。只是由于各国历史背景和市场发达程度不同，政府干预和调控的程度、方式和手段也不一样。老牌市场经济国家如英国、美国，政府对市场的干预和调控较少，主要靠金融手段；后起的如日本，为了赶超，政府干预和调控要强一些，有的也制订计划或规划；新兴的工业国家和地区如亚洲"四小龙"，多数的干预和调控更强得多。

我国实行的是社会主义市场经济体制。常有人问：为什么要加"社会主义"的定语？市场经济有其共性，如企业的自主经营、价格的市场形成、商品和要素的流动、竞争的优胜劣汰等，适用于不同的社会制度。但是，不同的社会制度又有其个性，对经济体制有所反映。我国是社会主义国家，基本制度不同于资本主义国家，主要是政治制度上的共产党领导和经济制度上的以公有制为主体以及与之相应的通过先富后富走共同富裕的道路。基于这些特征，对市场经济运作的重要影响，表现为能够在社会整体利益与局部利益相结合的基础上，更好地处理微观放活和宏观协调的关系、经济效益和社会效益的关系（效率和公平的关系）。在这些方面要处理得比资本主义市场经济更好，就要在市场经济运行上有比一般市场经济有更多的自觉性和计划性。加上我国还处于发展中阶段，市场体系发育程度不高，更要加强政府的调控职能。但是，这不同于传统的计划经济体制，并且要注意防止可能出现的调控力度过强、陷于主观片面、造成经济过热或过冷以及结构失调等偏颇。

把宏观调控列为政府的主要经济职能，其具体要求有以下几点。

1. 政企分开是宏观调控的前提

这是改革中的一个老话题，不仅是企业改革的前提，也是政府职能改革的前提。因为政企职责不分，既剥夺了企业的自主权，又把企业经营的职责留给政府，使政府同时具有调控主体和调控对象的双重身份，势必是进退两难。对政企分开的解释，理论界曾有"三分开"和"四分开"两种表述。前者是指把政府的行政职能和所有者职能分开，在所有者职能中把资产的管理职能和营运职能分开，在资产营运职能中把资本金的经营和财产的经营分开，后者再加一个税利分开。诸如此类的论述，归纳到一点，政企分开首先是政资分开。

政企怎样分开，说来也不复杂，就是把应当属于企业的权责利放给或还给企业，不再保留在政府手里。既不保留于中央政府，又不保留于地方政府；既不保留于综合部门，又不保留于专业主管部门。企业的自主权，有关法令和条例都有明确规定，列出了十多项。实施以来，有的已经基本兑现，有的还未落实。一度认为，企业除了"拒绝摊派权"还未落实外，其他都已兑现了。事实并不这样简单。一方面，由于现代企业制度尚未建立，产权还不清晰，企业的自主经营缺乏依据，自负盈亏仍是只负盈、不负亏；另一方面，由于各级政府及其主管部门与企业之间存在着某种利益关系，真正向企业放权，实质上也是放利，因此障碍更多。于是，"跑步（部）前（钱）进"还要跑，项目审批还要批，政企不分作为一种"审批经济"，实质未变。企业认为，政府是靠山，政企分开就失去了靠山，很不习惯；有关部门认为，政企分开了就没事可干，更感到无所适从。有人认为，政企分开是改革的死结，难以解开。

看来，政企分开的关键在于改革和调整政府机构，按照精简、统一、效能的原则，把综合经济部门逐步调整和建设为职能统一、具有权威的宏观调控部门；把专业经济管理部门逐步改组为不具有政府职能的经济实体，或改为政府授权经营国有资产的单位和自律性行业管理组织。这项工作已在试点，原来的中央某些部改为总会或集团公司，省、市也有效仿，有的把专业局一律撤销，分建为公司或协会。现在过渡阶段，大部分公司还保留部分行政权。总的看来，我国行政系统已经开始从过去那种以产品分类为基础、对企业微观运作实行计划控制和部门管理的传统行政活动中逐步解脱出来，越来越多地转向宏观调控和行业管理，对经济社会发展中出现的新情况、新问题的敏感程度和应变能力有所提高。进一步改革，在转变职能的同时，机构也要逐步集约化，终将以"小政府、大社会""小政府、大市场""小政府、大服务"的形象展现于世。

2. 宏观调控的目标

宏观调控的作用和任务在于引导经济发展走向预定的目标。与计划经济不同的是，原来目标过细，实际上包括了企业的微观目标，而现在主要是指宏观目标。这在世界上已有先例，也有详略不等。在不搞计划或规划的国家，政府的施政纲领至少要考虑经济增长、物价和就业或失业率，昭示于公民，并作为衡量政绩的标准。经济要有一定增长，关系到就业；但又不能过热，以免通货膨胀。宏观调控，就是要在这些大目标中选择最佳结合。与此有关，财政收支有无赤字、赤字多大，也为大众所关心。在搞计划或规划的国家，政府的经济目标要多一些，而其中关键性的只是几项。

我们已经知道，这次确定的跨世纪《纲要》，所列指标比过去要少得多。内有一节是"九五"计划的"宏观调控目标和政策"，列出了7项：经济增长速度，价格总水平，固定资产投资，财政收支，货币供应，国际收支，人口和就业。其中有的是讲政策，作为宏观调控的手段，除此以外，直接或间接列出数字指标的，主要是国民生产总值年均增长8%左右，价格上涨幅度"低于经济增长率"，城镇失业率力争控制在4%左右；另如，固定资产投资总规模为13万亿元，逐步减少财政赤字，狭义和广义货币供应量年均增长18%左右和23%左右，外汇储备比1995年有所增加等，不妨认为是实现前述目标的相关保证。此外，列出一些主要产品的产量指标以及一些重点工程项目和新增生产能力，则是总框架的构件。

在上述宏观调控目标中，把经济增长速度和价格总水平放在第一、第二位，绝非偶然。增长速度和物价，两者之间有不同组合。各国也有不同情况，有的是高速度、高物价，有的是低速度、低物价，有的是低速度、高物价，有的是高速度、低物价。两者之间有一定关系，但也不能绝对化。最理想的是较高的速度和较低的物价。但是，增长速度过高，采取过大规模投资和过多财政赤字、过多货币发行的办法，就会造成通货膨胀。为了防止这个后果，宏观调控的主要任务是"根据经济发展趋势和条件，努力保持总供给与总需求基本平衡"。这样，就能实现经济持续增长和宏观经济环境稳定。在总量基本平衡的前提下，宏观调控还要通过调整投资结构、调整信贷投向和分布结构等措施，促进产业结构的合理化。这与转变经济增长方式的要求是一致的。

"九五"期间，把抑制通货膨胀作为宏观调控的首要任务，则有特殊的现实背景。当前的通货膨胀，既有改革的需要，继续理顺价格关系；又有需求拉动和成本推动的因素；还有结构性矛盾，如粮食等农产品供给相对短缺。总之，推动物价上涨的压力仍然不小。为此，必须实行综合治理，包括严格控制出台提价项目，进一步加强农业生产，降低企业的生产和经营成本，加大价格监管的力度，以及继续控制投资需求和消费需求，等等。这是经济稳定乃至社会稳定的基本条件，不然的话，如果再度发生严重的通货膨胀，整个"九五"计划和2010年长远规划就会被打乱，转变经济增长方式也会受到干扰。宏观调控，唯此为大，切莫掉以轻心！

3. 宏观调控的手段

实行宏观调控还要有相应的手段。根据当前条件，宏观调控的三大支柱是计划、财政、金融，三者之间要相互协调，形成合力。在传统体制下，人们也重视这三者，形象化地描绘为"计划点菜、财政出钱、银行算账"。现在情况有了变化。在双重体制转轨阶段，国家计划的功能显然比其他市场经济国家（包括政府主导型或计划主导型市场经济国家）要强；但是相对而言，财政、金融所起的作用正在增强，不仅是"出钱"、"算账"，计划的作用则有了演化。改革计划、财政、金融体制，成为完善宏观调控体系的重要内容。近两年来，这方面有进展，但是调控质量还不高。继续改革，任务仍重。

（1）计划。市场经济体制下运用计划作为宏观调控的手段，不同于过去编制计划搞综合平衡，其主要区别在于过去以指令性计划为主，现在转变为指导性计划。指导性计划的特征：一是战略性，主要对经济发展中关系全局、长远和根本的重大问题进行筹措，以既定的经济发展战略为指导，是战略的进一步具体化；二是宏观性，主要就经济发展的宏观问题进行适当安排，不像过去的切块、切条、切丝、切粒而下达到基层；三是长期性，一般展望未来的5年、10年甚至更久，而年度计划只是其执行计划；四是政策性，计划目标是制定政策的依据，目标的实现也靠政策的实施。这样的计划，对各地各部门尤其是企业，一般没有强制性和约束性，但是反映了经济发展和政策取向的大趋势，能在信息上有一定的权威性，就能起到有效的指导作用。至于如何在市场经济基础上构筑以指导性计划为主的计划体系，还要与制定发展战略、产业政策、投资政策、区域规划等结合起来。

（2）财政。在某种程度上，财政预算是一种直接调控，但其作用和意义不限于此。财政是政府分配财力、调节资金的主渠道之一，通过预算、税收和公债，干预公共部门的资源配置，并对企业和居民分配有适当影响。税收的作用不仅是保证政府支出，还以税种、税目和税率的设置，调节着社会分配（如通过个人所得税缓解收入差距的扩大）；政府支出的安排反映了经济社会发展的目标，其支出结构更显示了结构调整的方向；公债作为一种信用杠杆，与金融相配合，连同公开市场操作，对社会供求都有调节作用。财政的功能，过去曾经强调支持经济增长，甚至有所谓"赤字无害论"；看来，应当把稳定经济放在第一位，适度从紧，力争收支的基本平衡。从地区包干到分税制，理顺中央和地方的关系，调动两个积极性；同时辅以转移支付，有利于协调地区发展。当前问题是财政预算收入占国民生产总值的比重偏低，今后随着此一比重的提高，财政的调控功能也将增强。进一步完善财税体制，要加强税收征管，清理和整顿预算外资金，建立规范的财政转移支付制度。

（3）金融。金融政策又称货币政策，主要是通过货币的投放和回笼，保持适度的货币供应量（亦称货币存量），调节社会需求和社会供给。货币供应量分狭义和广义两种：狭义的指流通中的现金（M_0）和商业银行的活期存款的总和（M_1）；广义的还包括可以提前支取的各种定期存款以及可转让的订单、易脱手的政府短期债券等，按其流动性程度分别用M_2、M_3为代号。近几年来的显著变化是金融在国民经济总体运行中的地位越来越重要，一方面，金融部门成为集聚、融通和分配社会资金的主渠道以及社会建设资金的主要供应者；另一方面，又逐渐成为调节货币、资金运动的主要杠杆，在宏观调控中成为枢纽。对其任务，过去事实上曾强调支持经济增长为主，稳定货币为辅。实践证明这是不行的。看来，还是应当强调稳定货币，进而为经济增长提供相对宽松的环境。实行适度从紧的货币政策，正是为了促进经济的健康发展。适度从紧不是越紧越好，而是审时度势，及时微调，把货币市场搞活。金融政策内容丰富，要运用和发展多种金融工具，如贷款、再贷款、存款准备金、利率、汇率等。当前的金融调控，主要依靠控制信贷规模此一原始手段，真正利用货币政策的能力还不强。进一步完善金融体制，要加强中央银行的调控能力，充分运用各种金融工具；要以基础货币管理和基准利率为主要手段调控货币供应量，进行公开市场操作；要改进信贷额度管理，增强商业银行实行资产负债比例管理的力度。与财政体制一样，金融体制的改革和完善，都为转变经济增长方式提供了机制保证。

计划和财政、金融三大支柱要紧密配合，共同搞好总量平衡、结构优化、周期熨平，促进经济增长方式的转变，实现经济的持续、快速、健康发展。而三者功能又各有偏重：计划手段主要着眼于中长期经济增长和结构优化，调控重点在供给管理；财政、金融手段主要着眼于近期发展的总量平衡，调控重点在需求管理。

宏观调控还有其他政策的配合，如国际收支政策，目的是实现国际收支的平衡，为对外开放创造稳定的条件；收入分配政策，除了体现"效率优先、兼顾公平"的原则外，也是为了调控消费需求；投资政策要掌握合理的投资规模，优化投资结构。这些手段合成一个宏观调控体系，调控经济运行，优化资源配置，实现发展目标。

除了这些经济手段外，还要重视法律手段，并辅以必要的行政手段。

4. 正确处理中央和地方的关系

我国是一个大国，经济发展不平衡，在宏观调控中，地方处于什么位置，承担什么职责，是值得研讨的。曾经有过"宏观调控分级管理"或"两级调控"的说法，不够准确。因为严格意义上的宏观调控是对全国经济的总量管理，即总需求、总供给、货币供应总量、投资总规模、财政收支的总量平衡等，都是全国性、全局性的问题而不是局部问题，也不能分割。宏观调控的权限，包括货币的发行、基准利率和汇率的确定和调节、重要税种和税率的确定和调整等，都事关全局，必须统一，由中央来管，不能分散决策，不能政出多门。这对实现全国经济形势的稳定、总体结构的优化、统一市场的形成，从而为各地经济增长创造良好条件，都是必要的。宏观调控的含义就是国家调控，不是分级调控。

当然，发挥中央和地方两个积极性始终是我国经济工作的一项重大方针。这在宏观调控中怎么体现？宏观调控的权在中央，但贯彻执行，地方有责。如抑制通货膨胀，没有地方政府的具体监管，很难落实，因此要建立省长负责制。"米袋子"要省长背，"菜篮子"要市长拎，也同此理。实行分税制从而形成中央和地方的财政分权，更反映了中央和地方之间的分级管理。所以，在中央统一的宏观调控下，地方也要有一定的调控权或调节权，只是不叫宏观调控而叫经济调控或经济调节。党的十四届三中全会的《决定》指出："合理划分中央与地方经济管理权限，发挥中央和地方两个积极性"；"我国国家大，人口多，必须赋予省、自治区和直辖市必要的权力，使其能够按照国家法律、法规和宏观政策，制定地区性的法规、政策和规划；通过地方税收和预算，调节本地区经济活动；充分运用地方资源，促进本地区的经济社会发展"。改革和发展较快的地区，地方政府起了积极作用，并创造了不同的经验和"模式"，对全国是有贡献的。

当前的问题是在宏观调控中怎样使全国的统一性与地方的

积极性更好地结合起来？曾经有过两种表现：一是有的地方认为宏观调控是中央的事，与地方无关，地方也无权过问，采取被动应付的态度；二是有的地方从本地的利益出发，认为对己有利的就贯彻执行，认为对己不利的就采取反调控措施。所谓"上有政策、下有对策"和"见了红灯绕道走"，即其真实写照。发展所至，出现所谓"诸侯经济"，还有另一套"经验"，所谓"别人下，我偏上"的"逆向思维"，等等。对"上有政策、下有对策"理解为"博弈论"，理解为"结合实际、因地制宜"，是又一种意思。几年来，"软着陆"的迟迟到位，与此不无关系。因此，坚持统一的宏观调控，保证政令通行，并在此前提下给地方以适当的调控权或调节权，也是宏观调控的题中应有之意。提出这个问题，不是否定地方的作用和功绩，17年来的经济发展和社会进步，特别是有些地方更显辉煌，正是充分发挥了地方积极性的结果。有人认为，地方政府作用的强化会妨碍中央宏观调控甚至会影响国家的统一性，或者会影响市场作用的充分发挥甚至会妨碍中国市场化的进程，这些担心是多余的。①

中国经济的两个根本性转变

转变政府职能，除了抓好宏观调控外，还有别的方面，可以归纳为"规划、协调、监督、服务"四项八个字。此外，抓好基础设施建设，政府责无旁贷。因为此项建设投资大、周期长、回报率低，全靠市场配置是远水解不了近渴。参照国外经验，地方政府发展地区经济，不是去直接经营，而是着力于搞好投资环境，包括硬软两方面，后者是指优化政策和提高办事效率。投资环境日益完善，既有利于当地原有企业的经营和发展，又能吸引资本、技术、人才等要素集聚。这对推进经济集约化，也是必不可少的。

---

① 洪银兴、曹勇：《经济体制转轨时期的地方政府功能》，《经济研究》1996年第5期。

（四）投资体制和其他体制的配套改革

建立社会主义市场经济体制是一项庞大的系统工程，以经济活动和经济行为的各个领域为侧面，改革需要相互配套，同步进行。除了前述企业、市场、政府三个层次外，贯穿于这些层次的还有很多环节。完善这些体制，理顺这些关系，不仅为整个改革所不可缺少，也会为转变经济增长方式提供必要的机制条件。其中特别重要的是以下几个方面。

1. 改革投资体制

在众多的经济行为中，投资行为对经济发展的作用最受关注。长期以来的经济发展，无论在总量上或结构上，形成现在的规模和布局，都是投资积累的结果。同时，当前经济生活中的许多矛盾，也与投资增长方式及其由来的投资体制有关。传统的投资体制是计划经济的重要组成部分，其特征是定计划、分投资、批项目；实行"拨改贷"后，重点转向争贷款、批贷款。随着投资主体、投资来源和投资决策的多元化，原来的投资体制被冲破，新的投资体制未规范，造成投资紊乱，不仅投资规模失控，投资结构也失序，突出的是重复建设，投资效益下降并导致生产、流通效益下降，粗放型增长无法扭转。20世纪90年代前后的两次经济过热，就是"投资饥渴"的旧病复发。于是，不得不采取严格的行政手段来控制投资，但是不经审批的投资仍然存在，不合理的投资项目也仍能得到批准。现行投资体制的弊端表现在：没有一个规范的投资市场，建设资金的配置不靠市场机制，与市场供求脱节；投资管理行政化，政府包揽了应当由企业和其他投资主体管理的事，投资决策者对投资后果不承担任何风险和责任；对整个投资缺乏有效的调控目标和调控手段，产业政策形同虚设。过去的事可不再述，新的"大战"在汽车、摩托车和石油化工等行业兴起而难以遏止，表明改革投资体制的紧迫性已到了形同"救火"的危急地步。《纲要》对此改革有所规定，其要点是：

（1）明确各类投资主体的投资范围，规范建设项目的投融资方式和渠道，在国家政策引导下，主要靠市场配置建设资金

根据各行业的性质和特点，把建设项目划分为三类：

A. 竞争性项目。以企业为投资主体，通过市场筹集资金；政府对支柱产业的重点项目和高技术开发项目有选择地加以支持，参与投资。把投资决策权交给企业，体现了企业的自主发展，由他们根据对市场供求的预测和国家的产业政策，自筹资金，自立项目。资金来源，除国家参与外，相当部分向银行借贷；专业银行和商业银行根据贷款的收益和风险独立评估，自主决策贷或不贷。这样，不仅提高了投资的可行性，还有利于遏止盲目投资，防止投资扩张。

B. 基础性项目。主要由政府集中必要的资金进行建设，并引导社会资金、企业资金和外资参与投资。

C. 公益性项目。主要由政府运用财政资金安排建设。

后两类项目，依靠企业难以做到，是中央和地方政府投资的重点。为了筹集重点项目所需资金，可以设立政策性投、融资机构，资金来源除财政拨款、银行贷款外，还可以用发行股票、债券等办法，拓宽筹资的方式和渠道。广东、上海等地的经验证明，吸收外资参与高速公路、大桥和机场等建设，大有可为。

（2）建立严格的投资决策责任制，强化投资风险的约束机制

经营性的大中型项目实行项目法人责任制，由项目法人对项目的策划、资金筹集、建设实施、生产经营和偿还债务以及资产保值增值，实行全过程负责，承担风险。公益性项目要明确具体的政府机构或社会公益机构，作为投资主体并承担相应的责任。出资者必须使用自有资金，按项目总投资的一定比例作为资本金

投入。国家规定不同行业的资本金率，达不到规定的不得筹集资金和进行建设。这也是为了约束投资主体的投资行为，防止盲目投资和不按程序建设，对于正确立项和顺利实施起到保证作用。过去，由于缺乏责任制，投资主体对项目审批的关心超过对投资效果的关心，往往热衷于铺新摊子；建立了责任制，要对投资的效益和风险负责，也就会认真选择和比较投资方案，更多地考虑集约型增长。可以预期，淡化了审批，加强了责任，后者将比前者有效，也是治理"投资饥渴症"的一帖良药。

（3）建立以产业政策为基础，综合运用经济、法律和必要的行政手段的投资调控体系，加强和改善建设资金的宏观调控

建立市场化的投资体制，不排斥宏观调控，只是调控的对象主要不是具体项目，调控的形式主要不是逐个审批。国家对固定资产投资中预算内资金、专项建设资金、政策性银行贷款、国外贷款实行计划配置；对商业银行贷款、企业债券和股票继续实行总量的规模管理；其他建设资金通过产业政策加以引导。这样做，对资金来源实行规范化管理，制止各种非法的、不规范的集资行为，不仅为了调控投资规模，也为了调控投资结构，达到以适度的投资获得最佳的投资效益的目的。

（4）发展在法律规范下公平竞争的投资市场体系

全面推行工程建设的招标、投标制度，发展工程咨询业，推行工程监理制，加强工程预决算的审计、验证和资产评估等中介服务，并按照公平、公正、公开的原则，实行市场竞争。过去，设计、施工等都按行政方式办事，盛行权钱交易，建筑工程领域成为寻租者的乐园；后来推行招投标制，由于缺乏规范化的竞争市场，终于徒具形式，流弊继续存在和发展。各地不断发现承包工程的偷工减料事故，触目惊心，其背后大多有违法违纪行为。今后的关键，在于法制建设要跟上，这对保证工程质量，减低工程成本，至关重要。

经济增长离不开投资增长，有什么样的投资体制，就有什么样的投资增长方式；有什么样的投资增长方式，也就有什么样的经济增长方式。粗放型增长与传统投资体制相匹配，建立新的投资体制，将为集约型增长铺平道路。

2. 改革就业、分配和社会保障体制

改革经济体制，归根结底是要调动和发挥脑体劳动者的主动性、积极性和创造性。就业、分配或称劳动、工资体制以及失业、医疗、养老等社会保障制度关系到每一个人和每一个家庭的切身利益，在改革中是涉及面最广、反应最敏感和要求最分歧的一项。这方面的传统体制，所谓捧"铁饭碗"、吃"大锅饭"，被认为是培养"懒汉"的软刀子，由国家和企业、农村包下来的社会保障体制，经过几十年原封不动，也已显得千疮百孔。这些有关"人"的体制改革，与企业、市场和政府职能的改革息息相关，必须统筹兼顾，互相推进。

（1）以新思路解决人口大国的就业问题

"九五"期间，就业面临空前压力，根据预测，如不采取有力措施，2000年的城镇失业人数可能达到1600万人，失业率将为7.4%。这是一个预警信号。随着两个根本性转变的实行，依靠国家安排就业和依靠国有企业吸纳就业的格局不再存在。新的思路为：一是实行国家政策引导扶持，社会提供帮助服务，鼓励劳动者靠自己努力实现就业；二是在保持公有制为主体的前提下，任何所有制经济和任何形式，只要有利于扩大就业，都要支持其发展。要拓宽就业渠道，发展第三产业，增加就业岗位；要开发劳动者技能，提高劳动者素质，改善劳动力的供给结构，直接有效地促进就业；要采取多种办法解决困难企业职工和长期失业者的再就业问题。通过这些改革和发展，力争到20世纪末，城镇失业率压缩到4%。与此同时，还要充分考虑农村剩余劳动力的出路问题：一方面，通过农业深度和广度开发，发展乡镇企业以及建设小城镇，实现就地就近转移；另一方面，实施"农村劳动力跨地区流动有序化工程"，防止向大城市盲目转移。①城市尤其是农村，在相当时期内，不仅要发展集约型经济、重视内涵型增长，也要适当保留粗放型经济、不排斥合理的外延型增长。从长远看，几乎"无限供给"的劳动力资源不是负担而是我国独有的优势，可以从多方面弥补资本等资源的不足；但是从负担转变为现实优势要付出很大努力，建立与市场经济相适应的劳动就业体制是其重要途径。

（2）在力争比较充分就业的基础上，要规范和完善初次分配和再分配机制

总的还是按劳分配为主体、多种分配方式并存。在初次分配中，一是对企业的收入分配工资制度要发挥市场竞争机制的调节作用，建立企业自我调节、自我约束的分配机制，形成工资增长与劳动生产率、经济效益提高相适应的关系；二是对行政机关和事业单位要按各自特点建立不同的工资制度，重点是建立正常的工资增长机制。在这些工资体制中，还要注意加强企业经营者工资收入管理，对突出贡献者给予适当奖励，也可以试行年薪制；加强对工资外收入的综合治理，做到实物货币化、货币透明化；加强对最低工资保障制度和工资支付制度的监督检查，不许打"白条"。此外，对其他分配方式也要力求规范和完善，土地、资本、知识产权等生产要素按有关规定公平参与收益分配。初次分配要强调效率优先，再分配就要注意兼顾公平。在继续实行依靠诚实劳动和合法经营致富政策、保护合法收入的同时，要取缔非法收入、调节过高收入，主要是通过税收给以调节，协调城乡、地区、行业和不同社会群体之间的分配关系。市场经济容易导致贫富悬殊，对此进行适当调节则是社会主义分配体制的任

---

① 《"九五"就业压力空前》，《中国市场经济报》1996年2月10日。

务；虽然现在的基尼系数还较合理（其中含有平均主义因素），但是必须防止可能的两极分化。也有人认为，从某些情况看，已经出现了两极分化，这并不是没有根据的，应当引起足够重视。

（3）建立符合生产力发展水平的社会保障体制，既是为市场竞争和企业破产设置安全阀，更是人民群众的殷切希望，在全面实现小康过程中要构筑基本框架

"九五"期间，要按照统一制度、统一标准、统一管理、统一调剂使用基金的原则，在养老、失业、医疗、工伤和生育保险上全面推进。在大力发展社会保险的同时，积极发展商业保险，作为有益的补充。养老保险，实行社会统筹和个人账户相结合的办法，保险费用由国家、单位和个人共同承担，并逐步扩大到城镇各类企业，包括私营企业主和个体劳动者。农村养老以家庭保障为主，坚持政府引导和农民自愿，形式多样，随着农村经济的发展而稳步推开。失业保险，逐步覆盖城镇全部职工，做到管理服务社会化，并与再就业相结合。医疗保险，本着"保障基本需求、节约医疗资源、减轻企业负担"的原则，逐步建立城镇社会统筹基金与个人医疗账户相结合的医疗保险体制，并在农村因地制宜地发展和完善不同形式的合作医疗保险体制。工伤保险和生育保险，也要逐步扩大覆盖面。此外，住宅体制的改革，从国家、单位包下来走向商品化，实现"居者有其屋"，将促进建筑业成为一大产业，也有利于消费结构的合理化。这些保险基金和住宅建设基金，要防止条块分割，并加强管理，做到保值增值，杜绝挪用流失，切实维护人民群众的重大利益。

3. 改革科技体制和教育体制

经济发展依靠科技进步、实施科教兴国，经济体制改革与科技、教育体制改革的关系越来越密切，必须相互配合，共同促进。

（1）科技改革

国家除对基础性研究、高技术研究和事关国防建设、社会利益和国民经济重大利益的开发研究给予稳定支持外，要积极引导更多的科研机构和科研人员进入企业、进入经济、进入主战场。要通过兼并、联营、参股、持股、重组、创办科技企业、建立产学研联合体、实行技工贸和技农贸一体化经营等多种形式，发展科研机构与各类企业的合作，培育科研、开发、生产、经营结合的机制，充分发挥科研机构在促进企业技术创新、集约经营中的重要作用。要按照"稳住一头、放开一片"的原则，加快科技系统的结构调整、人才分流和机制转换。特别要激发企业技术进步的活力，鼓励大中型企业自办技术开发中心，使企业成为技术研究开发的主体。在此基础上，要围绕基础产业、高新技术产业的共性、关键性、专业性技术难题，组织联合攻关，得出高水平的科研成果，并通过理顺体制关系，尽快转化为生产力。

（2）教育改革

要积极探索与改革和发展相适应的办学机制和办学模式，逐步形成政府办学为主与社会各界参与办学相结合的新体制。要提倡多种形式的联合办学，优化配置和充分利用现有的教师、校舍、设备等教育资源。要改革人才培养的机制和模式，"应试教育"向全面素质教育转变，为经济增长方式的转变提供智力支撑。要改革教学内容和课程设置，加强师资队伍建设，动员全社会尊师重教。在非义务教育阶段逐步实行缴费上学办法时，既要坚决治理乱收费现象，又要完善奖学金、贷学金和特困学生补助等制度，使优秀青年得到培养，不致因家庭经济条件不好而失去学习、深造的机会。

此外，如流通体制、外贸和外汇体制的改革以及农村体制的改革，都是整个经济体制转变的有机组成部分，并关系到经济增长方式的转变，应当统一策划，配套进行。

（五）加快改革步伐要有新的改革战略

改革到了现阶段，面对双重体制的并轨，应当加快步伐、加大力度，否则将使双轨制的摩擦和冲突加剧，并阻碍经济增长方式的转变。但是也存在着困难，所谓处于临界点，或者通俗地说，"容易改的大多改了，剩下的是些硬骨头"。其实，这只是一方面。另一方面，随着经济发展，特别是近两年经过宏观调控，经济实力和对改革的承受力加强了，经济环境和对改革的稳定度也加强了。因此，在改革已经取得很大成就的基础上，进一步深化改革，做到改革和发展的相互联动，条件是具备的。问题是按照当前改革的新形势和新任务，必须有新的改革战略和改革部署。大家议论的，可以归纳为下列几个关系。

1. 循序渐进和整体推进

改革到现阶段，是否还要坚持循序渐进，有人提出怀疑。我们认为，渐进方式没有过时，今后仍旧要有步骤地逼近改革目标，不同于"一揽子"方式和"休克疗法"。如果说有什么演进，则是有了一个整体规则，设计了一个基本框架，循序渐进能与整体推进并进。渐进指改革的分阶段，整体指改革的范围和规模，两者并不矛盾，而是可以结合的。从另一角度看，过去的渐进先从计划体制外着手和放开，现在已经进入了体制内尤其是国有经济体制内，改革的整体性特征更加明显了。两者结合，或称整体渐进，既加快了步伐，又保持了稳定，改革进程始终是积极慎重的。

2. 重点突破和相互协调

改革的难度，表现为一个连环套：企业改革未到位，市场主体似乎缺位；市场体系未完善，影响要素的优化配置；社会保障体制未健全，对企业参与竞争又是掣肘。打破这个连环套，既要有重点突破，又要注意相互协调。现在以企业改革为中心环节，也可以说是找准了突破口。企业改革的进展有赖于各方配合，而企业改革每前进一步，对其他改革都提供着越来越好的微观基础。

3. 大胆试验和逐步推广

每项改革从试验起步，成功了再推广，失败了再探索，这是改革的基本方法和基本经验。当前深化改革，既有成功经验，可以逐步推广，还要坚持立足现实、继续试验，寻找和积累新的经验。改革中的一些好的做法，无不来自实践，由群众创造。因此，一定要尊重群众的首创精神。这些创造，初看有"不确定性"，对照书本更不合规范，而经过实践检验，却很"受用"。国有企业改革是重点也是难点，正在扩大试验规模，求得有所突破。试验要大胆，敢想敢闯，多点布置；推广要认真，因地因时制宜，防止一哄而起。这样，总体推进和重点突破既有典型引路，又有分类指导，创新的成功率将有所提高，改革成本也较低。

4. 理论指导和广泛借鉴

中国的改革在实践中觅路，有一个从感性到理性的认识过程。回顾17年的改革史，最终取向于市场经济，体现了理论指导的作用。改革需要马克思主义，需要毛泽东思想，需要邓小平建设有中国特色社会主义的理论；同时，也需要广泛借鉴当代世界的经济科学新成就，因为搞市场经济，发达国家毕竟比我们先行。当然，无论什么理论都要结合中国实际，有所筛选、有所改制而不是简单地照搬照套。

5. 经济立法和经济执法

改革开始，难免有一些随意性，不够规范，政策多变也是一种调试和磨合。但是随着改革的逐步深化，必须加强经济立法，逐步形成一套社会主义市场经济的法律和法规，否则就不称其为体制或制度。经过几年立法，已经渐成体系，还未及立法的也有了暂行规定或条例，反映了改革正在走向法制化。但是，徒法不能自行，接着必须加强法制宣传和法制监督，逐步做到执法、守法，使各项经济活动都要有法必依、执法必严、违法必究，市场经济才能真正成为法制经济或法治经济。

6. 统一规划和区域推进

改革目标既定，分段过渡，有了统一规则、统一部署。在实施中，由于各地区情况不一，一刀切是不行的，必然会有先后。一般地说，沿海地区经济发达，对外开放又得风气之先，改革的步子可能要快一些。但是也不尽然，内地同样可以在某些改革上有所创新。因此要有统一、有分散，充分发挥地区的改革积极性，并注意及时交流经验，而在发生矛盾时则要搞好协调。改革之风吹遍神州，定能攻无不克、战无不胜，在破除旧体制的凯歌声里，新体制终将茁壮成长。

随着改革深化，转变经济增长方式的步伐也将加快。要把两者结合起来，从相互制约走向相互促进。建立企业经营机制，就能立足于利用原有基础，着重更新改造，从外延为主转变到内涵为主的扩大再生产；建立市场运行机制，就能开展公平竞争，优化资源配置，提高效益和质量；建立宏观调控机制，就能在平衡总量的前提下调整产业结构，盘活资产存量，推动经济的集约化。同时，转变经济增长方式，也有利于防止经济过热和周期波动，为改革提供良好环境。可以预期，按部就班地前进，两个转变相辅相成，改革和发展都将跨上一个新台阶。

六、进一步转变经济增长方式的必要性和可能性

当前，我国经济在前进中存在不少问题和困难，引起决策层和老百姓的无限关切，其实大多是传统经济增长方式的产物。

17年前开始启动的两个转变，经过了一段不长不短的岁月，

把中国经济推向了一个新阶段。传统体制网开的市场一面正在张合，尚待攻坚。传统增长方式大有难以为继之势，几乎到了尽头。转变体制和转变增长方式之间，关系也很迷惘：一方面，转变增长方式受到了旧体制惯性的制约；另一方面，转变增长方式的步伐似乎比转变体制更加沉重。《建议》和《纲要》把两者的根本性转变一并提出，不仅是旧题重开，还更有现实性、针对性和迫切性，反映了某种规律。现在，对双重体制的并轨，大家已不犹豫，而对双重增长方式的置换，则有待进一步探讨。改革为发展服务，前一转变不是为改革而改革，正是为走向集约型增长提供不可或缺的体制支撑。

（一）粗放型增长方式在中国的展开与局限

一个国家实行某种经济增长方式，并非偶然，取决于当时当地的具体情况，并有一定的顺序，从外延为主到内涵为主，不可能跨越粗放型增长，一步进入集约型增长。了解和掌握国情是制定经济发展战略、选择经济增长方式的依据和出发点。中国的基本国情，正如邓小平同志所说，主要是"底子薄"和"人口多，耕地少"。[1]具体分析，可以列出以下几条。

1. 人口众多，劳动力资源丰富，但也给社会经济带来了负担和困难。现代中国是世界上人口最多的国家，拥有任何国家无法比拟的、极其丰富的劳动力资源。这对中国经济带来双重影响：积极方面，作为生产要素，劳动力供给充足；消极方面，就业和致富都有巨大压力。在生产力不发达的条件下，发挥劳动力资源丰富的优势，解决其温饱需求，必须适当发展劳动密集型产业，有些场合注意以劳动力替代机械、节约投资。反映在经济增长方式上，优先选择粗放型是合理的。

① 《邓小平文选》第二卷，人民出版社1983年版，第163—164页。

2. 底子薄弱，资产存量少，资金需求大。旧中国留下的是一个烂摊子，大量的手工农业和少数的陈旧工业，按人均资产在发展中国家也居后位。经济建设需要资金，如何积累，成为最大难题。资金是一切发展中国家最稀缺的资源，在中国更为突出。尤其在新中国成立初期，基本上靠自我积累，勒紧了裤带，还必须一分钱掰作两半用。受到此一制约，除重点投资外，一般只能土法上马，经济发展不得不从粗放型增长方式入手。

3. 科教文落后，各项建设都要从低起点迈开第一步。粗放型和集约型两种经济增长方式，区别之一在于有不同水平的科技含量，并取决于整个国民素质。旧中国留下来的多是文盲，极少受过高等教育的人才，科技和文教事业不发达。这对推进集约型增长方式，增加科技投入，培育高科技产业，同样是一大障碍，而排除此一障碍绝非一日之功。

4. 国土广袤，自然资源较多，但是人均并不充裕，勘探、利用也不够。无论土地资源、生物资源和矿产资源，作为生产要素，都是经济增长的物质基础，又是选择增长方式的有关因素。中国在这方面，也是总量不小，均量不大；潜力不小，开发不足。上述种种情况都有利于粗放经营，不利于集约经营。如何查明和开发这些资源，也要假以时日。集约型增长方式包括了对资源的合理利用和对生态环境的保护，这在建设初期是难以做到的，因而，往往导致向粗放型倾斜。

此外，还可以列出区域发展不平衡、商品经济不发达，等等。

这些基本国情，对经济发展的制约，不仅在新中国成立之初，并且会持续到相当长远。加上当时所处国际环境，要求我们尽快摆脱贫穷落后面貌，尽快建立工业化基础，追求高速度是理所当然，效益和质量与速度比不得不退居其次。

回顾历史，正视现实。如果说，过去从无到有、从少到多、从小到大，经济发展应当首先着眼于数量增长，采取传统增长方式有其必然性；那么，经过四十多年的经济建设，在既有基础上进一步发展，光靠数量增长是不够了，及时地采取新的增长方式同样有其必然性。因为随着经济发展，在数量增长到一定规模后，新的要求就会从数量转向质量、从规模转向效益、从总量转向结构。在此情况下，若是继续以数量增长为主要目标，则将出现数量和质量、规模和效益、总量和结构等的失调和失衡，进而导致增长的不稳定，并在继续增长过快的冲击下，导致以通货膨胀为征象的经济过热，带来一系列的矛盾，阻碍着国民经济的持续、快速、健康发展，甚至造成增长的中断，把经济发展引入歧途。这在过去，已经反复多次，记忆犹新；而在20世纪90年代的最近一轮，虽然起落幅度小了，而通货膨胀率却高了。经过长过程的观察，不难发现：一方面，增长速度居高不下，削减了峰谷差距，年增长率平均在10%左右，令人惊喜；另一方面，效率和效益每况愈下，推动再生产扩大越来越感到吃劲和乏力，令人不安。这都告诉我们，靠大量投入来博得产出增长，粗放方式有其根本缺陷，绝非长远之计。

对此频繁显现的矛盾，曾经有过似是而非的辩解。不在少数的想法是：速度和效益是统一的，并不矛盾，只要加快了速度，就能提高效益。于是，往往信奉另一种增长方式，叫作"速度效益型"。在经济发展初期，确有效益随速度增长的事实。但是在速度过高后，卒至以牺牲效益为代价，两者之间就有反差，甚至速度越高，效益越低。这在最近一轮的起伏中，尤为突出。"速度效益型"的增长方式已经不复存在。以1995年上半年为例，工业增加值比上年同期增长14%（工业总产值增长28.3%），虽比1994年的18%有所回落，但仍旧处于较高的运行水平上；而工业经济效益综合指数仅为89.75%，比上年同期下降3.7个百分点（企业实现利润也下降2.6%）。显然，想靠速度来取得效益，已不可能。究其原因，不仅是成本上升和资金紧张，更在于把主要精力用于搞速度，企业的生产经营方式也愈加粗放。进一步寻根，则是传统的管理方式不适应新的市场环境。实例之一是首钢，1994年产钢达800多万吨，数量占各钢厂第一；但是库存增加到100万吨，超常部分占用资金达12亿元。[①]以数量、速度挂帅的粗放型增长和粗放型经营，无论在宏观层次或微观层次，都有着根本的缺陷。它在完成自己的历史使命之后已异化为进一步发展的障碍。

关于粗放型增长方式的历史局限，还可从多角度给以论证。有人认为，发展之初，采取粗放型增长方式，属于"国家工业化"阶段；20世纪80年代以后进入"标准工业化"阶段，不能以重工业带动一切，不能搞"大而全"、"小而全"，就要采取集约型增长方式。有人认为，粗放型增长方式是速度扩张型，必然造成产业结构劣化；又是数量扩张型，必然不适应市场需求的变化。有人认为，粗放型增长方式，最大的弊病就是不能与消费升级和产业升级同步。还有人认为，粗放型增长方式的速度不能等同于质量和效益的提高，极易掩盖住劳动生产率、资金利税率和科技贡献率等诸多方面发展的减缓乃至滑坡。[②]

当前，我国经济在前进中存在不少问题和困难，引起决策层和老百姓的无限关切，其实大多是传统经济增长方式的产物。

1. 农业基础薄弱，不适应人口增加、生活提高和经济发展对农产品日益增长的需要

在经济增长中，偏重工业，忽视农业，以致工农业不协调，这是传统的经济发展战略的一个缺口。传统的经济增长方式，也

---

① 陆增军：《"速度型效益"为何消失了》，《经济日报》1995年8月24日。

② 《学习中共十四届五中全会精神暨"两个根本转变"问题座谈会发言稿选摘》，《经济研究》1995年第12期。

有同样的结果，具体表现是多端的：（1）在经济工作上，产值挂帅，其实就是工业产值挂帅，因为农业产值的增长，绝对值和增长率都不如工业。所以领导精力首先是抓工业，甚至县和乡镇都是如此，农业放在捎带位置，怎么能有正常发展？（2）在生产要素的投入上，也是先工后农或有工无农，这是几年来农业投入有限以致水利等设施老化和农业生产力受挫的重要原因。（3）发展工业，不断增加工业投入，钱从何来？开始时用工农业产品价格差的办法，事出无奈，但是久而久之，导致农业比较效益不如工业，严重地伤害了广大农民的生产积极性。（4）发展工业要占用土地，在政策向工业倾斜时，土地不作价或作价过低，造成大量浪费，削弱了农业的基本生产条件。（5）劳动力转移本来有利于逐步提高人均耕地，但是进城的大多是文化程度较高的农民，势必降低在乡劳动力的素质。

实际情况正是如此。沿海的农业大省，本来也多是商品粮基地和经济作物基地，而在经济增长中，顾工失农，很多成为缺粮大省。发展越快的地区越是这样，似乎兴工必须伤农。于是，"南粮北调"也逆转为"北粮南调"。工业的过快发展扩大了城市和市民对农产品的需要，不得满足，只能逐步扩大进口，形势相当严峻。现在强调农业重要，文没有少发，会没有少开，有的仍是口惠而实不至，这与传统增长方式的顽固性有关。

2. 国有企业生产经营困难较多，亏损面广，负债率高，开工不足，竞争力差

国有经济是整个经济的主导力量，近年来发挥主导作用不够理想，有多种原因，除体制改革未到位外，重要原因是粗放型增长方式和粗放经营使其活力衰退：在片面求快的思想指导下，盲目投资，重复建设，以致总量膨胀、结构劣化，不少热点行业和产品能力过剩、竞争过度，这是种种困难之源，影响深远；热衷于铺新摊子，忽视了老企业的更新改造，以致设备陈旧、技术落

后，大面积地存在老化现象；发展生产不靠技术进步，停留于低水平，新扩建只是复制"古董"，进入不了高新技术领域；只求数量，不顾质量和效益，经营管理也少进步，终于陷入困境，难以自拔。

国有企业本来有不少优越条件，市场竞争应当促进其充分发挥。但是在受旧体制束缚的同时，没有可能及时转向个体的集约经营和群体的集约型增长，背上很多沉重包袱，市场竞争力越来越弱。现状已是：在经济发达地区，非国有、公有经济发展很快，国有、公有经济所占份额不断下降，有的实际上处于劣势；在经济欠发达地区，所占份额还较高，而困难却更大，并诱发了某些不稳定因素。国有企业要深化改革，而因增长方式落后带来的问题，又给改革添了难度，形成一种不良循环。

3. 地区发展差距扩大，收入分配不平衡

地区发展和收入分配的畸重畸轻本来是正常的、难免的、过渡性的，它与经济增长方式也有联系，形成相互牵制，具体表现在：各地争速度，与条块分割的传统体制相结合，影响了相互之间的互补合作，容易产生富者愈富、穷者仍穷的"马太效应"；在总体效益不高的情况下，收入分配的调度余地不大，出现悬殊更难扭转；效益不高，财政收入深受其害，转移支付和扶贫的力度不强，基础设施建设的规模有限，增加工资更是"一票否决"。

地区发展有快有慢，收入分配有多有少，应有一定差距，而一旦差距过大，引起社会不安定，后果是严重的。这涉及多种因素，如部分农民尚未脱贫，与当地农业的过分粗放有关；城市也有部分贫困户，相当程度上来自企业的不景气。甚至同类地区和同类企业，只是由于经济增长方式不同，差距就很大。其间，由于经济增长不稳而产生的通货膨胀，为企业增加了困难，并且是越不景气的困难越大。不难设想，困难地区、困难企业要想摆脱困境，采取集约型增长方式是重要出路。

此外，周期波动和通货膨胀，同样是粗放型增长方式的必然结果。高速度带来结构倾斜和"瓶颈"制约，带来高积累和高物价，其实都反映了增长质量和增长效益不好。

一方面，传统经济增长方式受传统体制的制约，不改革体制就不能更新增长方式。另一方面，传统经济增长方式形成的不良环境，对改革深化也很不利。尤其是新一轮的改革所必需的比较稳定和比较宽松的宏观环境，绝非传统经济增长方式所能创设。新的改革阶段要求较多的增加改革投入，尽快提高经济增长的质量和效益，也绝非传统经济增长方式所能提供。特别是由于粗放型增长产生了一些负面效应，还会影响群众对改革和发展的信念，甚至在困难面前产生体制复归的打算。这反证了，不转变经济增长方式，推进改革同样有困难，从而进一步表明，为了推动改革，转变经济增长方式也是当务之急。

粗放型增长的老路走完了，开拓新路，只有集约型增长！

（二）新的发展阶段呼唤集约型增长

从粗放型增长到集约型增长，不仅是由于老路子已经走到了尽头，解决前进中的矛盾有必要转变经济增长方式，更是由于我国经济发展到了一个新的阶段，与此相应，也要求经济增长方式有一个根本性的转变。《纲要》把两个转变作为实现今后15年奋斗目标的关键，要求是非常明确的。

经过17年来的建设，我国已经提前5年实现国民生产总值比1980年翻两番的预定计划。其中，从1980年到1988年，用8年时间，翻了一番；接着，从1989年到1995年，用7年时间，又翻了一番。这个速度，与世界上任何国家和地区的任何时期比，都是有过之而无不及的。这就赢得了时间，使我们在既有基础上，能够更好地向前迈进。《纲要》在"序言"中开宗明义地指出：

"1996—2010年，是我国改革开放和社会主义现代化建设事业承前启后、继往开来的重要时期。我国将以崭新的姿态跨入21世纪，建立起比较完善的社会主义市场经济体制，全面实现第二步战略目标，并向第三步战略目标迈出重大步伐，为21世纪中叶基本实现现代化奠定坚实基础。"这样规划跨世纪的重大工程，就使20世纪末和21世纪初的发展很好地衔接起来，从而保持了"三步走"发展战略的连续性。

　　《纲要》对"九五"计划——20世纪的最后一个五年计划，经济和社会发展的奋斗目标，主要规定为："全面完成现代化建设的第二步战略部署，到2000年，人口控制在13亿以内，实现人均国民生产总值比1980年翻两番；基本消除贫困现象，人民生活达到小康；加快现代企业制度建设，初步建立社会主义市场经济体制。"这是为21世纪初开始实施第三步战略部署奠定更好的物质技术基础和经济体制基础。具体内容有五项：经济总量持续增长，人民生活水平不断提高；初步建立社会主义市场经济体制，市场在国家宏观调控下对资源配置起基础性作用；产业结构进一步改善，有效供给能力增强；科技教育得到加强，社会事业全面进步；转变经济增长方式取得成效，国民经济整体素质和效益进一步提高。这几项要求大多有数字化的指标。

　　《纲要》对2010年国民经济和社会发展的远景目标，主要规定为："实现国民生产总值比2000年翻一番，人口控制在14亿以内，人民的小康生活更加宽裕，形成比较完善的社会主义市场经济体制。"具体内容也有几项，包括：国有企业建立现代企业制度，形成一批具有较强国际竞争力的大企业、大集团；产业结构进一步优化；集中力量建设一批对国民经济和社会发展具有全局性、关键性作用的工程；区域经济协调发展，基本形成若干各具特色的跨省、市、区的经济区和重点产业带，地区发展差距逐步缩小；国民经济技术水平和全民族科学文化素质显著提高；等等。这些要求，虽然有的还无数字化指标，但是也很明确，表明了社会生产力、综合国力、人民生活水平要再上一个大台阶，并与第三步战略目标相联系。

"九五"计划和2010年远景目标，对改革和发展都有了安排，也可以分为两小段：一是到20世纪末，全面实现第二步战略目标，简言之即小康；二是在21世纪初，比小康更加宽裕，也是开始向第三步战略目标即基本实现现代化迈出重大步伐。这里，对小康和基本现代化，作为发展的新阶段，有必要稍作研讨。

小康，作为第二步战略目标，与第一步战略目标即解决温饱问题比，不仅有量的倍增，更有质的提高。通俗地说，温饱只是免于饥寒，而小康至少意味着丰衣足食。原来设想，为了适合进行国际对比，将其界定在人均国民生产总值相当于800~1000美元，比习惯上作为贫困上限的约400美元翻了一番（只是汇率如何折算，主张不一，差距较大）。国家统计局曾对小康拟定过12~14项标准，有的省、市作了调整补充，大体上是除了集中为人均国民生产总值和人均收入（城乡居民不同）外，还有一些代表生活水平的，如恩格尔系数（食品支出占全部消费的比重）、预期寿命、人均居住面积、社会保障覆盖面以及反映经济发展和社会进步的三次产业比重、城市化水平等，不尽相同。现在从《纲要》看，对"九五"计划列出城镇居民人均生活费收入实际年均增长5%，农民人均纯收入实际年均增长4%，人均纤维消费量从4.6千克增加到5千克，城镇人均居住面积从7.9平方米增加到9平方米，彩电普及率由42%提高到60%，电话普及率由4.6%提高到10%，及基本普及九年义务教育和扫除青壮年文盲等，可认为就是小康目标的具体化。

基本现代化，作为第三步战略目标，比小康有进一步提高。原来的说法是相当于中等发达国家或新兴工业化国家和地区（如亚洲"四小龙"）的水平，也有参照西方流行标准，即人均国民生产总值约3000美元。对此，有关部门还在研究，没有作出具体规定。有的地区如广东、江苏等省市特别是其发达地区如珠江三角洲和江苏南部（苏州、无锡、常州），规划在2020年或2010年甚至2000年，力争达到基本现代化或初步现代化。他们参照A.英格尔斯提出的10项指标，自己试定了一些尺度，诸如，三次产业各占比重、科技贡献份额、人口增长率、贫富差距（基尼系数）、人均生活用电、每千人口拥有医生和大学生、三废处理率等。[①]

无论是小康或初步现代化、基本现代化，作为经济社会发展的新阶段，与过去比，其特征表现为不仅是数量的增长，更是质量和效益的提高以及结构的升级。这既表现在工农业生产、教科文事业和服务业等方面，也表现在人民生活的各个方面。有人把小康通俗地描绘为"吃讲营养、穿讲漂亮、住讲宽敞、用讲高档"，虽不够确切，却从某一角度反映了消费结构的变化，即从数量基本满足转向品种丰富多彩的享受。

如何适应经济社会发展新阶段的要求？或许有人认为，过去17年，我国经济发展很快，虽有一些曲折，大风大浪都过来了；现在基础比过去好得多，只要坚持干下去，保持原来速度，即使有所降低，翻番再翻番并不难。这种看法是不对的，因为不同的发展阶段有不同的需求和条件，必须有与其相应的经济增长方式，而不是仅凭一种经济增长方式和经济体制就能适合各个阶段的历史任务。不妨从以下三个环节来看。

首先，从消费需求和市场需求看。在解决温饱阶段，人们生活水平不高，消费结构简单，主要是满足生活的必需，吃饱穿暖而已。在此阶段，消费开支中食品占很大比重（1/2以上），并且粗茶淡饭，只是解决一个有无和多少问题。与此相应，第一是

---

① 胡福明：《苏南现代化研究》，中国经济出版社1995年版，第29—34页。

发展以粮棉为主的农业，第二是发展以农产品为原料的食品、纺织工业以及部分日用品工业。按照这个需求，实行粗放型增长方式，着重于数量增长，就能达到目的。从温饱到小康，需求发生变化，除了一些生活必需品即生存资料在数量上要继续增长，有个从少到多的过程外，新的需求开始转向所谓非生活必需品即享受资料和发展资料。这就不限于既有产业，而要培育和发展新的产业。在食品、纺织等工业，固然要开发新品种并提高其质量，在其他以工业品为原料的部门（包括住、行、用等）更应如此。如建筑材料从砖瓦到新型建材和装饰用品，交通工具从自行车到摩托车、汽车，特别是耐用消费品从"老三件"到第二代"新三件"和第三代"新三件"（电话、空调、家用电脑等）一茬接一茬，纷至沓来。在此基础上，从生活更加宽裕到初步或基本现代化，生活水平和生活质量继续提高，需求的内容也更加多种多样，增长的重点转向享受资料和发展资料。显然，绝不再是单纯的数量增长所能满足。也因此，一定要逐步转移到依靠科技进步的轨道上来，传统的经济增长方式必须不断更新。

其次，从生产的发展过程看。在解决温饱阶段，主要是发展农业，第一产业为主导产业，是基本适应的。从温饱走向小康，仅靠农业为主就不够了，第二产业必须加快发展。再进一步向前，一方面，第二产业内部出现变化，即从轻纺为主转向重化工为主；另一方面，第三产业必须加快发展，不仅为了促进和保证第二产业升级，更把服务业推向产业前沿。我国正处于这个转轨阶段。拿工业来说，"八五"期末，煤炭已占世界总产量的1/4，水泥也相类似，钢的产量进入了前三名，还有一批产品，从石化到电子，都占世界前列。但这仅是说的数量，至于产业和产品质量，无论是经济规模、技术手段、产业内部结构（如煤炭的预加工比重、钢铁的钢铁比、普通钢与高级合金钢比）以及品种、成本，与世界先进水平对照都存在很大差距。至于稚幼产业如汽车，差距更大。^①其实在别的产业包括基础设施建设，如核电已在各发达国家大量兴建，我国还寥寥可数；高速公路已在一些国家占公路的大头，我国却才开始建设。这都说明，全面实现小康和走向现代化，绝不是单纯的数量增长所能适应，也绝不是传统的增长方式所能适应。

最后，从建设的发展过程看。过去四十多年，我国进行了大规模建设，论工程项目有几十万个，现有企业以百万计。但是，这也主要是靠投入支撑的数量增长，包括利用外资所引进的大量的是传统技术，少量的是中间技术，先进技术占的比重不大，尖端的更少。当前，在建规模接近五万亿元，立项准备的更多。其中，属于铺新摊子的外延扩大再生产居多，技术改造的比重不大，还有不少是低水平的重复建设。真正靠科技支撑的质量增长，并不很多。这在发展过程中，有其历史功绩，不容否定。但是，还能沿着这条老路走下去吗？不能。继续这样做，靠高投入获得低产出，必然受到资金、物资等要素越来越大的制约，无论如何走不通了。新的途径在于靠科技支撑实现结构优化，特别是资产存量的活化。这是现代化增长的特征，以需求结构的演进带动贸易结构、生产结构、投资结构和要素结构的转变，不仅是提高现代技术获取能力的手段，并且是协调需求和供给的必要之举。也就是说，适应新的阶段，一定要有新的增长方式。

上述情况，大家并不生疏。总之，不同的发展阶段，要有不同的发展战略和发展方式。对照"三步走"的战略目标，能否认为：在解决温饱阶段，粗放型增长已能基本适应，重在数量；在走向小康阶段，仅靠粗放型增长已经不够，应当适当转变，部分地转变为集约型增长，贵在质量和效益；进一步走向现代化，粗放型增长就不适应了，应当转变到以集约型增长为主，才能使

① 陈淮：《纵论跨世纪战略发展过程中的经济增长方式转换》，《调查研究报告》（国务院发展中心内部资料）1995年第121号。

中国经济的两个根本性转变

生产建设逐步适应人民物质生活和精神生活不断改善和提高的需求。[①]另一种说法，从工业化初期到工业化中后期，从工业化时期到工业现代化时期，或从工业化时期到后工业化时期，经济增长方式也必然经过一个从速度型到效益型、从数量型到质量型、从总量型到结构型的转变。实现现代化的过程，有其基本顺序，表现为产业替代和增长方式的转变，都要有新的途径。在此过程中，资源的投入方式、利用方式和组合方式也都有不断的演进。这是一个阶段向另一个阶段的转变，也是一个全方位、多层次、长期性的过程。回顾前四十多年，展望未来十五年，我们当前正站在这个历史门槛上，转变经济增长方式是新时代的响亮呼唤！

（三）转变经济增长方式才能可持续发展

展望未来，经济增长面临一个能否持续发展的问题。"可持续发展"是当代世界性的一项重大课题，在20世纪80年代中期由欧洲一些发达国家提出来后，已经成为国际共识。简单地说，就是既要考虑当前发展的需要，又要考虑未来发展的需要，不要以牺牲后代人的利益为代价来满足当代人的利益。人口—资源—环境，三者之间相互协调，经济发展和社会进步才具有基本可能。这与经济增长方式的选择也有密切关系。因为粗放型增长以片面追求速度为目标，重视近期，忽视长远，很少考虑经济的可持续发展；而只顾产出，不讲投入，又会以浪费资源、破坏环境为手段，不利于可持续发展。从粗放型转变为集约型，纠正传统经济增长方式的此一缺陷，才能留下足够资源，保护良好环境，实现功在当代、惠及后代的可持续发展。

可持续发展之所以越来越引起人们的重视，是由于从世界看，这涉及人类社会的各个方面，并且现实形势正是越来越严峻

---

① 沈立人：《推进现代化与转换经济增长方式》，《江海学刊》1995年第6期。

了。人口爆炸，资源枯竭，环境恶化，20世纪的此一趋向正在加速演化。人口增长是消耗资源和冲击环境的动因，自然资源的永续利用是保证经济社会可持续发展的物质基础，自然生态环境是人类生存和经济社会发展的空间条件。20世纪以来，在社会生产力得到空前发展、社会财富得到迅速扩大的同时，人口翻了两番，而自然资源过度开发，生态环境饱受污染，导致资源短缺、环境破坏，形成对人类的警戒和威胁，迫使人们不得不重新审视自己的经济社会行为。为此，联合国于1992年6月召开了"环境与发展"的全世界首脑会议，通过了《里约宣言》和《21世纪议程》等重要文件，包括中国在内的与会各国一致承诺把走可持续发展道路作为未来的长期共同的发展战略。我国的跨世纪发展《纲要》，对此有充分反映，成为转变经济增长方式的有机组合部分。

我们在世纪之交规划经济社会发展时，展现的前景中最令人担忧的，是在中国有不同程度的体现、同时也是人类共同面临的某些尖锐矛盾。现在，我国人口已经超过12亿，每年仍净增约1500万，成为实现资源、环境与经济协调发展的首要难点；关系到人类基本生存的耕地、淡水、森林和草地以及关系到经济发展的各类矿产资源，按人均计算拥有量也大多低于世界平均水平，并且破坏严重、浪费严重，还未有效制止；与此相应，生态环境失衡，城市污染加剧，导致自然灾害频繁，某些疾病流行。①虽然这些问题已经引起了高度重视并采取了不少对策，计划生育有显著成绩，保护资源和环境也有所进展，但是，在粗放型增长方式的制约下，不能认为已经得到基本解决。为了实现可持续发展，转变经济增长方式势在必行。对此课题，应当持续不懈地宣传和研究，力争博得社会各界人士和各部门的注意和支持。

① 宋健：《走可持续发展道路是中国的必然选择》，《人民日报》1996年2月28日。

1. 人口问题

我国是世界上人口最多的国家。原来曾经设想，到20世纪末，总人口能否控制在12亿内；不幸的是，在经济发展目标提前实现的同时，人口计划也在1995年2月中旬提前被突破了。不幸中的大幸则是，原来计划到2000年，国民生产总值翻两番，现在经过努力，在20年内人口净增3亿的情况下，人均国民生产总值也可以翻两番。也就是说，经济增长毕竟比人口增长快得多。但是，这不能成为可以忽视人口问题的借口。现在的规划设想是2000年人口达13亿，2010年达14亿。据测算，要到2050年人口达16亿左右时，才可能实现人口的零增长；另据测算，按照我国土地资源等条件，16亿人口到了可以承受的极限。

人口问题，表面看来，似乎与经济增长方式没有直接关系。但是，从"人均概念"的角度看，从人与资源和环境的关系看，从人的生活水平和生活质量看，两者之间还是不可分开的。人口，作为人均指标的分母，与经济总量和各种资源总量组成的分子相对照，人口越多，人均水平越低。于是，应当考虑的：一是我国资源禀赋，总量说不算少，人均说不算多，人口多造成人均资源拥有量的短缺，资源利用非节约不可；二是经过几十年发展，经济总量也不算少，在世界居前列，而按人均，则瞠乎其后，对此要作两面观；三是联系未来发展，无论是人均生产资料和人均生活资料、科技进步和劳动生产率、消除贫困和公平分配，都有不少独特的问题和矛盾有待研究和解决。实行粗放型增长和粗放经营，从近短期看，或许有利于增加就业；而从长远看，却不利于科技进步和提高劳动生产率，最终也不利于提高人民生活的水平和质量。因此，既不能为了保持多就业而搁置经济增长方式的转变，又不能在转变经济增长方式中不去注意充分发挥劳动力资源丰富的优势、认真处理资本与劳动之间的相互替代和适当结合。

无论如何，推行计划生育，控制人口数量，对转变经济增长方式是不能缺少的前提；提倡优生优育，提高人口质量，对由粗放型转变为集约型增长更是必要的条件。同时，转变经济增长方式，依靠科技进步，包括节约资源和保护环境，也有利于处理好人口与资源、环境和经济、社会发展的关系，并促进人口的地区合理分布和产业合理组合。增强可持续发展的意识，落实可持续发展的措施，要做很多工作，包括处理好人口问题；而实行经济增长方式从粗放型到集约型的转变，对人口问题必须给以高度重视和密切配合。

　　2. 资源问题

　　我国地大物博，在总量上，是一个资源大国、富国。以人均计算，又是一个资源小国、穷国，45种主要矿产的人均拥有量只是苏联的1/5和美国的1/8。加上结构性短缺（如煤多、石油少）、品位性短缺（铁矿多为贫矿）、布局性短缺（不少在交通不便的西北腹地），不能认为老天给了我们什么宠爱。特别在农业上，我国的人均耕地只相当于世界平均的1/4；过去认为水多，其实也只及世界平均的1/4，并且污染日增、净水日减；森林和草原面积同样有限，绿化率与几个大国比有很大差距。这个资源条件，对经济增长方式的选择和转变，有相当大的制约作用。

　　长期以来，粗放型为主的经济增长方式导致资源的很大浪费，已难以为继。拿农业来说，我们以占世界7%的耕地养活了占世界22%的人口，并且基本上解决了温饱，这是"奇迹"。但是也有隐忧，表现在粮食产量徘徊、人均占有量下降，特别是人口渐增而土地骤减。人均耕地最少的浙江，素有"七山一水二分田"之称，可是近10年来，全省耕地减少255万亩，其中1992—1994年就减少123万亩，年均减少41万亩，相当于一个小县。江苏也相类似，过去是三年减少一个小县，近三年是每年减少一个小县。拿能源来说，不同资料表明，不仅人均石油资源只及世界平均的1/8，天然气只及1/20，并且综合消耗系数为发达国家的3~5倍，主要工业品单位消耗系数也比国外平均水平高40%左右。其中煤炭产量已居世界前位，到2000年要产14亿吨才能满足经济发展需要；按此推算，2010年要产20亿~25亿吨，将占世界总产量的1/2，2020年要产30亿吨，生产、建设和运输都会发生想象不到的困难。再拿水资源来说，不仅广大华北、西北地区常年缺少，黄河、淮河、海河三大流域的河川径流量只占全国的6.5%；就是南方，以"水乡"著名的江苏省，同样面临缺水之忧。这与水的重复利用率低很有关系，我国北方只有20%~30%，远远低于发达国家的70%左右。再拿对资源的开发、利用来说，如钢的产量已居世界前位，但是品种不全、优质尤缺，以致一方面积压难销，另一方面大量进口，宏微观经济效益都差。轻工、纺织也有类似问题，产量增长与质量不高并存，连同假冒伪劣盛行，浪费资源和效益不高都相当严重。联系到运输问题，有人计算，如果继续实行粗放型增长方式，在目前粮食已是进口大国、石油从1992年起也成了净进口国的基础上，连同钢材和铁矿石等，到20世纪末海上运输量将达几十亿吨，大大超过可能增加的远洋运输能力和港口吞吐能力。

诸如此类的事例甚多，总的表明，按照我国的资源条件和以往的开发、利用方式，矛盾已经发展到相当尖锐的程度。在某种意义上，实行粗放型增长，已为资源条件所不允许。只有转变经济增长方式，依靠科技进步，纠正资源浪费，厉行资源节约，才能解决或缓解某些资源相对不足的困难，实现资源的合理开发利用和经济社会的可持续发展。不然的话，不仅经济增长速度将下降，某些经济社会问题也会出乎意料地发生。

3. 环境问题

人口的膨胀和自然资源的不合理利用，造成环境的恶化和生态的失衡。这在发展中国家，一般认为是对经济增长必须付出的代价。我们觉察这个问题较早，把环境保护作为基本国策之一，取得了一定成效。但是由于经济增长以粗放方式为主，一些地区仍是重视发展、忽视环保，在高速度、高积累的过程中伴生了高污染，以致环境污染相当严重，生态恶化日益加剧，有的已经威胁到人民群众的生活和健康，甚至制约了经济的健康发展。这从另一角度表明，为了保护环境，把祖国河山的美好面貌带到新世纪，也要切实转变经济增长方式。

经济发展与环境保护本来是统一的，而在仅顾眼前利益时，往往会走"先污染、后治理"和"只发展、不治理"的歪路。这表现在加快发展工业时，"三废"（废气、废水、废渣）处理不及时，以城镇为中心的环境污染不断扩大，乡镇企业的发展更把污染延伸到农村；在发展农业时，诸如盲目开山开荒，又造成水土流失，荒漠化程度不断加重。有关资料指出，我国是世界上水土流失最严重的国家之一，全国水土流失面积达367万平方公里，占国土面积的38%；水污染也日益严重，20世纪70年代初全国日排放污水量为3000万~4000万吨，1980年增加到7500万吨，目前已经超过1亿吨。经过对532条河流的监测，发现有436条遭受不同程度的污染。[1]水源丰富的江浙一带，包括长江、太湖和运河，都先后亮出"黄牌"。也在这些经济较发达地区，大气污染相应升级，酸雨降落频率上升。此外，我国能源利用以煤炭为主，烟业领域在世界包办多项"冠军"（烤烟种植面积和产量及其增长速度、卷烟产量和销量及其增长速度、吸烟人数等，都居第一），给环境治理添了难度。

环境污染的恶果影响广泛。如水土流失会使土壤肥力退化，农业减产；水污染和大气污染会使某些疾病流行，降低人民健康

中国经济的两个根本性转变

① 钮茂生：《中国的水》，《人民日报》1996年3月22日。

水平，甚至没有洁净的水喝。并且，一时污染，影响长期，多年才能治理；一地污染，影响别处，治理成本很高。何况我们讲发展，不仅是经济增长，还有社会进步，环境质量也是重要指标。传统增长方式往往片面追求经济发展，结果经济一时是上去了，而环境污染了，生态破坏了，最后仍不能保持可持续发展。为了防止这些恶果的产生和加重，实现经济和资源、环境的良性循环，防止恶性循环，转变经济增长方式更是刻不容缓。

如何实现良性循环，如何解决人口增加与资源、环境的矛盾，都应当从经济增长方式的转变找出答案来。

（四）迎接国际经济技术发展的挑战

改革开放以来，我国经济走上了国际化的征途，经过17年的拼搏，正在逐步与国际市场接轨，并将在世纪之交最终达到国内国际市场的基本一体化。这对整个经济在自力更生基础上添加外向因素和外向动力，从而提高经济技术水平、缩小与发达国家的差距、逐步推进现代化建设，无疑是必不可少的。但是，国际经济技术的发展，对我国既有良好机遇，又是严峻挑战。因为我国的现代化建设是在国际局势发生深刻变化的条件下进行的。和平与发展是当今时代的主题，和平共处在斗争中可望继续保持，世界经济在起伏中可望继续增长。但是同时，在日趋激烈的综合国力较量中，我们面临发达国家在经济和科技竞争中还占优势的压力，也面临发展中国家正在群起追赶和竞争的压力。为了迎接这些挑战，在群雄逐鹿中脱颖而出，跻身于先进国家和民族之林，仅靠传统的粗放型增长已经无济于事，一定要实行经济增长方式的集约化、国际化和现代化。

当今和今后世界各国的经济竞争不仅表现在数量上，更是科技、质量、效率、效益的竞争。目前，许多国家都在谋求抢占高科技和新兴产业的制高点，把加速技术进步、提高产品质量和降低资源消耗、保护生态环境作为发展战略的核心内容。过去各国曾经出现过所谓"军事立国"、"资源立国"、"贸易立国"等发展战略，而在新科技革命蓬勃发展的当今时代，任何立国论都不能像科技发展那样对国家发展起到决定性的作用。高科技的发展，不仅使科技成为第一生产力，而且成为新型生产力。当今国际社会所谓综合国力的竞争，实质上是高科技的竞争。特别是在冷战结束、两极格局解体后，各国调整战略，共同把发展高科技作为重点和核心。例如，美国前总统克林顿一上台，就在1993年2月22日以《技术为美国经济增长服务：加强经济实力的新方针》为题发表了政策报告，报出面向21世纪的"信息高速公路"计划；日本在1993年1月专门制定了《软科学技术的研究开发基本计划》，提出要充分重视过去被忽视的基础研究，使其高科技的发展领先。其他国家也有各自的对策，例如，新加坡、韩国采取加工贸易型模式，在科技落后的条件下，创造优越的投资环境，以优惠条件引进外资和先进技术，跳跃式地完成国家的工业化和现代化；巴西、印度等采取民族型模式，在独立自主地发展民族经济的同时，积极引进外资和先进技术，用于国防、农业、能源和通信等领域，在传统工业基础上以较高速度推进国家工业化。①

对当前和今后国际经济技术的发展趋势，大家分析其特点，主要有：（1）经济增长保持较快速度，发达国家似乎增长率不高，但是他们每增长1%，其绝对值大于我们的5%~10%以上，仅从总量看，差距还在扩大。（2）经济增长与结构调整、科技进步密切结合，特别是电子、信息、新能源、新材料、生物工程和航空航天等高技术领域已经出现或正在孕育重大突破，将给人类社会经济各个方面以极为广泛和深刻的影响。（3）世界范围经

---

① 徐浩之：《国外新科技革命对策和发展战略评述》，《国外社会科学情况》1995年第5期。

济贸易和资金、技术流动加快，一方面各国经济和技术进一步相互开放、依存和融合，另一方面经济、科技和"商战"将空前尖锐化。（4）以科技竞争为中心，推动各国经济、贸易发展，在共同进步的前提下，综合国力的差距有可能扩大，既有的格局和均势有可能不断变化。

展望未来，亚洲是众所瞩目的焦点之一，而我国又是焦点的重点。对亚洲的现状评估和前景预测，除前面谈到的克鲁格曼的观点引起了争议外，又一争议则从曾以《大趋势》、《2000年大趋势》和《全球悖论》等书轰动一时的约翰·奈斯比的新著《亚洲大趋势》引起。他认为，21世纪的亚洲将成为世界经济、政治、文化的中心，东方文明将显示强于西方的优势，等等。此一论调，博得不少人的欢喜。也有人指出，亚洲正在崛起是肯定的，但是属于一种后发优势，高速增长不等于能够后来居上。正如百米竞赛，普通高中生训练后，成绩提高一秒很容易；而职业选手要提高0.1秒，却是难上加难。因此，听到别人说了好话，切忌沾沾自喜，而应该清醒地正视差距，迎头赶上。①

差距在哪里？有一份非经济性的大众传媒提供了署名罗首初（美国）的文章《印度挑战中国》，指出：中国在经济发展过程中面临的挑战不仅来自发达国家，也来自发展中国家，最具威胁的是印度，印度与中国的竞争是多方面的，吸引外资便是其中之一。他认为，印度起步较晚，但是这几年推出一系列改革开放措施已初见成效，包括降低关税、部分国有企业私有化、大幅度降低财政支出、减少政府对经济的干预、强化国民教育和法律建设等，其结果是1994年国民生产总值增长5%，连同地下经济超过7%。同时，金融市场活跃，近两年股票指数上升24%和20%，外商直接投资增加，其中美国投资占1/2以上。为什么外商对印

----

　　① 《"亚洲大趋势"引起争议》，《社会科学报》1996年4月4日。

度感兴趣？专栏作家查科博在《幸福》杂志上列出几个原因，包括允许私营经济与低效率的国有企业共存，使经营者懂得是赢利而不是企业规模才是决定企业生死存亡的关键，具有完善的西方化的会计和法律体系，分享利润成为普遍接受的原则等。其结论是，乍一看，中国领先于印度，而通过比较，印度似乎更吸引人，打交道也更容易些。这些看法不无偏颇之处，但是值得我们关注，如果不重视自己的对手，不进一步改善投资环境，就很难在不断变化的国际竞争中保持应有地位。该报还附刊了《全球主要国家和地区的风险度》资料，依据日本公债社研究所发表的《国家风险情报》，把世界49个国家和地区划分为五级，其中超低风险和低度风险（打分7.5~10）主要是发达国家，也有亚洲"四小龙"。把我国列入普通风险，打分为5.6，介于印度（5.9）和巴西（5.4）之间。①当然这不一定准确，但是可供参考。

不惮其烦地罗列了上述资料和某些论点，总的是想说明，开放面临挑战，不可掉以轻心。国际市场竞争，讲究价廉物美，而现在则已由以价格为中心的竞争转变为以质量为中心的竞争，并且质量要求不断提高，质量价差日益扩大。在这种趋势下，尽管我国出口数量持续增长，但是凭价格优势参与竞争受到越来越大限制，创汇能力和创汇效益都差，表明以数量型方式支撑的出口方式既难以扩大竞争范围、提高竞争水平，回旋余地很小，又面对以"限量不限质、不限值"为基本原则的国际贸易壁垒的严重障碍。如果参加世界贸易组织，这将进一步现实化，所以应当未雨绸缪，早作准备，力争万全。在利用外资上，近几年来数量增加、范围拓宽，对提高工业水平有积极贡献。但是，工业竞争背后隐藏着专利、知识产权及其技术途径的竞争，这很难是一个合

---

① 《南方周末》1996年4月19日。

作性的博弈过程。由于我国工业的技术创新能力薄弱，研究和发展经费投入不足，工业发展水平低和社会负担包袱重，在合资过程中缺乏足够的讨价还价能力。据有关部门对1994年的市场占有率作统计分析，移动电话、程控交换机、计算机、电子元件、轿车、机床、录像机等具有高附加值的机电产品，国外产品和合资产品已占有50%~80%。以轿车工业为例，由于合资过程中没有走"联合设计"的技术途径，导致了过度的技术依赖，尤以北京的切诺基和上海的桑塔纳最为典型。[①]对此，也应当有所对策，特别是尽快创立自己的名牌，进而逐步收复失去的国内市场。

所以出现上述形势，归根结底，反映了经济增长方式与经济国际化进程的矛盾。这几年来，我国对外经贸活动发展很快，对外联系越来越密切、广泛和深入，但是在国际竞争中，面对各国经济技术发展的挑战，出现了用低劳动成本产品与人家高新技术产品的竞争，这在短期内和一定层次上有某种优势，而从长期和较高层次上，后劲显得不足。说得严重一点是以卵对石，难以颉颃，无法取胜。换句话说，为了迎接挑战，在国际竞争中先占一席之地，再图有所发展和逐步壮大，转变经济增长方式势在必行。

（五）实行转变的可能条件

在认识转变的必要性的同时，还应思考转变是否具备了可能性的问题。如果仅是一种主观愿望，那就没有什么实际意义了。我们过去也想转变，但有不少条件制约，经过17年来的改革和发展，情况不同了，可能条件逐步充分了。

转变经济增长方式和经济体制所需的条件，有共同处。两

---

① 秦海、李红梅：《经济增长方式转变的路径选择》，《改革》1996年第1期；其中后段事例转引自张平：《合资企业与中国汽车工业的发展道路》，《经济研究》1995年第11期。

个转变，还有互为条件之处，特别是转变经济增长方式不能没有相应的体制条件。这离不开整个大环境，从现在起到2010年甚至2020年是中国现代化建设的非常关键时期，我国将继续保持经济发展、政治稳定、民族团结、社会进步的良好态势，具备继续前进、发展壮大的基本条件。具体地说：（1）和平与发展是当今世界的两大主题，这为中国进行现代化建设提供了较长时期的国际环境和难得机遇。（2）经过17年的持续、快速发展，提前实现了国民生产总值翻两番，综合实力大大增强，为今后发展奠定了比较雄厚的物质技术基础。（3）经过17年的改革开放，资源配置方式已经由计划经济逐步转向市场经济，社会主义市场经济体制的轮廓已经显现；同时，通过开放的扩大，越来越多地利用两种资源和两个市场，不断吸收和借鉴国外先进的科学技术和管理经验，可以发挥后发优势。（4）随着众多人口收入水平提高，消费结构层次上升，消费内容多样化，机电、汽车、石化、建筑等新一轮主导产业萌生的市场需求基本形成，12亿人口无与伦比的大市场，将推动一系列资金、技术密集型产业的兴起。（5）储蓄额占国民生产总值的比重在30%以上，如此高的储蓄率属世界罕见，为投资增长提供了充裕的资金来源。（6）劳动力资源丰富，包括各种类型、不同层次的人才，不能认为是实行集约型增长方式的不利因素，相反，即使从劳动力与资金的相互替代看，也有利于节约有限资金，以便集中地首先用于最需要集约化的重点行业和重点企业。

在这个大背景下，直接联系经济增长方式的转变，曾有人较系统地列举其至少要具备的必要条件是：（1）国民经济尤其是工业要有一定的基础，产业结构能适应集约型增长的要求。（2）科学技术有一定的水平，而且进步较快。（3）重视经营管理，不断改进经营管理。（4）有一支素质较高的职工队伍。（5）经济体制有利于实行集约型增长。（6）政府实行促使转变的政策。在我国，这些条件可以说已经基本具备了。①连同其他有关论述，我们归纳为以下几条。

（1）经济发展到一定阶段，经济增长不仅靠粗放型增长，集约型增长亦有了相当基础。经济建设之初，工业基础薄弱，发展工业只能多搞新扩建，在空白部门和空白地区铺新摊子，当然只能是外延为主，谈不上集约型增长。现在，光国有工业就有200多万个，其中大中型的近万个，进一步发展工业除必要的新扩建外，多数可以也应当充分利用原有企业，进行内涵、集约为主的扩大再生产。不难理解，这比外延方式既能多快，又能好省。

（2）产业结构演进到一定阶段，不仅有传统的支柱产业，并且有正在成长壮大的高新技术产业和新的支柱产业。产业结构演进有一定程序，原来的支柱产业大多是劳动密集型的加工业，如纺织、轻工一类，也没有可能提供先进的机械设备和工具。经过几十年的建设，传统产业有所提高，更重要的是培育了以机械、电子和化工为代表的新产业，不仅本身以资金、技术密集型为主，并有可能为其他工业产品和非工业产业逐步提供越来越先进的装备，促进整个产业结构的集约化和高度化。

（3）科学技术进步到一定阶段，能够以先进技术来开发新产品、提供新设备。从粗放到集约，一个必要的明显标志是科技水平和科技含量不断提高。科技本身作为一种产业，也要有一个增长和提高过程。经过几十年的发展，我国从基础研究、应用研究到开发推广，都已建立了一套系统，通过自主研究和引进吸收，不仅在某些方面达到世界先进标准，总体水平也超过了一般发展中国家，科技贡献份额有所提高。过去是生产—技术—科学，现在是科学—技术—生产。在这样的基础上，普及和提高双

① 周叔莲：《简论经济增长方式的条件和困难》，《开放导报》1996年第1期。

管齐下，千方百计把科研成果转化为生产力，科技不断进步的过程也就是推动从粗放到集约的转变过程。

（4）经营管理进步到一定阶段，能够适应市场经济的规则，就能促进增长方式的转变。经济发展不仅是科技进步问题，与此适应，还要有先进的经营管理，包括宏观经济的管理。17年来，尽管还有不尽如人意之处，但先进的、科学的经营管理，作为一种生产力，已在很多领域萌芽、开花、结果、生根。一批批明星企业的经营成功与管理得法，既推动了科技进步，又提高了经济效益。没有它们，也就没有规模经济和集约经营。在宏观上，"八五"计划发展快、波动小，发现矛盾及时调控，同样反映了决策水平有很大提高。

（5）脑体劳动者素质提高到一定水平，足以适应集约型增长的要求。集约型增长不仅靠物质技术装备，更有人的因素，这甚至更有决定性作用。经过长期努力，随着教育事业的发展和提高，培育了大批科技工作者、经济工作者和行政工作者，成为各有关部门的领导和骨干，这是推进集约型增长和各个领域集约经营的基本力量。与此同时，从农民到职工，文化程度不断提高，他们战斗在生产建设第一线，更是实行集约化不能缺少的群众基础。

（6）经济实力和社会财富积累到一定水平，足以满足内涵为主扩大再生产的要求。粗放和集约，在生产要素的利用效率上是前者不如后者，但不意味着后者所需投资总量少于前者；相反，发展高科技、促其产业化，以高科技改造和武装任何部门，都要花钱，且为数不少。所以，穷国追赶富国，十分艰难。我国国家大，经过长期发展，经济实力和社会财富已有相当积累，储蓄率高更是有利条件，只要合理使用，防止浪费，实行集约型增长就有足够的资金后盾。

（7）对外开放扩大到一定程度，利用外部力量有很大前途。现代化建设不能关起门来搞，封闭使人落后。改革开放以来，进出口贸易和利用外资、引进技术以及"跨国经营"都有很大进展，开放度不断提高，可以说与国际市场的联系已从开通逐步走向融合。参与国际竞争，成为推动科技和管理进步的重要动力；利用和引进外资、外技，成为直接发展集约型产业的重要动力。如果没有开放，转变将有或多或少的迟滞；有了开放，转变可能且必须加快步伐。

（8）经济体制改革深化到一定程度，利用市场机制是转变的重要条件。体制与增长方式相辅相成，改革深化是实行新增长方式的前提。17年来的改革，虽然还未走出双重体制阶段，但是市场机制的作用已经从微观到宏观渐占较大份额。企业活力有所唤醒，市场体系逐步成长，价格形成基本放开，计划指令大大淡化，这些都是推进转变的体制因素。可以预见，随着两个转变的相互促进，今后的转变进程有可能同步加快。

在肯定两个转变已经基本具备可能条件的同时，应当看到，转变中还有困难和不利条件，诸如：两个转变，国有企业扮演主角，但是当前还未根本转变其机制，建立现代企业制度还要走一段长路。乡镇企业虽然机制较活，发展得快，但是与现代市场经济体制也有距离，并且其技术起点一般较低，转向集约经营有许多限制；走向集约型增长有赖于科技进步的支撑，这方面基础也较薄弱，特别是科技体制还没有市场化、集约化、现代化，还没有形成一种推动科技迅速进步并使高科技产业化的经济社会机制；从全社会看，与资金和资本相关的财务、财政和金融、货币等体制也未健全，产业结构演进所需的资金密集化缺乏有力的利益驱动；经营管理的市场化、集约化、现代化进程迟缓，这既有改革问题，又不仅是体制问题，涉及更深层次的文化背景，其惯性和黏性特大；人口多和劳动力多，在一定程度上会拖集约化的后腿，主要表现在粗放经营时，只要利用廉价劳动力的机会成本会小于集约经营，人们就会满足于前者，不急于向后者转变；政府目标的多元化导致政府行为的分散化和短期化，在处理中央、地方和企业、个人的关系时也往往倾向后者，或者为了协调各方面的利益，把"振兴地方经济"和"富民"放在两个转变之前而影响转变的过程。

两个转变是在现实的时空条件下进行的。我们所面对的有利和不利的复杂情况告诉我们：既要看到其迫切性，又要看到其长期性；既不能懈怠，也不能急躁。只要发扬有利一面，克服不利一面，两个转变就能有力地、有序地、有效地展开！

七、转变经济增长方式的基本要求及其切入点

看来，在转变不转变、口头上转变还是思想上转变甚至真转变还是假转变的问题上，制定中长期规划的经济增长率是一块试金石……

回顾历史和分析现状，都是为了展望未来、创造未来。新中国成立后几十年的现代化建设，积累了正反两方面的丰富经验。特别是改革开放后的17年，开辟了一个新时期。提出两个根本性转变，正是总结历史经验的产物，并为新时期的继续开拓指明了前进的方向。两个转变中，对经济体制的转变，大家比较熟知；而其目的，又是为了促进和保证经济增长方式的转变。所以下列各章，将以转变经济增长方式为主，在理论探索的基础上，着重于对策建议。对此，《纲要》已经构筑了基本框架，同时留下了广阔空间，有待于广大理论工作者和实际工作者一起去思考和实践。

转变经济增长方式是一个大命题，关系全局，涉及经济工作的方方面面。有人曾问：究竟转变什么？可能有不同的答案。例如，认为过去速度快了，今后应当降速；过去偏重于铺新摊子，

今后应当重视利用原有基础；过去热衷于加工业，今后应当搞基础设施和重化工；等等。这些都不错，但又不全面。我们首先要从总体上明确其基本要求，真正理解是"根本性"的转变，而不是局部的调整或枝节的修补，然后才能找到转变的切入点。从此入手，在"九五"计划之初就有一个好的开头、好的起步。

（一）转变经济增长方式的要求和内容

转变经济增长方式不同于过去多次的经济调整或治理、整顿。那是针对经济发展中出现的严重问题，采取坚决措施以调整发展进程和某些比例、治理紊乱、整顿秩序，一般带有短期性和过渡性，目的在于恢复正常的经济运行，并不是经济增长方式的更换。转变经济增长方式则有特定的含义和内容，本质上区别于已经习惯的传统方式。从粗放型为主的增长方式转变为集约型为主的增长方式，基本要求大致有下列几个方面。

1. 从片面追求社会生产总量的增长、突出产值增长速度，转变到以提高经济增长的质量和效益为主要目的

发展经济或发展生产，目的何在？过去有过"为革命而生产"，也有过"为生产而生产"，目的是模糊的。后来强调发展速度，突出一个"快"字，本不算错。只是强调过度后，一是把"能快则快"理解为"越快越好"，制定指标往往偏高，执行中更求超指标；二是把"快"理解为只是产值的增长，有时也包括某些产品数量的增长，而不包括其他方面的发展和进步；三是只抓速度，丢掉质量和效益等指标，甚至为了高速度而牺牲其他。于是，速度与质量、效益从统一逆化为对立。速度是指产出的数量，至于质量如何，至少放在次要位置；为了产出而不与投入相比较，也把讲究投入、产出比较的效益排斥在外。这些都是粗放型增长的特征，结果数量多了、质量下降，速度上去、效益下来。多年来，经济增长很快，固然成绩很大，但质量、效益不

好，付出代价也大。

社会主义生产的目的，归根结底是为了最大限度地满足人民物质和文化生活不断增长的需要，这就要把质量和效益放在首位。否则，即使速度快了，也只是表面繁荣，与人民得到的实惠不相称。至于讲经济实力，也不仅是数量，更在于质量。这是必须转变经济增长方式的根本原因。按照集约型增长的特征，要求以提高质量和效益为中心，在此前提下力争有较快的速度。为此，具体目标也不仅是产值和产量的增长，更重要的在于产品的质量好、品种多和经济效益高。围绕此一目标，还有一系列的要求如结构优化、科技进步、社会发展等。目的既定，实现目的的手段、方式及其后果都将相应有根本性转变。

2. 从主要靠生产要素的扩张、增加人、财、物力的投入，转变到以靠科技进步和提高劳动者素质、提高综合要素生产率为主要手段

为了片面追求过高速度，靠什么手段？传统的增长方式主要靠大量投入，如劳动力、资金、物资等来发展经济，而忽视科学技术，疏于现代化管理。并且，注意的是投入的数量，不是其质量和效率，如增加劳动力而不注意提高其素质，增加资金而不注意其周转和循环，增加能源、原材料和设备而不注意其利用状况。结果常是投入越来越多，消耗越来越多，效率越来越低，浪费越来越大。重复建设和盲目生产，都是司空见惯。与此同时，科技的投入不多，人力资源的开发滞后，以致科技进步的贡献份额也不高，导致质量和效益难以上升。

集约型增长方式与此相反，当然也要有投入，但有不同：一是不仅靠投入的数量，更着重于提高投入要素的质量和利用效率，力争以有限的投入取得尽可能大的产出；二是除了必要的劳动力、资金等的投入外，更注意科技的投入和人力资源的开发，努力提高科技进步的贡献份额；三是还要加强和改进管理，推进

管理的科学化、现代化。这样做的结果，与传统增长方式比，既能提高投入产出率，扭转高投入、低产出，又表现在科技投入增加，科技进步的贡献份额提高，还能优化产业结构，增加收入分配，实现集约型增长的既定目的。与此相连，两者的区别，最终表现在综合要素生产率的高低上，并关系到经济增长的稳定、协调及其后劲。这又表明，实行集约型增长方式是保证经济持续、高速、健康发展的决定性因素。

3. 从一味铺新摊子、上新项目、扩大投资规模，转变到以充分利用现有基础，着重于更新、改造和挖潜为主要途径

为了高速更高速，靠投入再投入，粗放型增长方式的实现途径是一味铺新摊子，大搞新扩建，而放松对现有企业的充分利用。于是造成两种矛盾现象：一方面，老企业不能得到及时的设备更新和技术改造，以致技术落后，甚至带病运转，产品质量差、消耗高，生产经营困难；另一方面，新企业大量增加，相当部分是盲目的重复建设，导致能力过剩、竞争过度，生产经营状况也多不佳。与此同时，投资规模过大，还造成宏观经济的失控和失衡。

实行集约型增长方式不排斥必要的、合理的新扩建，但是优先考虑和安排的是依靠现有企业，充分发挥其作用，即内涵为主的扩大再生产。无数实例证明，更新改造比新扩建，不仅投资省、见效快，而且从微观到宏观，都是效益高、质量好，并能防止投资失控。当前存在的上述矛盾表明，不少行业和产品（从轻纺到家电以及机械、化工）能力过剩、设备闲置，完全可以通过改造、改组和改制，不断挖掘潜力，以适应经济发展的需要；完全可以减少扩建、制止新建，避免某些工程花去大量投资，却导致竣工投产之日就是停工亏损之时的荒谬现象。

4. 作为粗放、外延方式的结果，经济增长存在周期性强波动和高通胀率，增长方式也就要求转变到以稳定增长和抑制通胀为

特征的健康发展上来

传统的经济增长方式，基于上述目标、手段、途径等特征，其后果总是经济增长的大起大落，并从投资膨胀诱发通货膨胀，使经济增长不能达到持续、快速、健康的良好状态。当然，增长速度快不一定就会造成通货膨胀；但是，速度过快，采取粗放型增长方式，则很难摆脱通货膨胀。世界上一些经济增长快的国家和地区或者发展中的国家和地区在其起飞阶段，有的通货膨胀率并不很高，与其经济运行机制和增长方式有关。我们要求实现持续、快速、健康发展，健康与否，一般也以是否发生了人为的起伏过大和物价上涨过快为准，进而影响能否持续和能否快速。粗放型增长有此弊病，也是必须实行转变的又一重要原因。

实行集约型增长，不追求过高速度而着眼于质量和效益，不靠大量投入而着眼于提高综合要素生产率，不一味铺新摊子而着眼于充分利用现有基础，这就为避免大起大落和物价上涨消除了根本原因。可以肯定，随着两个转变的推进，整个经济的运行状态就将逐步好转！

转变经济增长方式，还必须因时因地制宜，不能机械理解，不能搞一刀切、一律化。为此要指出：我国劳动力多，在走向集约型增长过程中，要注意适当发展劳动密集型产业，并与资金密集型、技术密集型产业相搭配。对劳动密集型产业进行适当的技术改造，同样是促进其集约化。我国经济发展不平衡，布局也不平衡，在次发展和欠发展地区，工业基础薄弱，连同基础设施落后，适当铺一些新摊子是必不可少的，就是在较发达地区，为了培育和发展某些高新技术产业，某些新扩建也有必要，不能看作是粗放型。新扩建项目注意了采取较先进技术，同样属于集约型。我国为数不少的老企业要有区别、有步骤、有重点地进行更新改造，不该也不可能一拥而上，都急于以先进技术武装起来。保留部分传统技术和中间适用技术，不否定在总体上逐步推进集约化。经济增长不是不要投入，根据当前条件，劳动力投入和资金投入仍不能少，提高投入效率和增加科技投入都要有一个过程。

因此，转变经济增长方式要有一段时间，不能要求立竿见影，在短期内实现。至于在什么时候达到什么程度，或者届时两种方式各占多大比重，现在还不能就定下进度表，要在实践中认真研究、积极探索。看来，到20世纪末，集约化的程度不可能很高，集约型企业不可能占大多数。经过15年努力，到2010年，可望有显著进步、显著改观。这与整个现代化建设进程一致，或许到21世纪中叶，在实现基本现代化、达到中等发达国家水平的同时，也将实现基本集约化。总之，目标要明确，信心要坚定，但是步子要稳健，不宜操之过急、急于求成，那样不仅会引起某种振荡，而且会流于形式，实际上降低集约化要求，不利于有序地实行根本性转变。

当前，重要的是抓住转变的切入点，迈开转变的第一步。

（二）首先从转变观念、提高认识开始

转变不转变，首先在观念。实行两个转变，必须进一步解放思想，提高认识，在某些传统观念上来一个根本性转变，以观念更新为先导来带动各项工作，开创经济工作的新局面。特别对经济增长方式的转变，新旧观念的置换有着丰富的内容。

1. 速度观和效益观

经济发展有很多含义，速度和效益是两个主要标志。但是长期以来，大家注重的往往只是速度，把"发展"理解为速度第一或速度唯一，把效益放在次要甚至不要的地位。其实，速度和效益是统一的，谁也离不开谁。没有速度，一般也就没有效益；没有效益，速度也就成了空话。在某种场合，两者又会出现矛盾，这是指片面追求速度，速度过高，就会影响效益，使效益下降。

包括这17年来的实践表明，速度高、效益低的反差始终存在，在前进中暴露出不少问题。树立速度和效益的统一观，或者说，从速度第一转变为效益第一，这在今天并未解决。反复强调效益的重要性，绝非多余的闲话。

党的十四届五中全会的《建议》对速度问题有很好的论述，在今后15年的九条重要方针的第一条"保持国民经济持续、快速、发展"中说："发展是硬道理，中国解决所有问题的关键是要靠自己的发展，争得较快的速度和较高的效益"；接着指出："要把握好速度问题，速度低了不行，速度过高也不行。"速度低了不行，这是容易理解的。有人计算，我国每年新增人口1500万以上，要消耗3%左右的经济增长率；要保证原有人口的生活水平逐步提高，也要有3%左右的经济增长率；还要逐步缩小与发达国家的差距，增强综合国力，不再加几个百分点的增长率，不利于整体经济的成长。为什么说"速度过高也不行"？有人感到不好理解，似乎只要上得快就好。殊不知速度过高会带来一系列的不良后果，诸如：重速度，轻效益；重数量，轻质量；重总量，轻结构；重投入，轻成本；重产量，轻销售；重积累，轻消费；重工业，轻农业；重经济，轻社会；重近期，轻长远；重开发资源，轻环境保护；等等。当然，对这两个"不行"，不能等量齐观，各打50大板，重点在于后一个"不行"。长期以来遗留的许多没有解决的问题，直接或间接地都与速度过高有关。近几年来，不提"高速"，是一进步；《建议》还用了两个"较"字，更是实事求是。这不是泄劲，恰恰是为了正确鼓劲。

《建议》还说："快是有条件的，要讲效益，讲质量；快是有区别的，各地发展速度可以有所不同；快必须是没有水分的实实在在的速度。"这三句话，并非泛泛而言，都有其针对性。除了强调快必须以效益和质量为条件，不是为快而快外，另外还强调一是从各地实际出发，不要相互攀比，越抬越高；二是强调实实在在，不要弄虚作假。真的做到了这三条，也就做到了"保持社会总需求与总供给基本平衡，抑制通货膨胀，防止经济大幅度波动"；做到了"速度和效益相统一，微观活力和宏观调控相统一，总量增长和结构优化相统一"。只有树立了正确的速度观进而落实到经济工作的各个环节，转变经济增长方式才有坚实的思想基础。转变观念，这是根本的一条。

2. 投入观和产出观

发展经济要有投入，积累是扩大再生产的源泉，这是常理。但是投入什么、投入多少和怎样投入，以及如何以最小的投入获得最大的产出，却大有讲究。传统观念的局限，一是为了产出，不计投入，缺乏投入产出的相互比较观；二是谈到投入就想到资金即所谓"投资"，偏重于财力、物力，忽视或无视智力即科技和管理的投入；三是误认为投入越多就会产出越多，没有边际，不会有负面效应。现在要强调的是，不仅要重视投入产出的比较，讲究投入的效率和效益，而且要懂得投入过多会使效益下降，并产生不少矛盾（资金投入过多会有通货膨胀，物资消耗过多会有"瓶颈"制约），更要认识到投入包括各种生产要素，资金和物资只是一部分投入，还有科技、教育和人才，或称人力资本投入，这在现代经济发展中起着越来越大的作用。邓小平指出："科学技术是第一生产力。"当代流行的新经济增长理论，把科技与资本、劳动力并列为三大要素，实际上科技投入的生产率最高，也同此理，都值得仔细领会。在讲究"最小—最大"关系的原则下，不断提高科技生产率，也是从粗放型转变为集约型的具体途径。树立和加强这个观念，才能坚定不移地推进经济增长方式的转变。

3. 计划观和市场观

从计划经济到市场经济，改革的目标已经义无反顾；但是在观念上，真正实行这个转变，并不容易。特别是在经济生活中出现一些问题，如物价上涨、企业亏损和居民失业、分配不公等，有人说这就是市场经济，全属误解。其实，在传统体制下，隐性涨价表现为有价无市、排队抢购和凭证供应，隐性亏损表现为财政补贴和相互平调，隐性失业表现为人浮于事，分配不公表现为平均主义。当前的这些问题，有的从隐性走向显性，主要来自传统体制的残留影响，使经济运行不够正常。因此，解决问题的根本办法是深化改革，改革中出现的问题要靠进一步改革来解决，绝不能碰到问题就往老路跑，把体制回归作为出路。这不仅适用于经济体制的转变，对经济增长方式的转变也是一样，必须强化市场观念，依靠市场机制，才能促进粗放型向集约型的转换。因为实行这个转换，仅靠行政手段是难以见效的。当然，这不排斥政府干预，不排斥制订计划或规划。但是其中同样有改革和转变，政府干预要从主要运用行政手段的直接调控，改革为主要运用经济手段的间接调控，规（计）划要从指令性为主转变到指导性为主，并且要把规（计）划建立在市场经济的基础上。划不清这个界限，往往会对计划经济有依恋，对市场经济有抵触，动摇于两者之间，或者采取折中、妥协态度，都不利于两个转变的实行。至于当前的某些举措，有时还不得不较多地借助于行政力量，正说明还处于双重体制并行的转轨阶段，有效的办法只是把改革进行到底，推动经济增长方式的转变。总之，两个转变还在征途中，人们的认识应当领先于实践，才能坚定不移地使体制改革和增长方式更新同步前进。

此外，还有不少观念亟待转变。报刊已经揭举的，诸如"速度效益论"（有了速度，不怕没有效益），"唯产值论"（只有产值最能代表发展），"宏观调控无关论"（宏观调控是中央的事，部门和地方无能为力），"抢滩论"（部门和地区要发展，就要抢上项目、占领滩头）等，如不转变，都是改革和推行集约型增长的思想障碍。

这里，还值得提一提对"翻番"的认识和态度。翻番是发展的量化，作为奋斗目标，必须经过科学计算，并且留有余地。原定从1980年到20世纪末翻两番，实践证明是积极可靠和可行的。但是后来，感到10年翻番不过瘾了，不少地方动辄翻番，时间越缩越短，长则7~8年，短则3~5年，问其根据，大多采取的是"顺推法"（过去做到了，今后也能做到），"加码法"（在全国平均水平上，层层加快），"攀比法"（别人多快，我也多快或更快一些）。问有无可能，大多是屈指回答：年增长7%，10年可翻番；年增长10%，7年可翻番；年增长15%，5年可翻番；年增长20%，3年半可翻番；等等。这是拍脑袋的数字游戏。因为翻番要有物质技术基础，几年翻番，在有机构成基本不变的条件下，大致以固定资产存量的翻番为依托；翻番还要有市场需求，无论投资规模或社会购买力都要翻番，否则就不相适应。看来，轻言翻番也是传统观念，必须转变为慎言翻番，走向集约型增长方式才有希望。

观念的转变与其形成一样，绝非一日之功，要经多次反复。因为担负着两个转变重任的各级领导干部，大多在传统体制和传统增长方式下成长起来，身体力行，头脑中形成了一种思维定式；某些社会舆论也常自觉或不自觉地传播和支持这些传统观念，例如，以产值论英雄、排座次等；何况，两个转变还牵动着利益格局的调整，使观念转变和以利益导向的行为转变会在这里那里碰到抗拒。所以，我们切莫把观念转变视为易举，有个文件或讲几次就解决了，而要认识到这是一项艰难的长期任务，既要只争朝夕，又要作持久战。改革开放以来，很多观念已有破立。面对新的形势和任务，对进一步解放思想、转变观念有新的需求。为此，一定要认真学习邓小平建设有中国特色社会主义的理论，认真学习党的基本路线和方针、政策，学习《建议》、《纲要》和《讲话》、《报告》，以两个转变的理论、观念来武装头脑。通过观念转变，调动广大干部和群众实行两个转变的自觉性、主动性和创造性，建立市场经济体制和实行集约型经济增长方式就有了强大的精神力量。

（三）制定积极可靠的中长期规划

实行两个根本性转变，首先要转变观念、提高认识，其次要制定积极可靠的规划。规划是观念的具体化，是思维与行为之间的桥梁，又是明确奋斗目标进而选择政策和措施的依据。党的十四届五中全会通过的《建议》和八届全国人大四次会议通过的《纲要》就是这样一个文件，为现代化建设的跨世纪工程勾画了宏伟蓝图，两个根本性转变的新精神跃然纸上，给人以清醒，给人以鼓舞，给人以力量。

谈到规划，有人会问，长期以来，我们曾经制定过不止一次、不止一个，现在又搞，是否还是计划经济的一套？这有必要说明三点：一是社会主义有计划，资本主义也可以有计划，计划作为经济手段，是中性的，并不姓"社"或姓"资"；二是计划经济体制下有计划，市场经济体制下也可以有计划，日本、法国和我国台湾的经济体制可以称是"计划主导下的市场经济"；三是我国过去在计划经济体制下制定计划，现在发展市场经济的体制下也制定计划，体制背景不一样了。这次的"九五"计划和2010年远景目标纲要，乃是新中国成立以来第一次以市场经济体制为依托、基本上按照市场运行机制制定的中长期规划。与过去历次的五年计划和曾经有过的十年规划比，原来实际上具有较强的指令性，而现在则是指导性的。有人拿这次的《建议》与1990年年底党的十三届七中全会通过的《中共中央关于制定国民经济和社会发展十年规划和"八五"计划的建议》相对照，发现上次《建议》的数字较多，各种指标和比例数、百分数有60多个，而这次《建议》的"数字"很少，仅在几处出现了关于人口方面的指标。①但是，如果说社会主义市场经济一般有什么个性，那么，计划性较强可能是其特征之一。

从《建议》到《纲要》，党中央和国务院做了大量调查研究，反复征求了各方面人士的意见，是民主和科学决策的产物，凝聚了全国人民的智慧。这一规划的产生，有利于集中力量办大事，是社会主义优越性的又一生动体现，是今后15年以实行两个转变为关键的国民经济和社会发展的行动纲领。这一规划的特征，除了指导性外，还表现在：（1）宏观性。着重规划了事关发展全局和整体的战略、指导方针、重大经济关系和全国生产力布局，提出了反映经济社会发展和结构变化的总量指标以及若干具有全局意义的重大建设项目，提出了宏观经济调控的目标和政策。（2）战略性。注意把握我国现代化建设"三步走"的战略部署，在奋斗目标、改革开放部署、经济社会发展的主要任务、跨世纪重大建设项目等方面进行了第二、第三步战略的衔接；提出了与两个根本性转变有关的科教兴国战略、地区发展战略、以质取胜和市场多元化的外贸战略、可持续发展战略以及粮棉生产布局调整、基础设施、基础工业、支柱产业和高科技产业发展战略，等等。（3）政策性。提出了一系列重大的经济、科技、社会发展政策，如保持宏观总量平衡的经济政策，促进结构优化的产业政策，逐步缩小地区发展差距的区域经济政策；在加强农业和基础设施、基础工业以及加强资源、环境、生态保护等方面也提出了一系列政策、措施，具有较强的可操作性。②有了这个《纲要》，实行两个转变就不仅是一种想法，而且有了具体做法，可以开始付诸实践了。

---

① 庚震：《特色鲜明的跨世纪工程——九十年代两个〈建议〉的比较》，《经济日报》1995年11月27日。

② 陈锦华：《跨世纪的蓝图，新长征的纲领》，《人民日报》1996年4月2日。

上述《建议》和《纲要》，是就全国而言，对全国今后的各项工作有指导作用。以此为依据，还要结合各部门、各地区的情况，制定各部门、各地区的"九五"计划和2010年远景目标纲要。这项工作也已先后完成。各省、市、区经过党委建议，由人代会审议通过，有了自己的《纲要》，使全国的《纲要》进一步具体化，为其实施提供了具有法律性的文件。各地制定的中长期规划中，都能从当地实际出发，集中干群智慧，有所开拓和创新，提出了不少好的设想和办法，给国家规划增补了丰富内容。这在较发达、次发达和欠发达地区，在东南沿海和中西部内地，在制造业为主和资源开发为主的省市区，在对外开放度不尽相等的这些省市区，都能各扬其长，各显其能，各有特色，呈现一派五彩缤纷的动人景象。有了这些部门的和地区的《纲要》，实行两个转变进一步落到了实处。

中国经济的两个根本性转变

我们看到了几个省市区的《纲要》，总的印象是体现了中央《建议》的精神（不少省市区通过《建议》和《纲要》，时间在中央《建议》之后和全国《纲要》之前），重视了两个转变，强调了科教兴省（市、区），加重了技术改造，加快了改革进度，一般也注意了纠正传统观念和传统体制、传统增长方式的影响，是切实可行的。

但是同时，我们也从经济界听到一些议论，认为真正转变观念并落实到规划上，还有不少工作要做。就在1996年年初召开全国人大和政协会议期间，几位人大代表和政协委员在讨论中谈到，两个转变的提法很好，问题是怎么操作、怎么分解、怎么落实，力戒两个转变走过场。有人指出：怕就怕把两个转变"转变"成了一个口号。"两会"召开前夕，一些省市提出了"九五"大计，从传出的信息看，人们的担忧不无根据。全国政协经济委员会就此进行了调查和分析，从各地提出和准备提出的奋斗目标看，可以归纳为三种情况：（1）思路清晰，认真总结了过去的经验教训，重新审查了原来的"九五"计划和2010年设想，根据《建议》精神确定了新的发展思路，调整了原定的发展目标。（2）思路有变化，但还不太清晰，对照以前制定的计划设想，速度略有降低，项目略有减少，但指导思想上没有大的变动。（3）还是老思路，只是把中央的口号接过来，加到规划的文字中，奋斗目标还是注重上数量、上速度、强调翻几番，强调"加大投资力度"、"加快开发建设步伐"、"把资产增量扩张放到重要位置"；有的仍然采取老一套的办法，要求指标量化，层层分解，明确责任，保证实现。三种情况各占多大比重，总的印象是第一种不多，第三种不少。他们还举出，一些已经实现翻两番的地区提出要"翻三番"，一些省会城市提出要建成特大城市或国际化都市，强调"跳跃式发展"、"赶超战略"；不少地方提出建成多少个大工程、大工业带、大工业区、大工业走廊；一个地区五年要求安排的投资总规模高达几千亿元甚至上万亿元……依然是一派"大干快上"的架势。[1]

如前所述，经济增长方式转变的关键在于如何处理好速度和效益的关系，体现在规划中如何确定中长期的发展速度。国家规划，把经济增长速度确定在8%左右。这是经过反复论证和科学计算后的理性选择。大家认为，这总结了历史经验，符合于当前条件，将提供比较宽松的环境，适应于两个转变的要求，有利于深化改革，发挥市场机制的功能，也有利于提高经济效益，调整产业结构。但是，听到的反映是多数地区认为低了。据了解，各省的规划，沿海地区如广东、上海、福建、江苏等都在12%，东北各省都在10%，西部的宁夏在9%，最低的西藏、云南等也在8%以上。对此，国家统计局一位负责人认为，"九五"和2010年持续增长能否实现，很关键一条是能否将增速控制在8%~10%的适

---

① 张曙红：《力戒空转，务求实干——政协委员评说"两个转变"》，《经济日报》1996年3月10日。

度区间；若超过了，经济、资源等各方面关系就会紧张。国家计委一位负责人认为，目前各方面的支撑条件，如农业、基础设施、能源、原材料、资金及市场容量等，对外延式增长已无多少余地；若不能很好转变方式，改善资源配置效率，即使一时上去了，日后也会掉下来。①

看来，在转变不转变、口头上转变还是思想上转变甚至真转变还是假转变的问题上，制定中长期规划的经济增长率是一块试金石，表现为是否有决心与传统的经济增长方式相决裂，从片面追求速度转变到以提高效益为中心的轨道上来（当然，更重要的是在制定规划后，是把工作的着力点放在提高效益上，还是放在进一步提高速度上）。不少人对8%的增长率嫌低，理由多种多样："九五"计划开始了，要上一个新台阶；"软着陆"实现了，就应当"软起飞"；上一轮经济波动到了谷底，新一轮周期要上高峰；宏观控制过严，"憋"了两三年，该放松了；等等。这些理由，使人听来，大多是传统语调，缺乏转变的劲头。其实，8%的增长率不算低，不仅在当代世界仍列前茅，就是与一些发达国家和发展中国家的起飞年代比，也是相当快的。这几年，年均增长率在10%以上，一直在起飞，与15%左右的通货膨胀率并存，"软着陆"还没有到位。在当前情况下，如果单纯为了追求高速度，把经济增长率定得高一点，也不是不能实现的；但是，困扰经济发展的效益问题、质量问题、能源问题、环境问题等将难以消除，"持续、快速、健康"三位一体的要求也难以实现。面对当前情况，最令人担心的是各项经济效益指标和质量指标长期偏低，却未引起应有的重视，也未采取有力的措施。怎么办？适当降速，把重点放到优化结构、提高效益和质量上来，才是真正实行根本性转变的出路。所以，继续坚持适度从紧的宏观

① 黄一丁：《经济专家谈"速度缺口"》，《经济学消息报》1996年4月5日。

调控仍有必要；如果随便放松，又会重蹈历史的覆辙。作为经济理论工作者，直面现实，不该沉默。我们希望大家在指导思想上从只求高速或以快带好转变为好中求快，把注意力从搞高速度转变到力争高效益、高质量上来，既体现在规划上，更落实到工作中，两个转变以此为切入点，跨世纪工程也就破土了。

（四）控制投资规模 调整投资结构

转变经济增长方式既是一项长期任务，又要抓紧尽快起步。在这方面，千头万绪，从何入手？看来，其中症结是投资问题。因为粗放型增长的基本特征是依靠大量投资促进经济高速增长。前几年里，此风愈演愈烈，投资增长率越来越超过经济增长率，"八五"期间几乎达到二比一，在某些发展快的省区尤为突出，以致在投资效益下降的同时，通货膨胀等不良现象无法抑制。不扭转此倾向，任其继续存在，转变经济增长方式的要求就将付诸东流。所以，当前围绕两个具有全局意义的转变来安排和调整各项工作，在转变观念和制定规划的基础上，最迫切的是控制投资规模、调整投资结构。这是在稳定经济环境中保持经济合理增长的关键一招。

投资增长方式是经济增长方式的重要一环，或者可以说是其集中表现。有什么样的投资增长方式，就有什么样的经济增长方式。投资方式以粗放型为主或集约型为主，决定着经济增长的粗放化或集约化。粗放化的投资方式表现为：一是新扩建为主，大铺摊子；二是投资膨胀，规模扩大；三是随机建设，效益不高；四是结构劣化，能力闲置；五是进一步刺激投资需求，陷入"投资饥渴"的怪圈。这种投资方式对经济增长所起的作用，首先是需求拉动，然后才是供给适应，两者之间的反差，造成"瓶颈"制约与经济运行的周期性失控和失调。

总结历史经验，在经济增长过快、出现经济过热时，加强宏观调控，所谓"压缩空气"，主要是压缩投资规模。控制银行信贷和货币投放，也是服从此一目的的。如果说过去的做法有什么不够完善，那就是：压缩有时过急，搞"一刀切"，或者先"切一刀"，再来"甄别"，不免损失。这又叫"急刹车"，搞"一阵风"，风过后又放松，周而复始，成果不能巩固。近几年来的做法大有改进，不搞"急刹车"而搞"软着陆"，降低了调整成本；把非常措施转变为经常措施，在相当时期内坚持适度从紧，不是先收后放，收收放放。两三年来这样做了，宏观环境有所改善。当前转变经济增长方式，应当巩固这个成果，继续把投资规模控制住。

当前要不要控制投资规模，存在不同看法。如前所述，从各部门、各地区的反映来看，要求放松银根的呼声很高。其中有合理的，主要是企业感到流动资金紧张；有关部门已经注意，将对有市场、效益好的企业给予支持，求得缓解。但是，呼声中的最大部分还是固定资产投资，希望上这个那个项目。对此，就单个项目说，大部分有理由，上了有预期的效果；只是就总体说，不仅项目之间重复过多，特别是综合结果，规模太大。这不是具体问题，而是发展战略问题，关系到究竟实行什么增长方式，要不要真的转变。有关资料透露，全国在建项目的投资总额已达4.7万亿元，即使不再增加任何项目（那是不可能的），两三年内基本建成，规模就不小了。"九五"计划原来规定，把投资率控制在30%，而1996年年度计划安排却是32%，已经被突破了。何况，这是计划内，实际上还有一批计划外，尤其是乡镇企业和三资企业，不少是先斩后奏或斩而不奏，已经先后动工了。据了解，1991—1995年，当年计划确定的投资规模占实际完成额的比重分别为90.8%、68.7%、64.2%、79.4%和87.5%，表明计划外项目的投资占到总规模的相当份额（最高年份为1/3，近年来才有真正压缩）。控制和压缩投资规模，包括计划外利用违章拆借资金、挪用流动资金和种种非法集资而滥上的项目，确实存在潜力，是大有可为的。前两年掌握适度从紧的宏观调控没有错，今后适当时期内继续贯彻，也不排斥及时"微调"，仍有必要。

控制投资规模，关键又在调整投资结构。党的十四届五中全会对"九五"计划和2010年远景目标建议的《说明》，指出多年来存在的一种矛盾现象是："一方面，不少企业因缺乏资金得不到技术改造，不能适应市场需求的变化，生产能力放空闲置；另一方面，各地各部门却热衷于铺新摊子，搞了许多低水平的重复建设项目。"克服这种矛盾现象，通过调整投资结构来控制投资规模，具体途径是：

1. 处理好更新改造和新扩建的关系，调整两者之间的比例关系

前几年的实绩是：更新改造在整个投资规模中只占25%左右，这与我国资产存量已以几万亿元计的规模是很不相称的。固然，在某些产业和某些地区，新扩建不能没有，但是从总体看，应当逐步提高更新改造的比重。应当严格遵守这样一条原则：凡是能够通过更新改造来发展的（主要是提高质量、开发品种和降低成本），就不得再搞新扩建。逐步调整地区布局，也该以产业和企业转移为主，建新要弃旧，不要新的起来、旧的还保留。当然，过去也强调过更新改造，可是出现了不少更新改造其名、新扩建其实的弄虚作假行为，必须严加防范。

2. 加强行业规划，防止和减少重复建设

重复建设的危害，言之已久，而言者谆谆，听者藐藐。曾经流行过一种论调，认为在市场经济体制下，重复建设在所难免，并有促进竞争、优胜劣汰的积极作用。这是误识。竞争要靠有限的买方市场，生产能力略微超过市场需求是一个条件；但是，超过一定的"度"，就会使竞争成本扩大，造成不必要的浪费。西方国家靠市场机制，企业发展考虑及此，有其约束机制。我们目

前还不具备这个条件，但不排斥靠计划指导和宏观调控给以约束。实行行业规划，对能力已经饱和或过剩的行业禁止新扩建，确有必要。过去没有做好，兴起各种"大战"，现已尝到苦果。目前此风又在滋生，近年爆发的"汽车、摩托车大战"，仅其一例。当然，仅凭三令五申，未必有效。过去一种热门产品上几十个项目，无不经过正式批准。业内人说，靠人情、靠关系再加上"烧香"、"进贡"，没有办不成的事情。看来，还得与反腐倡廉相结合。

3. 认真把好投资立项关，重点项目也要鱼贯而进

投资规模失控，投资结构劣化，关键还在投资立项不当。除重复建设外，即使是确实需要发展的产业和产品，也须按照投资程序，慎重立项，有序排队。在投资主体多元化、投资来源多元化和投资决策多元化的情况下，如何做好这项工作，很不容易。拿基础设施来说，从全局看，确实滞后，应当"大上"；但是，也有一个按照需要和可能，分清轻重缓急的问题。如在珠江三角洲，各市（包括县级市）一下子上十几个国际机场，就是世界罕见的怪事；结果肯定是花去大量财物，得不到大效益。对生产性项目，还可以规定立项的基本标准，包括最低的技术水平和最小的能力规模等。

鉴于投资规模过大为盲目建设开了方便之门，所以控制投资规模不仅不会影响发展速度，相反，正是优化投资结构、提高投资效益和实现持续、快速、健康发展的必由之路。如能做到上述各点，就能出现投资增长与经济增长相协调的良好局面。以高投资换取高增长并带来高物价和低效益、低分配，这种粗放型投资方式和粗放型增长方式，大家看得多了。是不是可以转变为以较低的投资增长率获得较快的经济增长率并带来较低的物价、较高的效益呢？应当是可以实现的。从境外的历史经验看，在现代社会化大生产和科技进步条件下，无论在经济发达的市场经济国家

里还是在一些新兴的工业化国家（地区）和发展中国家（地区）里，也无论在经济起飞之前还是之后，都出现过经济增长率普遍高于或逐步趋近于投资增长率的历史倾向，从而使科技进步因素、效率因素在经济发展中的作用日益增强，经济发展的集约化程度不断提高。1965—1980年，新加坡的国民生产总值年均增长率为10%，同期国内投资总额的年均增长率为13.3%；到了1980—1990年，国内生产总值的年均增长率为6.4%，而投资增长率为3.6%。韩国在前一时期，两者的增长率为9.9%和15.9%，后一时期则为9.7%和12.5%。有可能成为"亚洲第五条小龙"的泰国，前一时期为7.3%和8%，后一时期为7.6%和8.7%。而我国1981—1991年平均经济增长率为8.8%，投资增长率却为19.1%，1992年后的差距更是有增无减，是值得警惕的。另一结果是：在我国现有的固定资产存量中，约有1/3处于闲置或利用率不高，而工业系统由于资产使用率提高所增加的净产值占全部新增净产值的"效益贡献率"为20%左右；与此相比，德国等12个发达国家为50%左右，阿根廷等20个发展中国家也在30%上下。这种固定资产增量投入不断扩大而资产存量的利用率低下、技术改造步履迟缓同时并存，正是以外延为主的传统扩大再生产方式的具体反映，出路在于不失时机地尽快实现从粗放型到集约型发展模式的转变，认真处理好经济增长与投资增长之间的适应性关系。[①]为了抓紧转变经济增长方式，实现"九五"计划第一年的宏观调控目标，必须继续调整投资结构以控制投资规模，保持经济的稳定增长。

至于从根本上保证投资增长与经济增长的协调，治理"投资饥渴"的痼疾，则有待于深化投资体制、企业体制和有关体制的改革。

---

① 刘溶沧：《经济增长与投资增长的相关思考》，《经济日报》1993年7月30日。

（五）"九五"要开好头、起好步

"九五"是我国在20世纪末的最后一个五年计划，又是实行两个根本性转变的第一个五年计划。寻找两个转变的切入点，除了前述三条外，在"九五"期间还有很多工作要做，并且不同于过去，必须逐步摆脱长期以来的惯性和惰性，重新开头起步。

首先，正确处理改革、发展、稳定的关系，保持经济、社会、政治的稳定局面。牢牢把握"抓住机遇、深化改革、扩大开放、促进发展、保持稳定"的大局，是17年来特别是近几年实践经验的科学总结，是必须长期坚持的基本方针。稳定是前提，改革是动力，发展是目的。稳定的本质在于不能丧失改革和发展的历史机遇；改革（包括开放）是为促进发展、实现稳定提供体制和机制保证；发展是对改革、稳定效果的最终检验标准。"八五"期间，这三方面都有很大进展，"九五"应当有更大成效。这也是实行两个根本性转变的必要条件和具体途径。

稳定的内容不限于经济，其含义还有促进社会进步、搞好精神文明建设、加强和完善民主和法制建设等，而其基础则是经济稳定。对此，我们没有回避和掩盖前进中的矛盾，恰恰是正视矛盾并通过深化改革、加快发展来克服困难，维护稳定。在过去的1995年和"八五"期间取得巨大成就后，今后要进一步巩固下来。

有人认为，"九五"开始，应当有大作为，跨大步伐。这是感情用事，并非理智决策。回顾过去八个五年计划，除"一五"、"二五"、"三五"开头时上了一批大项目外，从"四五"到"八五"都未上新大项目。每个五年计划伊始究竟可以上多少新项目，要从当时实际情况出发。今后要避免过去那种一哄而上、盲目扩张、导致过热的现象重演。"别人少上，我偏多上"，更是一种不顾大局、有害大局的本位主义、分散主义、地方主义行为，以一时一地的"大干快上"干扰和阻碍长期的、整体的稳定发展，也不利于合理推进深化改革、扩大开放。不搞什么"开门红"，真正实现"软着陆"，才是为"九五"开一个好头。八个五年计划共40年，"四十而不惑"，我们应当理智一些了。

为了使整个"九五"都能在稳定的局面下推进改革和发展，还有必要继续实行财政、金融政策适度从紧的既定方针。我们曾经主张"中性政策"，反对先弛后张和过热过冷，其核心是"微调"和"渐进"。在实践中发现，主要倾向在于始松终紧，所以重点应当是适度从紧，开头就注意防止失控，才是上策。适度从紧是加强和改善宏观调控的客观要求，因为我国的现行体制处于双轨并行阶段，投资膨胀和通货膨胀的压力一直存在。这几年有了抑制，成就还是阶段性的。坚持适度从紧，是为了适度控制社会总需求，努力减少其过度增长引起的物价上涨。对物价的调控，我们认为，"把物价涨幅控制在经济增长率以下就可以了"的提法弹性太大，并且两者之间也不存在直接的内在联系。我们的目标是抑制通货膨胀，不仅是保持低通货膨胀率，更不是承认只要不超过经济增长率就是低通货膨胀率。那样，有可能放松对物价的调控，为主张"通货膨胀无害论"找到另一种理论借口。与其这样，不如确定物价的上限：第一，物价上涨率应当力争低于银行利率，纠正了负利率，有利于抑制信用膨胀，恢复经济运行的正常秩序；第二，鉴于当前价格结构不合理影响产业结构的合理化，有必要留出一定空间，使几年内逐步调整价格结构得以实现。这样做了，通货膨胀得到有效抑制，整个经济形势保持稳定，就为实行两个根本性转变创造了必要的、相应的宏观经济环境，可以坚定地迈出新的步伐。

其次，逐步加大改革力度，重点调整宏观政策。实行两个转变应当尊重规律，循序渐进，分步实施，是一个长过程，要有一个长规划，不能企求一蹴而就、一步到位。但这并不排斥必须抓住机遇，逐步推进，按照主客观条件，力争在"九五"期间有所突破、有所切入和有所前进。以充分准备、从长打算为理由，对可能做的事也犹豫不决，同样是不对的。

判断当前形势，有一种"宏观报喜、微观报忧"的说法，说的是整个经济趋于稳定发展，而企业生产经营状况不尽如人意。对此宏、微观反差现象，存在各种分析。有人认为，这是由于宏、微观目标不一，宏观要稳定，微观要发展；有人认为，这是由于宏观把困难转嫁给微观，包括增加税收、平抑物价、增加摊派、抽紧银根等。也有人认为，先稳定宏观，再搞活微观，有个时滞。我们认为，主要原因还是国有企业的改革迟缓，作为经济骨干的国有企业的活力未得发挥。因此，加大改革力度，加快改革进度，显得格外迫切。当然，企业改革也是系统工程，是项长期任务。但是从1996年起，一方面，抓大放小，首先搞好分层、分步、分类的试点；另一方面，把企业改革与改造、改组和改进经营管理相结合，则是可行、必行的。迈出这一步，再在"九五"期间坚持下去、深化下去，唤醒国有企业的活力，不仅是为体制转变炸掉一个碉堡，也是为经济增长方式的转变奠定必要的微观基础。

除企业改革外，当前在其他领域的改革中也加快了步伐。围绕前述金融、财政的适度从紧，已有一系列的具体政策，例如，发行多种形式的国债，中央银行有了公开市场业务等。可以预料，随着一些金融政策的实施，金融机构渐趋多样化、专业银行渐趋商业化、金融市场渐趋规范化、利率渐趋市场化，以及在开源、节流双向努力后，强化预算约束，严肃财经纪律，中央和地方财政将走出困境、走向振兴。

大家高兴地看到，就在1996年上半年，各部门和各地区先后提出了不少政策措施。其中如调整企业组织结构和培育大型企业集团、增加科技教育投入和调整科教事业结构等，都有相当起色。起好了这一步，继续走下去，实行两个转变的前景将越来越好，道路将越来越宽。

最后，转变政府职能，端正政府行为。作为经济体制改革和政治体制改革的结合部或共同点的政府机构改革，从1995年来逐步推开，一些部门和地方宣布完成。对此，虽有不同评价，有人认为是"越精简、越膨胀"和"换了牌子、未换机制"，说明改革很不平衡和不该放松后续改革，但是总体地说，大家对政府职能和政府机构非改不可的认识是提高了一步，并在某些方面有所触动，值得珍惜。

在此一改革进程中，出现了若干好苗头。有的省市认识到必须修正各级党政领导的"决策偏好系数"，从而端正各级政府行为特别是经济行为。有的地方已在酝酿调整和完善政绩考核标准，认为不该再以产值论英雄，应当围绕两个转变，按照走向集约型增长的要求，进一步淡化以单纯扩大要素投入推动总量扩张的指标，强化以提高投入产出比为核心的效益指标和质量指标，并研究如何做到简明易行。不少地方参照全面实现小康的标准，打算据此考绩，达到正确导向。当然，也有一些亟待改进之处，例如，在某些新闻媒介，片面宣传速度和投资，有甚于宣传和鼓励效益和质量。有人指出，统计部门发布公报，绝大部分仍是数量指标，而对转向集约型增长方式的效益和质量指标依然不多。

最近几个月来，还有一些新举措，例如，清理检查预算外资金、限制各种评比评奖等，从另一角度反映了政府职能和政府行为有所转变。这样做下去，真正把"转变口号"转变为"转变行动"，从"九五"开始实行两个根本性转变就大有希望，伟大的中国将在世纪之交拿出一份新的答卷。

八、转变经济增长方式的基本思路

衡量经济发展，本来要有两把尺子：一是总量，二是结构。过去只拿一把尺子，认为总量增长、规模扩大就是发展。满足于此，往往会片面追求总量扩张，导致结构劣化，甚至总量扩张越快，结构劣化和恶化也越严重。

转变经济增长方式既是经济建设的长期战略任务，又有其紧迫性。"九五"期间，应当切实地把经济工作的着重点放在转变经济增长方式上，力争取得明显成效。也就是说，当前和今后要围绕这个根本性转变来安排各项经济工作，相互协调，形成合力。这是一项庞大的系统工程，涉及经济工作的方方面面，要处理好与各方面的关系，并有一个基本的思路。对此，《建议》和《纲要》都有了明确、充分的考虑和部署。经济工作部门和理论界也有很多策划和思考，使之更具体化。归纳诸多议论，除了上章提到的若干切入点外，这个转变的基本思路也越来越清晰了，关键在于如何组织实施。

（一）认识和处理好几个关系

《建议》在提出实行经济增长方式从粗放型向集约型转变时，谈到要靠经济体制改革，并向四个方面要效益：向结构优化要效益，向规模经济要效益，向科技进步要效益，向科学管理要效益。这又表明，转变的目标是提高效益，区别于过去的速度挂帅。

《纲要》在重申经济增长方式转变要提高经济整体素质和生产要素的配置效率，注重结构优化效益、规模经济效益和科技进步效益后，开列了七条：（1）充分发挥体制改革带来的活力和市场竞争机制的作用，促进优胜劣汰和资源优化配置；（2）充分发挥现有基础的潜力，提高投入产出效益；（3）依靠科技进步和提高劳动者素质，增大科技进步在经济增长中的含量；（4）狠抓资源节约和综合利用，大幅度提高资源利用效率；（5）按照社会化大生产与合理经济规模的要求，优化企业组织结构；（6）加快流通领域改革，提高流通效率；（7）正确运用计划手段和产业政策，促进经济增长方式转变。以上七条中，第（1）、（6）、（7）三条基本上属于改革范畴，其他四条则关系到对现有企业的挖潜改造、产业结构和企业组织结构的优化、科技进步和提高劳动者素质以及节约资源利用和可持续战略等。

为了实现未来15年国民经济和社会发展的奋斗目标，《建议》和《纲要》制定了九条指导方针。其中除明确要保持国民经济持续、快速、健康发展，对两个转变有具体要求外，另如实施科教兴国战略、把加强农业放在发展国民经济的首位、坚定不移地实行对外开放、坚持区域经济协调发展、坚持两个文明一起抓和经济社会协调发展等，也都与经济体制改革和经济增长方式转变有密切的内在联系。

可见，转变经济增长方式不是一项孤立的、单项的工作，而是与所有经济工作都有这样那样的联系。理清这些关系将深化对这一转变的认识，更为推动这一转变的实践所需要。

1. 转变经济增长方式与实施科教兴国战略的关系

实行集约型增长与粗放型增长的区别，集中在效率和效益的提高，并表现为科技贡献份额和劳动生产率的提高。这也是经济增长依靠科技进步和劳动者素质提高的基本标志。所以，转变经济增长方式与实施科教兴国战略是完全一致的，进一步论证了经济与科技、教育必须结合，经济建设必须依靠科学技术，科学技术必须面向经济建设的原则。为此，要增加科技投入，提高科技水平，攀登科技高峰；也要使教育面向现代化、面向世界、面向未来，培养德才兼备的合格人才，提高全体国民素质。在一定意义上，集约型增长方式的形成离不开科技和教育发展的支撑，两者的进程是同步的。

2. 转变经济增长方式与宏观经济管理和调控的关系

转变经济增长方式作为宏观现象，不仅有赖于市场机制的运行和调节，还有赖于对宏观经济的管理和调控，有赖于政府职能和行为的相应转变。其一是分清政府与市场、企业的关系，政府既不代替市场，又不直接干预企业；其二是正确运用财税、金融政策和产业政策等手段，构造良好的市场环境，引导企业转变经营方式，鼓励集约，限制粗放。特别是当前还存在双重体制，新旧脱节，政府做什么和不做什么，正确发挥其管理、调控和引导作用，对转变经济增长方式有举足轻重的影响。

3. 转变经济增长方式与企业改革、改组、改造和加强管理的关系

转变经济增长方式，基础层次在企业。企业不转变经营方式，整个转变就无异于空中楼阁。当前要求企业的"三改"和"一加强"，都必须按照转变经济增长方式的要求，逐步实行集约经营。改革企业制度是转变其经营机制，为走向集约经营唤醒内在动力；改组企业结构、实行规模经营是走向集约经营的组织形式，并增强其经营实力；技术改造更是直接提高企业的技术水平和集约化水平；此外，加强企业的内部管理，同样是集约化的重要内容。做好这些工作要有分类指导，对工商农企业、大中小企业、国有企业和非国有企业、生产经营状况好或差的企业，都要因企业制宜，为宏观经济的整体转变创造广泛和坚实的基础。

4. 转变经济增长方式与实施产业政策和优化产业结构的关系

经济发展，在某种意义上，是一个结构问题。当前产业结构失调或劣化，也是粗放型增长方式所造成的。因此，转变经济增长方式与优化产业结构有内在联系，互为因果。优化产业结构有很多内容，包括一、二、三次产业如何消长，劳动、资金、技

术密集型产业如何配置，基础、主导、支柱产业如何培育以及长线、短线产业如何调整等，也都关系到整个经济的运行效率。进行这些工作，要有正确的产业政策，包括产业结构政策（目标）和产业调整政策（手段），作为宏观经济管理和调控的组成部分。做好这些工作，就能克服当前的种种结构障碍，进而大幅度地提高结构效益。

5. 转变经济增长方式与扩大对外开放的关系

转变经济增长方式能不能关起门来搞？不能。因为封闭使人落后，如果缺乏国际比较和国际评价，即使自以为转变了，实际上却没有缩小与国际的差距，这就不是真正的集约型增长。一定要积极参与国际经济合作和竞争，在充分利用国内资源和国内市场的同时也充分利用国外资源和国外市场，进一步发展开放型经济，提高竞争能力，争取获得尽可能大的国际比较效益，更好地与国际经济互接互补，把开放度扩大到适当的水平，才能实现国际公认的集约化和现代化。当然，与国际接轨，走向经济国际化，也不能离开自力更生为主；在走向自由贸易过程中要有适当保护，而不是把广大的国内市场拱手让人，影响民族工业尤其是稚嫩产业的成长。

6. 转变经济增长方式与区域经济协调发展的关系

作为一个发展不平衡的发展中大国，在经济发展中不能不注意到区域经济发展的各自特点及相互之间的差距，防止差距过于扩大，力争相对协调。各地有各地的起点和强点、弱点，转变有不同的进度和程度。应当是有先有后，有高有低，各扬其长，各补其短或各避其短。近几年来，各地在都有发展中差距有所扩大，缩小差距的呼声很高，值得正视。近期能否缩小，存在不同判断。但是，一定要把区域差距控制在可以承受的范围内，则无异议。粗放和集约，各地不是一个尺度。在共同转变中，实施有利于缓解差距扩大趋势的政策，是必须坚持的原则。

7. 转变经济增长方式与精神文明建设和经济社会协调的关系

转变经济增长方式是物质文明建设的一个关键，与精神文明建设也有联动，无论是科教文建设还是思想道德建设，都不能缺，否则就不利于经济发展。这在近几年来非经济因素对经济发展的正面和负面效应渐次显著的过程中，可得无数例证。另一方面，抓好转变，对抓另一手，同样会有促进。经济发展，与社会发展相关，要使两者共进，防止相互失调。这包括了可持续发展的多种要求，只有在转变经济增长方式中才能获得不断解决。

8. 转变经济增长方式与转变经济体制的关系

两个根本性转变的相关性，前已多处述及，如一个金币的两面，相辅相成。无论是企业、市场和政府，旧体制都与粗放型相联系。通过深化改革，让企业成为市场主体，也是集约经营的主体；培育和完善市场体系，健全市场机制，才能优化资源配置，实行集约型增长；与此同时，不是削弱政府职能，而是要更好地调动、引导、发挥和保护好各方面的积极性。在众多环节上，目前仍存在难点，有待于开阔思路，大胆试验，勇于探索。另一方面，只有转变经济增长方式，实现集约型增长，才能为深化改革提供稳定的宏观经济环境，保证改革的逐步深化和逐步到位。①

增长方式的转变，牵动经济全局，有如纲举目张。以上只是点到主要方面，还待细分缕述，归纳为四节在后。至于两个转变之间的联动，更需另立专章。

（二）利用现有基础 充分挖掘潜力

转变经济增长方式从哪里入手？首先是立足于利用现有基础，充分挖掘潜力。因为经过四十多年的经济建设，摊子已经铺

中国经济的两个根本性转变

---

① 林书香：《转变经济增长方式的几个关系》，《经济日报》1995年12月4日；刘溶沧、马栓友：《转变增长方式要处理好七个关系》，《经济日报》1996年1月15日。

得相当大，可以利用；同时，这些摊子又老了、旧了，应当给以更新改造，才能利用得好。外延、粗放方式与内涵、集约方式的不同，在于前者以铺新摊子为主，越铺越大，不注意更新改造；而后者则着眼于利用现有基础，注意更新改造，充分挖掘其潜力。显然，前者投入大，效益差；后者投入省，效益好。从前一方式转变为后一方式，权衡利弊，一语就能道破，并不深奥。之所以做起来不容易，还是不合理的体制造成不合理的行为和不合理的结果。当前存在的不合理现象：一方面，很多老企业设备老化、产品陈旧，生产能力闲置；另一方面，还在铺新摊子、上新项目，搞低水平的重复建设。转变经济增长方式，这是第一道门槛，花力气较省，收效却较大、较快。这方面的事，有很多要做。

1. 摆正更新改造和上新项目的位置，坚持更新改造为主，能够不上新项目的一律不上

在全部固定资产投资中，更新改造所占比重近年来未有提高，还不到30%，这与发达国家占50%以上相比，粗放倾向十分明显。今后必须严格掌握，除了必要的基础设施、资源开发项目和填补高新技术产业空白的重点工程外，一般不搞新建，而要依托现有企业，通过更新改造，也不排斥区域之间的适当转移，靠近原材料基地和内地市场，达到技术进步和产业升级。这样做，既节省投资，又提高效益。本来，在市场竞争中，具有自我约束机制的企业应当懂得和遵循这个原则；现在所以做不到，则是由于缺乏过硬的预算约束。在企业改革还未解决此问题前，要靠行业规划，尽量发挥行业组织的作用。

2. 在更新改造中，明确目标，集中力量把质量、效益搞上去

过去的更新改造投资中，有一部分属于扩建，目的在增加生产能力。这除了以改造为名"骗取"立项批准外，还是指导思想上的重数量、轻质效所致。其实，现有的多数行业，能力已经有

余或不缺，困难的症结在质效不高。有关资料透露，企业因生产不良品造成的损失，占国民生产总值的一成左右，每年达四五千亿元。因此，更新改造和挖掘潜力，重点不在扩大能力，而要以上质量、上效益、上品种为主要目标，有的放矢，把质效搞上去，把成本降下来。多数还处于困境的企业，或许可以借此解困，获得新生。

3. 结合更新改造，调整地区布局，使老基地焕发青春，新基地加快成长

目前困难大的，并不全在基础较差的内地，一批老工业基地如东北，更是老有老的困境，大有大的难处。所以更新改造，不能画地为牢，而要通盘考虑、全面规划，结合调整地区布局，有利于提高老区、开发新区，并使生产点向资源、市场靠拢。上海对一些传统产业实行产业转移，如纺织业，由于远离原料产地和农村市场，经营面临很多障碍，越撑负荷越重；而把部分纱锭迁去新疆，既支持了内地发展经济，又使上海得以腾出部分厂房和空间发展高新技术产业，两全其美，皆大欢喜。当然，这不是"古董"搬家，把包袱甩给别地，而必须是一种自愿互利的横向联系和合作，增加更新改造的内容，进一步发挥老工业基地的力量。

4. 重视和加强企业管理，努力推行现代化的科学管理

集约化说到底，一靠技术，二靠管理。管理或称管理技术，与设备、工艺等技术一样，都是组成生产力不可缺少的部分，最多只有硬件、软件之别。如果说，当前技术落后已经为大家所了解，那么，管理比技术更落后，或许大家还不了解、更少警觉。这与传统体制漠视管理、近几年来以改代管有关。现在向加强管理挖潜，潜力深厚。科学管理是现代企业制度的内容之一，必须以改革精神来推行现代化管理。管理本身是一门科学，也是一门艺术。实行科学管理，既有以物为对象，包括生产管理、设备管

理、物资管理、销售管理和质量技术管理、财务成本管理等；更有以人为对象，包括劳动管理、工资管理和职业培训管理、生活福利管理，后者的重要性正在迅速地超越前者。在资本主义工业化过程中，集约化的发展，是与强调纪律和服从、讲究严密分工和协作的工厂制度密切联系在一起的。这在社会主义企业，应当更有全心全意依靠工人阶级的政治优势。这些方面的努力，将提高企业管理水平，使质量上档次、出名牌，顺水推舟地提高效益。

5. 以机械、电子和新材料等生产资料工业为重点，在更新改造上先行一步

推行大规模的更新改造，要求生产资料工业优先发展，这是转变经济增长方式的产业保证。这种发展，不该只是数量增长，而必须是质量升级。现在这些行业，就产量讲，不少已有很大规模，在国际上位居前列，但是就质量讲，一般仅在20世纪60—70年代水平，很少达到当代先进程度，难以承担改造提高整个产业体系的重任。特别是提供设备的部门，差距更加明显。所以，更新改造就要以这些部门为重点，武装别人先从武装自己开始。只有这些重要产业的主体技术现代化了，对现有企业的更新改造才能符合集约化的要求，逐步赶上发达国家。

6. 通过利用外资、引进技术来更新改造老企业

挖掘老企业的潜力，在资金不足、技术不高的条件下，除依靠自己努力外，利用外资、引进技术也是重要来源。近几年来，部分企业通过与外资"嫁接"，获得不同成效。引起议论的：一是拿出什么企业去合作？差的如丑女，嫁不出去；靓女困难不大，无须先嫁。二是一些难题如何解决？推给人家，人家不愿接受；留给自己，难题仍然遗留。三是合作怎样做到利益均沾？例如，名牌被买断，让洋货直入，是否是一种文化殖民主义？对此，都要有所筹措，以免肥水外流过多。

利用现有基础，潜力很大，但是难度不小，主要是体制和机制问题。所以，出路也在深化改革。现在老企业包袱重，形成更新改造不如新扩建的格局。例如，一些企业负债率过高、冗员过多，进行更新改造要花大量投资，而由此带来的效益增量却不能让企业享有；即使是负债不高、收益也大的企业，由于原有固定资产存量过大，更新改造的边际效益并不足以把整个企业的资本利润率提高到社会平均水平，这都使企业自己和外部投资者缺乏热情。至于在宏观环境较紧的近期，各方投资需求大而供给不够，老企业对资本的吸引力更不如新建企业。这些，都有待于政策创新，在企业改革、改组中采取适当办法，建立起老企业挖掘潜力的利益导向机制，才能促进此项工作的顺利开展。

（三）优化产业结构 培育规模经济

衡量经济发展，本来要有两把尺子：一是总量，二是结构。过去只拿一把尺子，认为总量增长、规模扩大就是发展。满足于此，往往会片面追求总量扩张，导致结构劣化。甚至总量扩张越快，结构劣化和恶化也越严重。几次起伏都有一个比例失调问题，这就是证明。这几年的快速发展，有所注意，强调了农业和能源、交通等基础产业，但是从总体看，矛盾还未根本解决。

当前产业结构的不合理，表现也是多方面的：（1）一、二、三次产业结构不尽协调。以农业为主体的第一产业相对薄弱，第三产业始终滞后，其他基础产业也不超前，突出的是以工业为主体的"二产偏好"，所占比重高于任何发达国家和发展中国家。（2）在工业结构中，除产品结构不能适应市场需求及其变化外，高科技产业所占比重过小。传统的支柱产业逐步退化，新的主导产业形成不快，以致整个产业结构缺乏高度化特征。（3）企业结构松散。"大而全""小而全"和"小而散""小而低"长期没有扭转，组织程度低，没有形成规模经济。

（4）区域布局不合理。地区分工不明，结构趋同普遍，引发各种资源和市场的争夺战。此外，按照劳动、资金、技术密集程度分，产业结构也是粗放型为大宗。与此形成强烈对照的是一个"乱"字，如彩色电视机生产，技术不算过于落后，也合乎市场需求，但是全国有一百多条生产线，设备能力超过社会购买力一倍以上；另如电冰箱仅杭州一市就曾上了68家，汽车全国有整机一百四十多家、改装六百多家，而90%以上年产量不到3000辆，人均劳动生产率只及日本、美国的1/50。这都反映了总量与结构和质效的巨大反差。

调整和优化产业结构是转变经济增长方式的重中之重。为此，对经济增长，有必要建立和强化结构意识。经济学界有以钱纳里为代表的结构主义学派，对经济增长的诸多因素加上了结构因素，强调资源自低生产率部门向较高生产水平部门的转移，规模经济和边干边学，内外部"瓶颈"减少等。这切合发展中国家的实际。现代经济增长的历史表明，经济总量的高增长率总是和产业结构的高变动率联系在一起。产业革命以来，工业化国家在经济高速增长的同时，产业结构也有了实质性变化，传统部门与现代部门之间的相对比重迅速消长。日本在第二次世界大战以后，面对劳动、资本和自然资源匮乏的困难，之所以能在较短期间获得飞速发展，重要原因是充分发挥了结构调整对经济增长的作用。我国当前进入了经济发展的新阶段，从粗放为主到集约化，不仅要重视要素投入和数量增长，更要遵循产业发展的顺序规律，不失时机地推动产业结构的调整和重组，以此作为"关节点"，在结构优化中提高效益和质量，保持健康的增长速度。这里有几个问题可供讨论。

1. 调整和优化产业结构的方向和目标

这在《纲要》内已有具体规划，总的要求是："通过市场机制和国家宏观调控的作用，重点加强农业、水利、能源、交通、通信。同时，振兴支柱产业，发展高技术产业，调整提高轻纺工业，积极开拓第三产业，促进国民经济全面发展。"具体地讲有以下几点。

（1）切实加强农业，全面发展和繁荣农村经济。目标主要有两点：一是保证粮棉油等基本农产品稳定增长，粮食产量达到一个新水平，带动林牧渔副等多种经营相应发展，以适应和满足经济发展和人民生活不断增长的需要；二是通过逐步缩小工农业产品价格的"剪刀差"，力争农民收入较快增加，生活达到小康水平，逐步缩小工农差别和城乡差别，巩固工农联盟。为此，必须采取一系列的有效对策，重要的一条是农业本身也要转变增长方式，推进集约化和现代化。这些，过去多次强调，今后贵在落实。

（2）继续加强基础设施和基础工业。这包括了电力、煤炭和石油、天然气等能源工业，铁路、公路、港口和航运、民航以及管道等交通运输业，邮电通信，以及钢铁、有色金属和化学等原材料工业。合理的结构，要求这些产业有一定的超前度，我国目前还是"瓶颈"状态，有待进一步缓解。为此，要统筹规划，合理布局，突出重点，兼顾一般，集中力量建设一批重点骨干工程，避免盲目发展和重复建设。鉴于我国人均资源不丰而当前消耗定额高、损失浪费大，还必须增建、增产与节约并重，对各行各业要有高新技术的投入，力争这些部门的集约化进度更快一些、程度更高一些。

（3）振兴支柱产业和调整提高轻纺工业。支柱产业的选择要按照经济发展的阶段演进而有转移。大家认为，我国现在也处于从轻纺、制造业为主走向重化工为主的转轨时期，同时随着世界性技术进步的潮流又有时代特征。现在择定以机械、电子、石油化工、汽车、建材等工业和建筑业为支柱，具体产品的品种、质量要逐步达到世界20世纪90年代的水平，才能支撑整个经济的集约化和现代化。另一方面，从实际出发，目标应有限，并注意择优，重点突破，不断提高技术水平，发挥支柱作用。对轻纺工业，当前不无困难，一度有人认为是"夕阳行业"，那是误识。人民群众总要吃、穿、用，水平总要提高，有些国家可以视其为"夕阳"，但在我们这样一个大国，有十几亿人口的大市场，始终有广阔前途，问题是要调整、改造、提高，有的要重振雄风，通过大力开发新产品，提高产品的质量、档次和加工深度，建立和发挥自己的优势，在国内外市场就有足够的竞争力，就能长盛不衰。

（4）积极发展第三产业。三次产业的比重大小，在某种意义上标志着产业结构的发达程度。我国当前不仅与发达国家相差甚远，也落后于某些发展中国家。这对第一、第二产业的增长和升级，形成一种制约。第三产业包含很广，传统的是商业和生活服务业，新兴的有信息、咨询、技术、旅游、会计和法律服务等，还有正在迅速壮大的金融、保险和房地产业，这些都对促进生产、改善生活和发展市场经济承担不同功能。在三次产业的发展次序上，几年来已从"二、一、三"逐步走向"二、三、一"，在什么时候可以进一步走向"三、二、一"进而在结构比重上也达到"三、二、一"，是饶有兴趣的新课题，同时关系到经济增长方式的转变进程。

产业结构的扭曲是经济发展中的深层次矛盾，是粗放型增长的结果，它会导致高投入、高消耗和低产出、低质量、低效益，最终会阻碍经济增长。如何打破这个不良循环，煞费斟酌。有人认为，根据我国的资源结构特点，如何处理好劳动力和资本、技术之间的丰瘠余缺关系，十分重要。有人指出，看了各地的中长期规划纲要，至少在沿海地区，多数省、市择定和着手建立的支柱产业不外是机械、电子、石化、汽车和生物工程等，有可能在更大范围和更高层次上形成新的产业结构雷同化，应当从部门间分工细化为部门内分工即产品分工，并对热门产品如汽车、乙烯甚至钢铁加以限制，强调相互协作，才能有效地实现产业结构的优化和增长方式的转变。

2. 培育规模经济，组建企业集团

调整和优化产业结构，还要有恰当的组织形式，这指企业组织结构，讲究的是规模经济。市场经济是竞争经济，在竞争中，小企业往往处于下风。于是，一些企业联合起来，一些小企业被大中型企业兼并，出现了规模较大的企业和联合经济。这符合生产社会化的要求，也符合一些产品和行业的生产技术特点。因为在一定的限度内，企业的规模越大，生产要素的集中程度越高，也就越能实行合理的分工和专业化，采用较高效率的大型设备，并把通过市场的外部关系转化为企业或企业集团的内部关系，降低单位产品的成本，增强其市场竞争力，这就是规模经济或规模经营产生的规模效率和规模效益。马克思说协作可以创造新的生产力，西方经济学说规模经济可以节约交易成本，两者的道理是相通的。

我国过去实行外延为主的经济增长方式，又一特点是"小而全"和"小而散"，培育了一大批小型企业。这是由于条块分割，资产存量难以重组，资产增量难以集中，使企业规模普遍小型化。人们欣赏小型企业的灵活性，所谓"船小好掉头"。同时发现，企业规模小，组织分散，必然是开发能力弱、经营成本高，经济效益不好。20世纪60年代初曾经试搞托拉斯，这是一种可贵的探索。20世纪80年代以来提倡横向联合，有的部门和地区从企业联合到组建企业集团，取得了好成效。

实践证明，组建企业集团不仅可以推行专业化协作，在较大范围内实现生产要素的优化组合和资源的优化配置；可以做到企业之间的优势互补，提高现有资产的利用效率；可以实现生产、营销和科技的结合，加强科技开发，获得科技进步；还可以实现不投入或少投入而多产出，提高经济效益。发展企业集团，不仅是一种改革，也有利于开放，并且本身又是一种结构的调整和优化，进而体现了从粗放型向集约型的转变。但是也要看到，我国现有的企业集团，总体规模不大，覆盖面不广，在企业体系中所占比重不高，也未充分发挥其规模效应。因此，转变经济增长方式要把进一步培育规模经济和组建企业集团纳入中长期规划，力争能尽快有明显进展。根据各地的初步体会，可以有多种考虑。

（1）组建大型企业集团，譬喻为"航空母舰"，是规模经济的中坚力量。这些企业集团，主要分布在重化工行业，包括煤炭、电力、石油和石油化工以及机械、电子、汽车等，也有纺织、轻工。多数以一种重要产品为中心，一个或几个大型企业为"龙头"，以资产为纽带，组成股份有限公司，形成紧密层、半紧密层和协作层（松散层）等多层次的结构。这些企业集团规模大，在本行业占相当比重，在全国100家大企业中名列前茅。经营业绩也较好，一般具有自我积累、自我发展的能力，成为现代生产力的强大依托。

（2）同类或相关企业之间的专业化协作，譬喻为"联合舰队"，在规模经济中相当广泛。有的以企业集团命名，有的组成股份有限公司。大致可分两类：一是垂直协作，如机械、电子行业从零部件到总装；二是水平协作，如一批纺织、服装和家用电器厂联合起来。这些协作，规模不等，形式多样，一般是相对固定，对开发和优化产品结构、统一采购、统一销售以及避免过度竞争，都有一定作用。近年来，通过协作，进而加强其紧密度，初步盘活了资产存量，也解困了一些企业。

（3）大量的中小型企业，除靠拢企业集团走"小而联"的道路外，有的走"小而专"、"小而精"的道路，焕发了活力，譬喻为"快艇"，同样可以驶向大海，迎击风浪。我国在现阶段，中小型企业还占多数，也不可能全部转变为规模经营，必须继续发挥其积极性和积极作用，不能强调了规模经济就把中小企业甩在一边。这有利于规模经济的适当柔性化，也是现代企业集团发展中出现的新趋势。

规模经济，上面讲的主要是工业。另外，建筑、运输和商业等也有一个规模化的问题，不少组成大型企业集团，商业发展为连锁商店、连锁超市等，都形成了新的优势。农业同样有耕地适度规模经营的问题，形式多样，是实行联产承包经营责任制后的第二次飞跃。还有农工商联合体，把生产与营销，种植、养殖和加工以及国内贸易和国际贸易组成一体，形式多种多样。

培育规模经济和组建企业集团，也是一种体制改革和结构优化，应当依靠市场机制来催化，同时不排斥政府的政策引导。当前存在的问题是传统的条块分割行政体制，限制了企业之间的跨部门、跨地区联合。过去曾经保留"三不变"（产权系统不变、行政主管系统不变、财务预算系统不变），有当时的主客观条件，后来成了组建和发展企业集团的障碍。带来的结果是很多企业集团只在部门内、系统内和市、县范围内组建，规模过小；还有少数企业集团出于行政的"拉郎配"，目的是让好企业为困难企业"扶贫"，都不能收到规模效益。这都要经过深化改革来解决，使发展规模经济真正成为有效的集约化手段。

3. 制定和实施促进集约化的产业政策

调整和优化产业结构，包括发展规模经济，既要发挥市场机制的作用，又要有政府引导，表现为制定和实施一定的产业政策。这项工作不自今日始，但是把产业政策与转变经济增长方式联系起来，具有新的意义。围绕此一要求，下列诸点值得研讨。

（1）产业政策是宏观调控的重要部分。原来有一种观点，宏观调控主要是调控总量，结构调整靠市场调节。看来，产业政策由政府制定和实施，不该认为是宏观调控范围外的另一职能。如果肯定调控总量和调整结构不能截然分开，那么，产业政策就

中国经济的两个根本性转变

167

应当是宏观调控的重要部分。也可以说，产业政策与财政税收政策、货币金融政策一起，都是宏观调控的重要手段。明确这点，宏观调控的任务就是既调控总量，又调整结构。

（2）产业政策与市场机制的互补和相辅相成。另有一种观点，结构调整靠市场调节，产业政策的作用有限；或者说，产业政策主要只是弥补市场的不足。这也许低估了产业政策的功能。诚然，随着市场经济体制的建立，市场调节产业结构的作用将更加明显；但是这不能代替或取消产业政策，正如市场经济不能没有宏观调控一样，两者是一体，不是两大块。另一方面，产业政策必须顺应市场机制，而随着市场机制的日益健全，产业政策引导产业结构优化的作用也将更加有效。

（3）产业政策的重点。产业是一个总体概念，对各行各业无所不包。但是作为对各种产业发展和调整的一项基本政策，不能不有所倾斜。重点大致有：①外部性强（指市场作用弱）的基础设施和基础产业，包括农业、能源、交通和科教文等，不以赢利为目的，更多地依靠政府支持；②经济社会发展中出现的薄弱环节，这在不同时期有不同"瓶颈"，仅靠市场导向会旷日持久，有待产业政策给以扶持；③新兴产业，特别是新兴的高科技产业和新兴的第三产业，自然增长也有困难，更是产业政策要扶持的重中之重。至于赢利性产业，确实可以更多地在市场竞争中吸纳生产要素而得以成长。

（4）产业政策的落脚点。以某一产业或行业为重点，落脚点又在何方？应当在企业，特别是优势企业，要大力扶持其壮大。所谓"抓大"，除抓其改革外，还有政策上的解困。优势企业与困难企业，在一定时期是相互排斥的；从长远看，有的却是兼而有之，要为优势企业解困，解了困更见优势。

（5）产业政策的手段和方法。产业政策是宏观调控的重要手段，产业政策本身又不能没有手段，除了与财政、金融政策相配合，把投资增量引向重点产业外，更重要的是盘活资产存量，进行资产重组。当前有部分企业经营困难，相当数量的资产存量不能发挥作用；又有一批企业可以进一步扩大规模，但因得不到足够投入而陷于另一种困境。产业政策正是要为这两方面解决问题。这是产业政策不同于其他宏观政策的又一特点。

（6）产业政策的区域化。这是一个老问题。有人认为，全国应当只有一个产业政策，有了区域产业政策就会使全国的产业政策走样。其实，以中国之大，一个大框框套下来，对发达程度、资源条件和区位不同的地区，有必要结合当地当时情况使之具体化。否则，可能脱离不同的实际，也可能导致区域结构雷同。

谈到产业政策，列上议事日程至少有10年了。产业结构的未能优化，与产业政策的未能落实，不无关系。转变经济增长方式，体现在产业结构上，就是要更好地运用产业政策，现在到了引起加倍重视和付出加倍努力的时候。

（四）依靠科技进步 落实科教兴国

粗放型和集约型的区别，一个重要标志在于是否依靠和实现科技进步。经济发展如果不提高科技水平，那就是粗放型增长。过去提出转移到依靠科技进步和提高劳动者素质的轨道上来，含有转变经济增长方式的意思。实施科教兴国战略，进一步明确了科学、教育与经济发展的关系。这在世界各国，有其共性。有的国家曾经标榜"贸易立国"或别的战略，但是最后，只有走上依靠科技、发展科技的道路，才能逐步发达起来。随着科技对经济的影响越来越大，国际市场的竞争越来越是科技的竞争，任何一个国家或地区如果不在科技上迎接挑战、奋起直追，就会在经济上落后。而落后，是要挨打的。

应当肯定，我国是重视科学技术的。特别是在邓小平提出

"科学技术是第一生产力"的著名论断后，科学技术有了很大进步。仅以高科技的发展及其产业化看，就取得了一系列成就，建立了一批高技术研究和开发基地，培养、造就了新一代高技术研究开发队伍，突破了一大批重大关键技术，获得了一批具有国际水平的成果，建立了一批自己的高技术产业，提高了中国高技术研究开发水平，探索出了一条适合中国国情的高技术发展道路，使中国在国际高技术舞台上占有一席之地。这是推动经济发展的重大力量，也可以认为，经济增长方式从此有了初步转变。

但是应当承认，此一转变只是开始，依靠科技还很不够，科技水平还很不高。据对一些重点企业设备状况的调查，达到或接近同期国际水平的只占15%，属于国内先进水平的约占25%，有近2/3的设备即使按国内标准衡量也属于一般的、落后的水平。在国有企业中，拥有自动化、半自动化生产线的只占2.5%。拿提供装备的基础机械工业看，机床工业整体状况相当于国外20世纪70年代水平，国内生产的主要是低档普通机床，技术含量高的绝大部分依赖进口。拿代表尖端技术的电脑和计算机工业看，差距更大，关键性的元器件和高水平的整机也主要依赖进口。这是我国经济增长的质量和效益都不够理想也不如人的根本原因。正如有人指出："建立在落后技术基础上的快速发展，不可能是持续、健康的发展。不能依据现有的技术水平去算账，这个账算出来是'面多了加水，水多了加面'，规模很大，投入很大，产出很少，效益很低，最后就会导致财政金融崩溃。"

可见，转变经济增长方式，转到依靠科技进步、实施科教兴国战略，确是迫在眉睫。广而言之，利用现有基础和充分挖掘潜力，优化产业结构和培育规模经济，以及狠抓资源节约和开展综合利用，也都有赖于科技进步，离不开科教兴国。因为没有先进技术，就不可能对老企业进行有效的更新改造，不可能培育高技术产业并达到规模经济，也不可能降低资源消耗率和提高其利用率。

实施科教兴国战略,在《纲要》中列有专章。首先是加速科学技术进步,对统筹规划科技发展和经济建设提出三条:一是适应市场需求,强化技术开发和产品开发,加速科技成果商品化、产业化进程;二是积极发展高技术及其产业;三是加强基础性科学研究,瞄准世界科学前沿,重点攻关,力争在我国具有优势的领域中有重大突破。具体地说,列出五个方面:(1)加强农业科学研究和技术开发,注重高技术和常规技术的结合,加快推广成熟适用的先进技术。(2)提高产业技术开发创新能力,加大产品开发力度。(3)积极发展高技术及其产业。(4)加强社会发展重点领域的科学研究和技术开发。(5)加强基础性科学研究和科研基础设施建设。而为了实现这些任务,就要加大科技体制改革力度,加快改革和建立科研、开发、生产、营销紧密结合的机制。以上这几个方面,针对经济和社会发展的各个领域并突出了农业,体现了应用研究和基础研究并重而以开发为重点,既注重高技术又不忽视常规技术,是全面、系统的,也是实事求是的,符合基本国情。按此计划去执行,就能推动经济增长方式的转变。现在的问题是目标和措施都已清晰,贵在落实。根据实行集约型增长的要求,有几个问题应当重视。

1. 大力发展高科技

科技竞争,归根结底是高科技的竞争,谁掌握高科技、占领制高点,谁就能获得高质量和高效益,在国内外市场竞争中取胜。高科技对经济和社会发展的推动作用非一般技术所能相比。在农业生物技术领域中,如我国首创的两系法杂交水稻,比目前广泛种植的三系稻又增产一成,并且制种简单、米质也好,推广很快;将抗病、抗虫基因导入小麦、棉花和马铃薯等作物,也显著增产,并减少了农药使用量。当代最尖端的高科技是计算机软硬件和网络等电子技术,不仅本身是一大产业,并将引起几乎所有产业的技术创新，以至于有人把此一产业称第四产业，认为继工业社会之后的将是信息社会。美国把"信息高速公路"列为科技发展的首位，有其战略眼光。我国要不要发展信息产业基础设施，有人曾持怀疑态度，理由是基础差、花钱多。殊不知这是高科技的第一生长点，越是基础差，越要及早抓，才能逐步缩小差距；否则，一步落后，步步落后，将来再赶就更难了。至于花钱多，这要看应当把钱花在哪里，搞高速公路不是花钱也多吗？搞信息高速公路，着眼长远，其作用和影响绝不亚于高速公路。

2. 选准重点有计划

高科技的特点是技术密集、资金密集、知识密集，风险高，竞争激烈，进展迅猛，难度很大。我国的经济和科技实力有限，追求所有的高、精、尖技术是不现实的，应当量力而行，突出重点，按照发展目标，选准一批有基础、有优势、国力可以保证、一旦突破能够对经济社会有重大推动的项目，集中力量，大力协同，重点攻关，完成了就将跃居世界前沿。为此，要统一部署，制定计划，精心设计，付诸实施。邓小平10年前亲自倡导的"863计划"，就是这样的安排，现已成为我国发展高科技的旗帜，其意义和成就有目共睹。《纲要》列出电子信息、生物、新材料、新能源、航空、航天、海洋等方面，进而明确重点，如铁路高速客运和重载技术，亚微米集成电路和8英寸硅单晶制造技术，交通、电力、制造业及第三产业的电子自动化技术等，是可行的。当然，不能靠一个计划解决全部问题，要与其他方面相配合，促进整个经济发展由粗放型向集约型转变。

3. 狠抓科技转化为生产力

从科学、技术到生产、发展，研究、开发只是第一步，把成果转化为生产力，有一个客观的过程，包括研制、设计、出样品或样机，从中间试验或小批生产进一步到建立有一定经济规模的生产和相应的经营管理、销售服务，真正成为具有使用价值和经济效益的社会生产力，有许多环节，要做大量具体的转化工作。例如，解决经济规模生产的工艺问题，也要经过设计、制造、调试，达到在性能、质量、成本等方面确实胜过也在不断改进的老产品，才能进入和占领市场。实现这个转化，既有组织问题如"产学研"（产业部门和大专院校、科研机构）的结合，要素问题如资金的筹集和原材料、元器件、设备的购置，又有体制问题如企业的搞活和技术市场的完善，政策问题如从各方面给以鼓励，等等。特别是如何解决部门、企业与科研机构（含大专院校）的脱节，或者由企业办科研，要理顺关系，排除障碍；如何发挥政府的积极作用，运用市场机制，为科研成果的商品化、市场化设置通道，要转变职能，克服某些惯性。这里，重要的是要深化改革，从各方面给予热情支持而不是冷淡或刁难，才能实现高科技的产业化，建立高科技产业，也就是促进经济增长方式的集约化。

4. 自主创新和引进吸收

鉴于与发达国家和国际水平存在相当差距，发展高科技和实现产业化，仅靠关起门来自己搞，一切从头做起，必然是投入大、进度慢，不能适应经济社会发展的迫切需要。实行对外开放，通过引进技术，从成套设备、关键设备到专利和人才，进而消化、吸收，这是一条捷径。17年来，"以市场换技术"，在进口贸易中逐步增加技术贸易，办了一批技术比较先进的"三资"企业，对于我们提高技术和管理水平，其作用和成效不容低估。今后，还要继续奉行"拿来主义"。但是也要看到，仅靠引进吸收有很大局限，因为最先进的科技是买不到的，发达国家和跨国公司都不会轻易出让，有的早已宣布要保留10~15年的技术差距。所以，一定要始终突出自主创新，在引进的同时，把主要力量放在走自己的路上。这是一个民族进步的灵魂，也是国家兴旺发达的不竭动力。只有不断提高自主创新能力，才可望真正缩小差距，甚至在某些方面有所超越，并减少对引进的仰赖，不至于永远跟在别人后面追赶而不及。努力创造和掌握自己的知识产权，建设强大的民族高科技产业，这是关系到国家强盛和经济繁荣的重大战略，也是实行经济增长集约化的重要途径。

5. 提高与普及并重

强调和突出高科技，绝不意味着可以忽视或放弃中间技术和传统技术。我国当前的各产业部门存在多层次的技术结构，源自不同部门、不同地区的不同条件。我们不该要求所有部门和地区齐步前进，一起达到最先进的技术尖端。从不同水平出发，利用不同条件，分别不同要求，逐步提高其科技水平，也是在整体上推动着向集约化增长方式的转变。以农业和农村为主要对象的"星火计划"、"丰收计划"和"燎原计划"，就是一个成功的模式。10年来，通过实施一系列的"星火"项目，开发实用技术，建设"星火"技术密集区，培育区域性支柱产业，培训农民科技骨干，使科学技术下乡、进村、入户，转化为现实生产力，给农村经济注入了活力，为广大农民带来了实惠，创造了巨大的经济效益和社会效益，推动了农业和农村经济的集约化。据统计，到1994年，全国共组织实施"星火"项目5.8万个，覆盖85%以上的县（市），仅1994年产值就达1700亿元，实现利税370亿元，创节汇10多亿美元。[①]其中如推广大面积粮食增产综合技术和积极调整肥料结构、推行优化配方施肥技术，就对粮食增产有很大促进。又如向乡镇企业推行科技开发，仅1995年增加值就达到1万多亿元，并引导农村三次产业上规模、上档次、上水平、上效益，体现了经济增长方式的转变。"九五"期间，"星火计划"还要向深度、广度和高度发展，并提高集成度和开放度，取得更大成效。此外，还要大力普及科学知识，积极开展各种形式

---

① 韩德乾：《"星火"世纪之旅：产值五千亿》，《人民日报》1996年3月6日。

的科普活动，提高全民族的科学文化素质，也是为提高科学技术和实行集约型增长打好群众基础。

6. 增加科技投入

发展科学技术、实行科技进步、增加科技投入是必要对策。目前，我国科技投入占国民生产总值的比重只有0.5%~0.7%，比发达国家的2%~3%和发展中国家的1.5%左右要低，其结果是科技进步对经济增长的贡献份额偏低，成为粗放型增长方式的桎梏。转变增长方式，就要增加科技投入。钱从何来？要扩大渠道，除必要的财政拨款外，还可以通过银行贷款、企业自筹、社会集资和引进外资等多方筹措。应当深信，只要用之得当，科技投入的回报率高于其他投入，并有较强的吸纳力，问题在于理顺体制、调整政策。

发展科学技术，走经济技术一体化之路，还要有人，必须培养大批人才，提高劳动者素质。因此，大力发展教育事业，已成为实施科教兴国战略的又一重要内容。

发展经济，科技是本；发展科技，教育是本。随着经济发展的阶段嬗递，教育所起的作用越来越大。如果说，粗放型增长以劳动密集型产业为基础，那么，集约型增长就以知识和技术密集型产业为主导。有人认为，人类的社会经济发展史，在某种意义上，最先形成的农业经济是主要取决于劳动力的劳动经济，继之而起的工业经济是主要取决于自然资源的资源经济；面临目前的新技术革命，正在兴起的就是主要取决于智力的智力经济。西方的古典经济学只承认劳动力、土地和资本是生产要素，20世纪80年代以来的新增长理论则把智力肯定为比上述三种更重要的生产要素。按照这种理论，智力开发比自然资源开发更加重要，智力投资比物力投资的效益更好，人力资本也取代有形资本成为经济增长最有决定性的生产要素。有人用这种理论作实证调查，认为穷国赶不上富国的原因不是缺乏有形资本，而是缺乏人力资本，教育不发达，人才不足，劳动者素质低。第二次世界大战后，德国和日本为什么能够以如此神奇的速度恢复并超越那些没有受到彻底摧毁的国家？在许多解释中，经济学家如贝克尔认为，主要是因为这两个国家的人力资本没有被摧毁，知识保存了下来，所以一个马歇尔计划，资金到位，马上就能把知识转化为经济力量。

我们对教育重要性的认识是在实践中逐步深化的，于是把教育作为发展战略的重点事业。经过十多年的努力，教育事业发展得快。但是，现在从总体看，仍旧滞后于经济社会发展的需要。《纲要》对发展教育，强调了"优先"两字，含义深刻。根据经济增长集约化的要求，有几个问题应当重视。

（1）大力加强基础教育，这是提高国民素质的奠基工程。到20世纪末的目标是"两基"：基本普及九年义务教育，小学学龄儿童入学率达到99%以上；基本扫除青壮年文盲，青壮年文盲率降低到5%左右。实现这个目标，关系到两个文明建设的未来进程，关系到经济发展的集约化程度，也关系到第二、第三步战略目标的实现。有了这个基础，才有可能发展其他教育事业，培育多层次的各类人才。

（2）大力发展职业教育和成人教育，这是提高劳动者素质的对策。过去的教育，在某种程度上，带有"应试教育"的倾向，中小学毕业生有一定的文化知识，却往往缺乏职业技能。为此，要大力发展职业教育和成人教育，重点在初中后的中等职业教育，培养合格的劳动者，适应经济发展集约化的需要。从"应试教育"转向"素质教育"，不仅是掌握劳动技能，更要在德、智、体等方面得到全面协调的发展。

（3）适当发展高等教育，优化教育结构。在普及基础教育的基础上培养多层次的人才特别是德才兼备的高级人才，更是发展高技术不可缺少的条件。这里，既有数量目标，要培养"大批"，又不能片面追求数量，更要注意提高质量。优化教育结构，包括适度扩大专业教育规模，调整本、专科专业结构，促进各类高等学校的分工等，力争与产业结构的发展趋势相一致。

（4）增加对教育事业的投入。这是一个呼吁已久而在逐步改善的问题，但是还待进一步解决和达标。对策是加快教育体制改革，逐步形成政府办学为主和社会各界参与办学的新体制；并提倡多种形式的联合办学，优化配置和充分利用现有教育资源。经过大规模的智力投资，教育事业有一个大发展，把经济发展转到依靠科技进步和提高质效的轨道上来也就有了相应的智力支撑。

（五）狠抓资源节约 开展综合利用

粗放型和集约型的另一个区别，在于对生产要素和资源的利用效率。粗放型的资源利用效率低，受到资源制约，近期出现"瓶颈"，远期难以为继。只有转变到科技进步和节约资源的轨道上来，提高资源利用效率，才能实现可持续发展。这也是必须走集约化道路的重要原因。

《纲要》把"科教兴国"和"可持续发展"相提并论为两大战略，吸收了《1996—2010年全国社会发展纲要》和《中国21世纪议程》的主要内容，与历次中长期规（计）划比，这些方面显得异常突出。江泽民指出，"我国耕地、水和矿产等重要资源的人均占有量都比较低。今后随着人口增加和经济发展，对资源总量的需求更多，环境保护的难度更大"；"要根据我国国情，选择有利于节约资源和保护环境的产业结构和消费方式。坚持资源开发和节约并举，克服各种浪费现象。综合利用资源，加强污染治理。"《纲要》提出要依法保护并合理开发土地、水、森林、草原和海洋资源，完善自然资源有偿使用制度和价格体系，逐步建立资源更新的经济补偿机制。资源的合理开发和节约利用，两方面都不能偏废，这与保护生态、环境也是完全一致的。长期以来的粗放型增长，造成很多损失浪费，留下很多后患，应当通过经济增长方式的转变，给以纠正、制止和治理、补救。

1. 合理开发和节约利用土地

作为一个农业大国，土地尤其耕地是最根本的生产资料。当前的问题不仅是久已存在的人多地少，更在于继续发生的人增地减。新中国成立以来，人口翻了不止一番，加上耕地、草原、森林、湖泊等面积有不同程度的变化，人均占有耕地量在不断下降。有的地区，按县、乡、村计，人均耕地不到半亩，形势是严峻的。之所以如此，有的属于难免，如建工厂、筑公路、建住宅和其他用房以及各种非工业用地；但是也有可免的滥用，如早圈迟用、多圈少用甚至圈而不用，使大量高产良田被占或抛荒。据有关资料，闲置土地约占计划征地的1/4，每年以百万亩计。大家屡次提到：一是工厂用地不按标准或无标准可依，厂区过大、厂房过宽，有的搞什么"花园工厂"，华而不实。这在乡镇企业更是突出，有人据此对发展乡镇企业持保留态度，不妨从中得到警戒。二是农民住房失控。在经济发展快的地区，农民居住条件逐步改善，本来无可厚非，只是宅基地控制不严，发展至"别墅式"，占地就太多了，尤以基层干部为甚，几番查处都不了了之。三是这几年办开发区，从省到市、县甚至乡镇都有大片规划，往往圈得多、用得少，开而不发。就是已经利用的，也是面积过大、楼层过低。另外，公路、道路建设这几年发展快，原是好事，但也有不珍惜土地的，如一个县级市的公路宽至60米以上，过路车辆有限，至少是太早了。这在城市，则表现在扩充过快，老城区未得改造利用，新城区迅速膨胀，增长幅度大大超过了人口，不尽合理。此外，草原、森林、湖泊和山岭、丘陵也有保护不善的情况，以致水土流失，污染严重，生态系统受到破坏。

出现这些后果，原因有多方面。首先是对土地资源的稀缺性缺乏基本认识；其次是机制落后，一直强调不是商品，实行无偿使用，必然使用不当；最后是法律不严，在制定法规后，仍旧难以监管。解决的办法要从宣传教育入手，大造舆论，并通过改革，健全法制，才能做到在合理开发（如改造沙漠、利用海洋）的同时，更加注意节约使用、盘活存量、持续保护，为子孙留下一片沃土、一片绿地、一片青山、一片蓝天。集约化要集约利用土地，不是一个古典命题，而是至今更有时代意义，宏观微观俱然。

2. 保护水资源和强化节水

1996年3月22日是第四届"世界水日"，各地报刊发表了一批资料，给人们以很大震动。水是生命的源泉，是人类生存的命脉。从水资源的总量看，我国居世界第6位，并不算少，但被人口一除，就少得可怜。加上布局因素和质量因素，原来我国竟是一个干旱缺水严重的国家。全国有18个省、市、区缺水，其中北方9个省区的人均年占有量低于500立方米；600多座城市有1/2左右缺水，其中严重缺水的超过100个。干旱缺水，供需矛盾突出，已经成为制约工农业生产和城市发展甚至影响人民生活的一个大问题。农业的自然灾害中，以旱灾影响最大，20世纪90年代每年受旱面积达4亿亩左右，有四年因旱减产粮食350多亿千克；20世纪80年代以来，北方许多大中城市因缺水造成部分电厂、工厂停产或限产；全国农村约有7000万人饮水困难，甚至沿海地区如青岛，夏季供水也很困难，不得不限量供应。在南方，虽然不是"无水"，但是"污水"情况日益严重，连江浙也亮出了"黄牌"。太湖流域7个大中城市，有6个出现水质性水荒，守着水乡却难以喝到净水；整个太湖流域每年因水污造成的经济损失达50亿元，还使毛纺、绢纺、染织的产品质量大大下降。[1]浙江水乡

————————
① 邓建胜：《水乡亮出"黄牌"》，《人民日报》1996年4月8日"华东要闻"版。

也面临缺水之忧。据计算，农业、工业用水和居民生活用水，20世纪80年代初每年约需440亿立方米，1994年增至490亿立方米；但存在南丰、北枯和冬春少、夏秋多的不平衡，而遇中等干旱和特殊干旱年份，就缺水73亿和131亿立方米。加上水质污染，给生产和生活都带来不少困难。[①]

　　水的问题，有历史、地理和气象等客观原因，也有主观原因。如水土流失就是治山、治水不当的结果，环境污染更是人为的，属于粗放型增长方式的特征之一。因此，解决的办法要靠转变经济增长方式。首先是切实保护水资源，治水的源头在治山，抓紧水土流失地区的综合治理和森林植被的恢复发展；而控制农田污染和水污染，就要采取政策、法制和科技、教育双管齐下的方法，建立和健全防治机制；另一重要环节在强化节水，如农业在某些地区可以逐步推行滴灌，工业要提高循环水的利用等。这些，仅从技术角度考虑是不够的，应当提到经济发展集约化的高度，调动各方面的积极性，才可能得到有效的实施。不言而喻，治污是集约化的题中应有之意。最近，江浙沪三个傍水的省市有关部门已经制定了《太湖水污染防治纲要》，人们期待着到2000年重唱"太湖美，美就美在太湖水"。

　　3. 矿产资源的节约和综合利用

　　矿产资源不可再生、稀缺具有世界性。早在1972年，罗马俱乐部曾作惊人预言：按照现在的消耗情况，在20世纪80年代后，一些金属和石油天然气的储蓄量将先后被开发殆尽。现在情况并不那么严重，虽然找着了新资源，但未能减少对此问题的关切。我国矿产资源总量居世界第三位，为经济的可持续发展提供了可靠的保障。但是，人均占有量不高，特别是利用率较低，从长期

---

① 《纪念"世界水日"和"中国水法宣传周"》，《新华日报》1996年3月22日。

看，必须十分珍惜和保护已经掌握的资源，并且用好资源、节约资源，才能支持经济的快速和稳定发展。就是这17年来，浪费资源的情况始终存在。例如，小煤窑的遍地开花，金矿的乱开采，都严重地破坏了资源，降低了回采率。一些低技术的小电厂、小水泥厂、小钢铁厂、小化工厂，其能耗、料耗都很高，连同其产品质量较差，都造成资源的损失。有些矿产先后从出口变为进口，数量不断增长，同样是粗放经营的结果和标志，说明转变经济增长方式是不可忽视的重要途径。

矿产资源的节约和综合利用，潜力很大。这既要靠科技进步，又要靠科学管理，并涉及体制改革。如一些共生矿，由于条条分割，往往只利用了一部分资源，而把另一部分资源白白丢掉。在这方面，加强法制建设，以法律手段保护资源、保护环境，加快立法步伐，强化执法力度，开展多种形式的执法监督，并促进经济增长方式的转变，已是刻不容缓。

实施节地、节水、节能、节材和提高资源利用效率，作为一项战略，与其他经济发展战略息息相关，贯穿于生产、建设、流通、消费各个领域。如发展农业，走"石油农业"还是"生物农业"的路，对资源的依赖程度和受其制约的程度，大不一样；又如改善人民生活，无论吃、穿、住、行和用，采取什么生活方式、形成什么消费结构，也对资源的开发利用有不同取向和后果。我国是一个人口大国，人口如何发展，对资源和环境有很大影响。有人算过一笔账，如果人均国民生产总值达到10000美元，消费方式类似于某些发达国家，即使资源利用效率保持现代先进水平，也不是我国的资源和环境条件所能承受的。因此，一定要把科教兴国和可持续发展与转变经济增长方式联系起来，统一筹划，相互协调，各行各业都制定节约和综合利用资源的目标和措施，切实加以落实。

九、两个根本性转变的产业对策

原先提出"以市场换技术"的政策是正确的，要坚持落实，可望有好效果，也为经济集约化增添助力；相反，如果改为"以市场换资金"，则会是资金进来了，市场被占了，实际上是得不偿失。

两个根本性转变是整体性的、全方位的，贯穿于从宏观到微观的各个层次和第一、第二、第三次的各个产业以及较发达、次发达、欠发达的各个地区，既无例外，又不该有死角。因为国民经济是一个大系统，转变要整体地转变，任何一个方面不转变或转变不及时，都会影响其他方面和整体的转变。经济体制的转变是这样，前章已经述及；经济增长方式的转变也是这样，除在有关章节主要述及以工业为主的集约化外，本章将着重在其他产业展开论述。不同产业的转变具有共性，又各有特点。

（一）农业的两个根本性转变

谈到我国的农业问题，有人曾经认为，以占世界7%的耕地养活占世界22%的人口，靠的是精耕细作的优良传统，表现为粮食单产高于世界平均水平，比一般发展中国家超过一倍有余，似乎很不错了，并不存在着转变增长方式的问题。这是误识。其实，我国农业充其量只能算是"比下有余，比上不足"，精耕细作建立在手工劳动基础上，不等于集约化和现代化；人均占有粮食等主要作物的产量和消费水平并不比其他发展中国家高；特别是要看到农业基础还相对脆弱，并且农产品虽有出口、又有大量进口，基本形势和趋势是相当严峻的。因此，作为一个农业大国，应当始终把农业和农民、农村问题放在经济工作和其他工作的首位，不容有丝毫的动摇。在这方面，要居安思危，有必要的危机感。

拿我国农业与国外尤其是发达国家和地区的农业比较，可以看出有明显的差距。一份材料列出下列数据，一是农业科技总体水平比较：（1）农业科技对农业生产贡献率，我国为27%~35%，发达国家为60%~80%。（2）农业劳动生产率，我国每个劳动力年生产粮食1200~1300千克，肉类70~80千克；发达国家人均年产粮食2万~10万千克，肉类3000~4000千克。（3）粮食单位面积产量，我国每亩265千克；发达国家273~417千克。（4）生猪出栏率，我国为88%；发达国家为129%~193%。（5）作物良种覆盖率，我国为80%；发达国家为100%。（6）农业机械化程度，我国机耕率53%、机播率27%、机收率14%；发达国家已经全面机械化。二是农畜产品生产水平比较：（1）水稻，1994年世界平均亩产236千克，澳大利亚最高达556千克；我国平均亩产358千克。（2）小麦，1994年世界平均亩产167千克，荷兰最高达1667千克；我国平均亩产311千克。（3）鲜牛奶，1993年世界平均每头奶牛产奶2039千克，以色列最高达9291千克；我国平均1529千克。（4）牛肉，世界平均每头牛胴体重206千克，日本最高达392千克；我国平均130千克。（5）猪肉，世界平均每头猪胴体重76千克，捷克最高达140千克；我国相当于世界平均水平。[①]有关资料表明，我国由于人多地少，发挥了劳动力优势，单产水平较高，发达地区已经赶上或接近世界水平，但与最先进国家比还有或多或少差距；而从全国平均和欠发达地区看，则有较大差距，并且看人均占有量，更低于世界水平（如人均粮食，我国不到500千克，发达国家则在1000千克以上）。按照科技标准，我国农业总体上还处于粗放型阶段。

拿1995年的农业情况看，根据国家计委主编的《1996年中国

中国经济的两个根本性转变

---

① 《我国农业水平与国外若干比较》，《上海农村经济》1996年第2期。

国民经济和社会发展报告》，存在的突出矛盾和问题是：粮食供给总量虽有增加，但是玉米和水稻总资源不足。稻谷种植面积比1996年减少近4000万亩，产量减少近1500万吨。过去是"南粮北调"，现在北方调往南方的玉米、小麦已达1000万吨以上；粮食订购价格与市场价格差距过大，农业生产资料价格高；农业基础设施薄弱，自然灾害严重制约农业发展，成灾面积占受灾面积比重上升；农业剩余劳动力转移速度减缓，1995年乡镇企业新吸纳劳动力比上年减少200万人。这些，虽然不完全是经营方式问题，但也表明亟待以促进农业集约化来进一步发展农业。

"九五"期间，我国农业发展的任务，《纲要》提出的重点有两方面：一是"保证粮棉油等基本农产品稳定增长，粮食生产能力达到一个新水平"；二是"努力缩小工农业产品价格剪刀差，保证农民收入较快增加，生活达到小康水平，逐步缩小工农差别、城乡差别，巩固工农联盟"。完成农产品增产和农民增收这两个目标，关键是实行两个转变尤其是经济增长方式的转变。这除了顺应农业增产的共同规律外，还有我国的具体情况：一是人口基数很大，加上每年新增约1500万人口和城乡居民收入的增加，对农产品在数量、品种、质量上的需求将越来越大；二是在工业化进程中，本来已经紧缺的土地资源将进一步减少，人均耕地将会不断下降，所以必须从提高资源利用率和产出率来找出路。农业的转变经济增长方式，与推进高产、优质、高效农业的发展，与农业的集约化、产业化、市场化和机械化、现代化以及生态农业、可持续发展农业等的说法是相通的。《纲要》在"切实加强农业，全面发展和繁荣农村经济"的标题下，提出10条措施，非常全面。结合各界研讨意见，应当强调的对策如下。

1. 实施科教兴农，增加科技含量

发展农业，早就明确其主要方针是"一靠政策，二靠科学"（后来又加"三靠投入"）。在农村改革解放了农业生产力后，实施科教兴农战略成为发展和提高农业的新路。这方面有成绩，也有不足。根据中国农科院农经所分析，"七五"与"六五"相比，科技在增产中的因素由35%下降到28%，"八五"回升到33%，仍旧偏低。[1]其实，农业的科技投入是偏少的，只是由于整个农业的投入偏少，而农业劳动力又偏多，才表现为农业的科技贡献份额略高于工业。在土地有限、单产不低的现实条件下，继续增产靠进一步提高单产，并实现农业的集约化、现代化，对科技进步的依赖度也越来越高。其中最突出的是抓好"种子工程"或"良种工程"，因为培育和推广良种，为农作物和林牧渔业提供良好的生产主体，是从高产走向更高产的不二法门，潜力最深厚、成本最低廉。围绕良种，还要讲究作物栽培和畜禽饲养，提高种养技术，加强病虫害防治，搞好贮藏保鲜和加工、深加工，都是为良种生产提供良好的客观环境和外部参数。总的要求，希望2000年的农业科技贡献率达到50%左右，虽然还低于发达国家，却要付出很大努力。为此，要在增加对农业的科教投入的同时，既要重视现有实用技术的推广和普及，又要开发科技资源，充实科技后备，保持科技兴农战略落到实处，继续深入，不断发挥其作用。

2. 严格保护耕地，开发后备资源

农业的基本生产资料是耕地，必须坚决保护，迅速遏止耕地面积急剧减少的趋势。当前浪费耕地的行为很多，农村建房也有失控，这都要有严格控制。同时，要积极开发后备资源，包括各种宜农荒地和山林、丘陵、草原、水面、滩涂等，发展山地农业、草地农业和水体农业。连同强化土地复耕，力争建设用地和开发、复耕的"收支平衡"，确保现有耕地面积不再减少，特别是建立基本农田保护制度，确保粮食播种面积不低于1.1亿公

---

① 郭书田：《关于农业增长方式转型的几个问题》，《市长参考》1996年第5期。

顷。以此为前提，实行集约经营，可以适当提高复种指数，提高单产，增加总产，实现基本自给，以免外人胡说什么"谁来养活中国"。有人算了一本账，现在高产地区，亩产粮食500千克以上（最高的是亩产吨粮），只要人均半亩，就能解决口粮，问题是面积不能减、单产要提高。为了合理配置和充分利用耕地等资源，要建立相应的土地制度，如允许转让土地使用权、试办农村耕地市场和推行适度规模经营。对其他资源也要有保护措施，如建立定期的封山育林和禁捕制度。沿海滩涂的开发，潜力很大。

3. 加强基础设施，改善生产条件

农业的粗放经营和集约经营，区别在于靠扩大耕地面积还是靠提高单产。我国只能走后一条路，还必须加强基础设施建设，使生产条件不断改善。应当肯定，经过长期的水利建设和农田建设，很多地方初步具备了高产稳产的条件；但是也要看到，情况很不平衡，有的失修退化，沙化、碱化没有制止，抗灾、减灾能力有待加强。为此，必须一方面搞好大江大河大湖治理，重点建设一批具有综合效益的大中型水利工程，包括长江三峡、黄河小浪底、四川二滩和南水北调等；另一方面重视中小河流治理，坚持标本兼治，提高防洪、抗旱、排涝能力。另外，在灌溉方面，原来面积已达到全部耕地的一半左右，但是近年来处于徘徊状态；今后要继续扩大，并且针对我国水资源不足状况，要推广滴灌、喷灌等节水灌溉技术，做好水土保持。从全国看，除了生产条件较好的地区外，也有相当部分的中低产田，是增产潜力所在。为此，高产田要再高产，中低产田更要变高产，共同建成稳定的农产品商品基地，包括商品粮基地和棉花基地。国家要以这些地区为重点，给予大力支持，使粮棉集中产地的经济发展得更快、更好。在加强基础设施中，又一个课题是保护生态环境，增强农业的发展后劲。发展生态农业，开发绿色食品，都要列入重要议事日程，培养典型，逐步推广。

刘国光

经济论著全集

第
13
卷

4. 发展林牧渔副，实行多种经营

强调林牧渔副的多种经营，提出大农业概念，既是农业本身的发展趋势，又是为了综合利用农村劳动力和自然资源，也是实行农业集约经营的重要内容。我国农业发展不够高度化，标志之一就是种植业比重仍高，其他各业比重偏低。为此，要大力发展林业，保护原始森林，发展人工造林，重点抓好防护林体系，为整个农业营造一个良好环境；同时发展经济林业，包括水果、茶叶、蚕桑和药材等，提高林业效益，增加林业收入。要大力发展畜牧业和水产业，充分利用草原和水面，促进粮食和饲料的转化和增值，适应群众食品结构的变化。其中，发展海洋经济就是一篇大文章，需要大手笔。在发展林牧渔业的基础上，进一步发展农村副业和庭院经济，发展农副产品加工，提高加工深度，增加其附加值，更是农民致富的广阔途径。不少地区实行种养加一条龙和贸工农一体化，已有成功经验，值得积极推广。

5. 壮大农用工业，建设现代农业

发展农业，实行集约经营，前景是农业的现代化，这也是"四化"的基础。对农业现代化，过去具体化为机械化、电气化、水利化、化学化，虽不够精确，但点出了主要方面。为此，必须逐步壮大农用工业，首先以化肥为重点，继续建设一批以石油、天然气和无烟煤为原料的大型氮肥基地，力争基本自给，并积极发展磷肥、钾肥和新品种农药、农膜。要不要发展农业机械，曾经有过争论，有人认为与劳动力过剩有矛盾，与提高单产有矛盾。这是偏于保守的观点，影响了对农机的投入、开发和使用。其实，机械化不仅在外国是农业现代化的第一象征，我国农民也极其渴望扔掉锄头和镰刀，改变"面朝黄土背朝天"的劳动方式。据中国农科院《我国农业综合生产能力研究》课题所作结论，在农产品增长中，农业机械贡献份额约为13%，如土地深翻可增产15%~20%，机械化科学施肥可提高肥效10%~20%，机械收

割可保证和缩短农时。一些乡镇企业发达地区，推行以农业机械为中心的社会化服务，每亩粮田的实际用工减少到15个左右，为逐步转移剩余劳动力和推广规模经营提供了必要条件。当然，我国实现农业现代化要从自己的实际出发，有自己的特色，不能完全走别人"石油农业"的老路。转变农业增长方式，这是不能缺少的一条。

6. 深化农村改革，落实农村政策

农业发展到今天，以家庭联产承包为主的责任制有其伟大功绩。但是，其作用是否到了头，存在不同评价。看来，一方面要巩固和完善责任制和统分结合的双层经营体制；另一方面在有条件的地方要有第二次飞跃，即逐步推进土地适度规模经营，大力发展农业社会化服务体系，逐步壮大集体经济实力，增强乡村集体经济组织的服务功能。在市场经济体制下，如果要真正把农业和农民推向市场，就必须继续改革和完善重要农产品价格体系、流通体制和储备调节制度，包括进一步理顺农产品和农业生产资料价格。能否认为，调整农产品价格，初期的重点在照顾消费者，后期的目标应当照顾生产者。按照我国的实际情况，农产品成本高，其价格略高于国际水平，也是合理的。在农村改革的同时，还要认真制定和落实一系列农村政策，除价格政策外，重要的是减轻农民负担、维护农民合法权益的政策，鼓励地方和农民增产粮食、棉花等主要农产品的政策，以及保证"米袋子"、"菜篮子"等有关政策。在还未脱贫的少数地区，要进一步执行扶贫的各项优惠政策。这些改革和政策，目标都是为了发展农业生产、增加农民收入，力争农村和城市一起实现小康，农业和工业一起实现两个转变。

作为一个农业大国，发展农业既有其重要性，又有其艰难度。当前我国还是二元结构，在某种意义上，农业还未产业化，实现市场化也不同于工商业。到20世纪末，如果农村有相当一部分没有到达小康，也就没有全面的小康。这些，都要求我们充分重视农业，始终关注农业。农业的持续发展，关键也在于实行两个根本性转变，把改革生产关系与发展生产力统一起来。以我国之大、发展之不平衡，农业的两个转变一定要因地制宜，各有不同的思路和重点。城郊农业、创汇农业、生态农业，五花八门，各有特色。发达地区如江苏省无锡市，建立6个农业科技示范园，各类作物单产在全国领先；处于中原的湖北省钟祥市，搞效益农业试点，农业综合实力名列全国前茅。人们认为，不管发展农业的任务多么繁重，只要知难而进，持之以恒，奋斗5年、10年、15年，依靠广大干部和广大农民的积极努力，很可能会出现一个农业发展的高峰期，农业的两个转变和各项目标都将胜利实现！

（二）工业的两个根本性转变

当前，工业在国民经济中占大头，第二产业在国民生产总值中占一半以上。经济增长、经济质量、经济效益和科技进步以及投资规模、投资结构等经济活动、经济行为，都以工业为中心。两个转变，重点也在工业。前面讲到转变经济增长方式的基本思路，包括技术改造、结构调整和加强管理等，无不以工业为主线。这里再讲工业的两个转变，只是补前文之不足，除了具体化到某些行业和案例化到个别企业外，还要专门谈谈在工业部门已占"半壁江山"的乡镇企业也要逐步走向集约化。

判断当前工业部门的增长方式发展到了什么阶段和水平，本来应当以其综合要素生产率为依据，但是还缺乏系统的比较资料。有一个研究项目的成果[1]，对20世纪80年代有较完整的论述，可见一斑。

---

① 林青松：《改革以来中国工业部门的效率变化及其影响因素分析》，《经济研究》1995年第10期，表1、表2出处同此。

表1 　　　　　　　　　　 样本企业综合要素生产率的相对增长率

年份	类型	增长率（百分点）			对产出增长的贡献			
		产出	资本	劳动	（百分点）		（百分比）	
					要素投入	生产率	要素的贡献率	生产率的贡献率
1981—1990	国有工业 集体工业 （城市）	4.86 15.5	6.87 15.11	0.45 2.82	3.34 7.61	1.52 7.89	68.7 49.1	31.3 50.9
1986—1990	乡镇工业	7.07	12.7	−0.62	4.71	2.37	66.6	33.4

表2 　　　　　　　 技术创新费用在净产值中所占份额 　　　　　　（%）

类型	国有工业			城市集体工业			乡镇工业
年份	技术开发费（万元）	技术转让费（万元）	新产品试制费（万元）	技术开发费（万元）	技术转让费（万元）	新产品试制费（万元）	专利及技术转让费（万元）
1986	3.60	0.70	0.01	0.85	0.36	0.22	0.20
1987	2.78	0.60	0.44	0.78	0.27	0.32	0.18
1988	2.26	0.04	0.35	0.93	0.24	0.21	0.07
1989	2.52	0.03	0.43	1.01	0.31	0.39	0.03
1990	2.95	0.04	0.35	1.16	0.31	0.22	0.01

这些资料表明：20世纪80年代，工业劳动生产率和人均固定资产是不断增长的，保持了较高的速度，只是国有工业低于其他工业；资本产出率却有下降，只是各类工业程度不同；综合要素生产率也有提高，其中要素的贡献率高于生产率的贡献率（城市集体工业除外）。分析其影响因素，技术创新费用的比重都较低。这在90年代可能有所转变，但不会有根本性转变。所以总体说来，效率不够理想，当前还未走出粗放型的增长方式。

因此，转变工业经济增长方式，除了对老企业进行技术改造和有重点地培育高新技术产业外，一个突出的问题是积极开展技术创新。技术创新的概念起源于熊彼特在1912年提出的创新理论。现在通行的理解，技术创新（Technological innovation）是与新产品的研制、新工艺过程或设备的开发及其商业化应用有关的研究、开发、设计、试验、制造和商业活动。它主要由产品创新和工艺创新两部分构成，包含以下要点：以新技术（产品的、工艺的）的投入为前提；是新技术的首次应用；是一个经济学概念，强调技术与经济的结合；成功与否的主要标志不是技术上的完善程度，而是其市场实现程度；是一个周期性的技术经济过程；企业是技术创新的主体。一般说的技术进步，是包括三个相互重叠又相互作用的要素的综合过程：第一个要素是发明，即有关新的或改进的技术设想，发明的重要来源是科学研究；第二个要素是创新，创新是发明首次被商业应用；第三个要素是扩散，指创新的进一步延伸和拓展。技术进步的含义比技术创新广，而技术创新则是技术进步的关键，是由科技知识形态转化为物质形态、由潜在生产力转化为现实生产力的一个阶段。换句话说，技术创新是技术机会与市场机会的结合。没有技术创新就没有技术进步，也就没有工业经济的集约化。工业要转变经济增长方式，一定要狠抓技术创新这个基本环节。

对技术创新，有关部门已经制定了战略和部署，将在"九五"期间开始实施，到2010年基本建立有利于企业自主创新的技术进步机制，一些国有大中型企业中的产品、技术和装备水平争取达到发达国家21世纪初的水平，其中部分优势企业力争达到当代国际水平，使以技术创新为核心的技术进步对经济增长的贡献率明显提高。"九五"期间初步建立适应社会主义市场经济体制和现代企业自身发展规律的企业技术创新体系，建立有效的技术创新信息服务网络，使国有大中型企业的产品、技术、装备水平和企业的自主创新能力都有很大提高。为此，国家经贸委将着重抓下述措施来推进两个转变：一是加强政府的宏观调控；二是引导企业开展有效的技术创新活动；三是推动社会中介服务组织的建设，为企业提供信息、咨询、服务的技术创新社会支持体系。①

工业转变经济增长方式，必须因行业制宜。如煤炭部门，"九五"期间的奋斗目标是在产量保持23%增长幅度的基础上，把工作着力点转到以提高经济效益为中心、转变经济增长方式上来，努力实现8个提高，即提高单产单进、原煤生产人员效率、资源回采率、煤炭质量、机械化程度、装备水平、乡镇煤矿素质及科技贡献率。为此，要以20个大型煤炭企业为重点，依托现有企业基础，采用新技术、新工艺、新设备、新材料，进行综合技术改造，促进现有资产的合理流动和优化重组，形成企业和行业优势，带动整个行业实施全面技术改造，并且注重生产要素配置效率和规模经济效益，建立15个具备世界先进水平的高产高效矿井。②

工业的转变经济增长方式，国有大中型企业是重点，还必须因企业制宜。例如，济南钢铁集团总公司自1984年实行企业改革以来，在国家没有投入的情况下，国有权益年均增长23.3%，增值20亿元，上缴利税23.5亿元，由一个地方企业发展成为国家特大型钢铁联合企业。其基本经验是在深化改革、转换经营机制的推动下，依靠科技进步，发展集约经营，闯出一条"内涵挖潜、配套改造、小步快跑、滚动前进、抓住机遇、大步跨越"的技改之路，12年来完成技术改造、技术革新项目上万个，采用新技术、新工艺、新材料1500多项，科技成果转化率达到100%；还强化管理练内功，解决"三个不适应"，即思想观念、管理水

① 《中国将实施企业技术创新战略》，《中国市场经济报》1996年3月2日。

② 《煤炭生产工作会议确定"九五"战略目标：实行集约化生产，做到八个提高》，《人民日报》1996年4月26日。

平和职工素质不适应市场经济的要求，逐步建立、健全激励机制和约束机制，为实现两个转变提供制度保证。[1] 又如江西汽车厂（"江铃"）过去每年利润曾达3亿多元，占南昌市的80%和全省工业系统的40%，后来滑坡，只有1亿多元；他们走集约经营之路，通过实物投资（盘活存量、联合兼并、控股经营）和货币投资（自我积累、国家贷款、发行股票），把规模扩大到国家产业政策规定的年产12万辆标准，不仅提高了国产化率，也降低了成本，使效益重新回升，在该行业的激烈竞争中占有一席之地。[2]

大中型企业是这样，小企业也是这样。例如，小化肥厂，"七五"以来通过技术改造，走出一条投资少、见效快的成功之路，1995年的产量占全国的65%，起到了"半边天"的作用，颇有中国特色。全国438个小氮肥厂实行合成氨蒸气自给，年均节煤260万吨，增效6亿元；240个小氮肥厂实行两水闭路循环，年减少污水排放3亿立方米、节水15亿立方米。新的规划是"九五"期间安排80套小尿素装置进行4万吨变6万吨的能力改造，50套小磷铵装置进行3万吨变4万吨的能力改造，连同其他品种改造等，2000年达到小尿素生产能力800万吨、小磷铵生产能力300万吨，更好地支援农业生产。[3]

在工业的两个转变中，乡镇企业有着特殊地位和特殊意义。现在，乡镇工业在工业总产值中所占比重已经大于国有工业，不仅在轻纺工业和制造业中所占比重更高，在某些产品甚至如家电行业中也举足轻重。珠江三角洲的乡镇企业连同与外商合资、合作生产的一批彩电、音响、电扇和食品、服装等在国内市场的占有率不断提高，出口也日益扩大。江苏南部的一批乡镇企业，其

① 《加快两个转变，实现高效发展》，《人民日报》1996年3月19日。
② 詹国枢：《看江铃如何"集约"》，《经济日报》1995年10月27日。
③ 《我国将加快小化肥技改步伐》，《人民日报》1996年3月27日。

规模和技术、管理水平也不亚于国有企业。例如：张家港市的沙洲钢铁厂引进90吨的电炉炼钢，远东仅此一台，其劳动生产率和电耗居国内第一；江阴市的阳光集团是国内最大的精毛纺企业，创出了毛纺行业销售、效益、规模、品种和综合实力5个"全国之最"。但是从总体看，乡镇企业快速发展与经济增长方式落后的矛盾越来越突出，表现在速度与效益逆向发展，产值增加，利润下降。如江苏乡镇企业从1985年到1990年，总产值净增736亿元，而实现利润从28亿元下降到23亿元，20世纪90年代以来的产值利税率也继续下降；靠资金、资源的高投入来发展，与国家必须控制货币发行和信贷规模以及资源短缺状况很不适应。存在的突出问题如下。

1. 发展观不端正。无论发展较快或较慢的地区，都把"发展是硬道理"片面理解为速度和产值增长是硬道理，不懂得高速低效的"发展"并不是硬道理，以致普遍存在"浮肿""虚胖"现象。

2. 规模优势还未形成。"遍地开花、分散投资"导致"小而散""小而全"，组建企业集团也以县镇为界，一县（市）虽有几十个，仍旧偏小。

3. 科技含量不高。不少还是技术落后、设备陈旧，初级产品、高耗低值产品多，精深加工产品、高附加值产品少。

4. 人才不足。尤其缺乏高素质的企业经营管理者，不少企业还习惯于传统的"家长式""一言堂"和经验型管理，难以适应现代化管理的要求。

5. 机制不完善。产权不清和内部经营管理机制不适应市场经济的差距越来越大。

因此，转变经济增长方式是乡镇企业持续发展的当务之急，也是外部环境对乡镇企业的迫切要求。转变的根本途径是建立以效益为中心的发展机制，包括：建立技术进步的优化机制，努力提高科技含量和科技贡献率；建立有序的资产流动机制，推动资产结构重组；建立以市场为中心和起点的投入产品机制，提高投资回报率；建立风险约束机制，提高经济运行质量；建立竞争激励机制，解决发展动力问题。①

乡镇企业如何转变增长方式，各地先后有所策划，并付诸行动。北京根据当地人力资源较外省市贵、土地少、缺水缺电的情况，提出在经营方式上要实现八大转变：从生产一般产品向高新技术产品转变；从以内贸为主向以外贸为主转变；从小规模生产向经济规模生产转变；从粗放经营向集约经营转变；从单一产品向多品种转变；从分散设厂向集中设厂转变；从以外延为主向以内涵为主的发展方向转变；从发展单一产业向多业并举转变。②

江苏省的乡镇企业，总产值约占全国乡镇企业的1/5，是全省国民经济的重要支柱和农村经济的主体力量，"八五"期间又创造和积累了不少新鲜经验。进入新的历史时期，要求进一步发挥先导作用，为农业现代化、农民奔小康提供物质支持。"九五"期间的指导思想是围绕"两加快"（加快发展和加快提高），立足"两转变"（经济体制和经济增长方式），扬长补短，再造优势，力争在经济总量、增长质量、整体素质和经济效益等方面再上一个新台阶。主要的奋斗目标是：建立起基本适应社会主义市场经济体制要求的企业运行机制，乡镇企业增加值和营业收入年均增长20%以上，利税总额年均增长18%以上，外贸出口交货值年均增长25%以上，大中型企业60%以上的主要技术装备达到国内先进水平或国际先进水平，科技进步贡献率达到45%以上。实现这些目标，关键在于两个转变。要加大改革力

---

① 李沛：《努力推动乡镇企业经济增长方式的转变》，《人民日报》1996年5月11日。
② 《北京乡企实现八大转变再登高》，《中国市场经济报》1996年3月13日。

度，加快产权制度、经营方式的改革和创新，大胆探索，大胆实践，把改革与改组、改造、加强管理、加强企业领导班子建设结合起来。要加快调整和优化经济结构，提高规模经营和集约经营的水平，争取形成一批年销售额50亿元以上、利税5亿元以上的企业集团；要积极实施科教带动战略，高新技术产业占总产值的份额力争达到10%；要强化企业管理，努力开拓国内外市场，实行可持续发展方针，并建设一支跨世纪的企业家队伍。[1]通过两个转变，做到"快速、优质、高效"发展，江苏的乡镇企业有希望在全国继续领先，为建设有中国特色的社会主义进一步开辟新路，再造辉煌。

连续多年被评为全国百强县（市）之首的锡山市（原无锡县），乡镇企业已占其经济总量的9成以上。他们认为，虽然一开始就吃的"市场饭"，但是由于在计划经济的母胎中孕育，存在着"以包代管"、重产值轻效益和"大锅饭"等现象，明显地暴露出类似于国有企业的弊端。现在要实行第二次创业，调整过去以放权让利为主导的改革取向，以制度创新为主旋律，探索建立新的动力机制。近年来，实行"抓一块"（一批骨干企业实行公司制改造）、"转一块"（一般企业转为股份制或股份合作制）、"放一块"（小微亏企业采取拍卖、兼并、租赁和"先售后股"等形式）的办法，转变经济增长方式，一批企业的经营集约化有了不同程度的进展。[2]

工业顺利实行两个转变，将为整个经济走向集约型发展奠定深厚的基础。

（三）第三产业的两个根本性转变

---

[1] 《加快推进两个根本性转变，促进我省乡镇企业再上新台阶》，《新华日报》1996年5月23日。

[2] 《锡山探索乡镇企业发展新机制》，《新华日报》1996年5月22日。

刘国光
经济论著全集
第
13
卷

第三产业，泛指第一、第二产业以外的一切社会生产部门，是国民经济和社会事业的重要组成部分。第三产业大多是劳动密集和知识、技术密集型行业，不仅能够吸纳较多的劳动就业，还有利于提高整个经济的运行质量和效益。第三产业的兴旺发达是现代经济的重要特征，所占国民生产总值的比重高低是反映经济和社会发展程度的标志之一。这在发达国家，不少已达50%—60%以上，而我国当前还在1/3左右。这与传统理论把第三产业看作是不创造价值有关。其实，第三产业中既有直接创造价值的物质生产部门，又有虽不直接创造价值而为全社会所需要特别是有利于提高劳动生产率的非物质生产部门。市场经济的发展，有赖于第三产业的成长。转变经济增长方式，很多方面也以第三产业的逐步成熟为条件。

第三产业门类众多，一般分为为生产服务和为生活服务两大类，其中有传统产业如商业、饮食服务业和交通运输业、邮电通信业，还有新兴产业如信息咨询业、技术服务业、法律服务业和房地产业、旅游业等。第三产业的发展以第一、第二产业为基础，第一、第二产业的发展又对第三产业有新的要求。两者之间要相互适应，形成合理的规模和结构。值得注意的是近几年来，信息产业有可能从第三产业中独立分化出来，形成第四产业。这不仅是由于信息产业在第三产业和整个三次产业中所占比重迅速提高，并且其作用和功能也越来越重要。有人认为，划分第四产业是社会生产力发展的客观要求，有助于树立完整的产业结构系统观念，有助于提高劳动者的专业素质，扩大就业门路。①

17年来，我国第三产业有很大发展。过去，由于第一、第二产业水平不高，规模不大，传统的第三产业曾占较大比重，那是

① 金建：《信息产业：形成过程与发展走势》，《经济研究》1992年第9期。

落后的产业结构；后来，第二产业加快发展，第一、第三产业的比重有所下降，是工业化进程中的必有现象；接着，第三产业的发展越来越快，逐步追上第二产业，比重也有所提高，显示了现代化的步伐。我国的多数较发达地区，正是这样。但是，在认识和强调了第三产业的重要性后，也出现了重速度、轻质效的倾向，同样属于粗放型增长方式。所以，发展第三产业也有一个实行两个根本性转变的问题。否则，会在金融、保险、房地产等行业的盲目发展中产生"泡沫经济"，带来不少严重后果，无益于并有害于其他产业的发展和整个经济的运行。第三产业的两个转变，当前主要表现在下列几个行业。

1. 商业和饮食服务业

发展市场经济，搞活商品流通，商业或称国内贸易业承担着重要的任务。这几年来，商业和饮食服务等行业增长很快。城市的商厦和宾馆、餐厅拔地而起，矗立成群；农村集镇的商场和旅社、饭店也破土而出，成街成市。这对支持生产、便利生活发挥了积极作用，功不可没。但从总体上看，现有的商业体系还存在着功能不全、组织度不高、辐射力不强和经营管理不善等弱点。经常提到的一些问题，诸如假冒伪劣商品流行、某些农产品卖难买难、商业成本偏高而侵蚀工业利润和农民利益等，都表明商业有待于继续发展和整顿、完善。

继续发展商业和饮食服务业，有一个正确处理增长速度和增长质效的关系问题。据新闻媒体报道：北京市20世纪90年代初提出到2000年，营业面积1万平方米以上的大商店达到100个；出乎意料的是在1995年，不仅已有"燕莎""赛特""蓝岛"等31个大型商场，在建的还有52个，拟建的更有75个，到20世纪末将达167个，总建筑面积逾540万平方米。上海、广州，也相类似。这使昔日城市的破旧面貌得到改变，部分潜在的购买力得到实现。但是，由于营业面积的增长超过了购买力增长的幅度，单位面积的营业额下降了，利润额也下降了，有的甚至转盈为亏。宾馆和餐厅也是如此，客房率和上座率下降。这是多了还是不多，议论不一。多数认为，发展商业同样要看市场需求，要量力而行，不宜随意增长。[①]市县以下，"有场无市"的情况不断发生，原因相仿。

转变商业和饮食服务等行业的经济增长方式，首先要转变战略观念，从追求速度、项目和豪华转变到提高质量、效益和服务水平上来。其次要转变经营方针和经营方式，从单一的商品经营转变为与资产经营、资本经营的三位一体，创造自己的营销设计；要转变管理，从外延、粗放为主的管理转变成内涵、集约为主的管理，充分挖掘内部潜力。为此，还要深化商业体制改革，掌握灵活的运行机制；要积极发展配送中心、产需间的直达供货、代理制、连锁经营等新方式，完善零售网点和批发市场；并培育约束机制，规范市场行为，克服某些无序和混乱现象。面对12亿人口的大市场，坚持正确的增长方式，我国商业必将迎来大发展的光辉前景。

2. 交通运输业和邮电通信业

这些属于基础设施，近几年有大发展，初步改变了滞后状态，支持了整个经济的快速发展，在第三产业中有独特位置。至于如何进一步实现超前增长，还待努力。这些产业对投资的需求大，建设周期长，有的回报率低且慢。所以，交通运输业和邮电通信业要发展和现代化，转变增长方式是格外重要的。

交通运输有陆、水、空三大领域，包括公路、铁路、内河、海洋、航空和管道等不同工具和具体形式。近几年的发展，正从数量增长转变到质效提高，但与世界相比还有较大差距。如高速公路，美国已有几十万公里，我国刚刚开始建设，远未联结成

① 潘岗：《大商店是不是多了？》，《人民日报》1996年4月17日。

网。今后的发展，既要适当增加数量，更要在科技进步上用功夫，才能逐步走向集约经营。公路建设要重点抓好国道主干线，带动整个公路网的完善和配套；要发展重载货车、集装箱拖挂车和中高档客车。铁路要建设新线，改造提高老线，打通重要通道；并逐步推行快速运输和重载运输，以提高运输能力，适应客货运量不断增长的需求。沿海港口和内河航运以及民航，都要有新的思路。但在这些基础设施建设中，也要防止重复建设、分散投资现象。如在沿海和长江下游建设港口，布点很多，缺少协作，势将造成浪费，不符合集约化原则。

邮电通信是近几年来发展最快的部门之一，从引进到自主创新，很快克服了"瓶颈"制约，城市电话普及率的迅速提高更是一大杰作。但是与世界日益先进的信息行业比，我们还要承认有明显不足。今后继续发展也不仅是数量增长问题，必须着眼于积极采用先进技术和设备，坚持高起点，统筹规划，条块结合，力争逐步缩小差距，促进整个经济的集约化和信息化。

在此过程中，还有值得注意的问题：一方面，既要打破"独家经营"，提倡公平竞争；另一方面，又要建立法制化的市场规则，防止过度竞争和变相垄断。人们认为，这些新兴产业，发展势头将越来越猛，"大哥大"的使用几乎赶上了某些发达国家就是明证。因此，更要重视改革，建立制造业和服务业分离、整个通信资源按市场机制分配、服务业进一步开放等新体制（并不排斥在此一具有自然垄断性的领域加强行政管理），实行公平、有序的市场竞争，保证此一行业的健康发展。[1]这对其他经济部门和社会事业都会有很大、很好的推动。

以邮电通信为代表，扩而充之，就是通称的信息产业。传统观点把有关信息的生产活动当作服务性劳动，不能概括信息产业

① 《中国电信业将更新游戏规则》，《经济学消息报》1996年2月9日。

的发展成果。新兴的信息产业不仅包括邮电通信、新闻出版和图书档案，还包括计算机硬件和软件、卫星通信、咨询服务和音像视听等。可见，这不仅是一个方兴未艾的新兴产业，并且对科教文的发展、技术的开发和应用、多种产业的进步以及经济增长方式的转变，都承担着继往开来的重要任务。

3. 房地产业和旅游业

这也是当前发展很快的行业，在第三产业中增长率较高，适应了经济社会发展和人民生活改善的需要，并有广阔前景。但是，也存在着重数量、轻质效的粗放倾向，应当逐步转变其增长方式。

房地产业与房地产市场和住房改革问题相关，前已述及。这两年一度过热，导致规模过大、销售疲软、价格跌落和经营困难。有人估计，今后会有好转，但要假以时日，并非短期内能解决。看来，应当转变增长方式，把重点转移到为广大城乡居民解决和改善居住条件上来，在宏观调控下发挥市场机制的作用，并给予政策引导，这样可望吸纳个人的金融资产，形成一个大产业。

旅游业在中国，无论人文景观或自然景观，都有一定的资源优势。但是也要看到，已经达到世界级水平的还不多，进一步开发要花很多资金和很大力气。当前的问题之一是低水平重复，如人造的缩微景观到处都搞，而对真迹保护却相对忽视。旅游业还要讲文化效应，有的地方大造佛庙，未必恰当。与旅游业相连的是娱乐业，既要发展，又要引导，不能违背精神文明建设的要求。这些，都是此一产业转变增长方式的内容。

此外，对有些文化事业如电视广播、新闻出版等的发展，也有一个速度和效益、数量和质量的取舍抉择。有关部门统计，到1994年年底，县以上的无线电视台有982家，有线电视台有1202家，连同教育电视台共3125家。除少数外，一般的日子并不好过。由于面广量大，加重了地方财政的负担，造成人力、物力的浪费，部分节目质量呈下降趋势。[①]出版物也相似，几百个出版社，几千家报纸和刊物，每年出版几万种书，确是繁多，而其中相当部分质量不高、经营困难，没有获得应有的经济、社会效益。文化事业同样有个控制数量、提高质量、转变增长方式的问题。

（四）对外开放的两个根本性转变

对外开放，具体表现在对外贸易和对外经济技术交流与合作上，也有两个转变的问题。《建设》和《纲要》的提法是"扩大对外开放程度，提高对外开放水平"。前一句可以简单地理解为主要在数量和规模上扩大，如2000年进出口总额达到4000亿美元，利用外资也要不断增加；后一句应当深刻地理解为主要在质量和效益上提高，这正是过去比较忽视的方面。此外，还提出"九五"期间初步建立统一规范的对外经济体制，这是把开放与改革结合起来。

衡量对外开放的水平有过不同标准，最近有份资料可供参考。据报道，总部设在日内瓦的世界经济论坛根据新的评估方法发表了1996年全球经济竞争力排行榜，新加坡名列榜首，进入前10名的国家和地区还有新西兰、美国以及我国的香港和我国的台湾等。这份报告把竞争力定义为一个国家或地区创造经济持续高速增长的能力，并用了开放程度、政府作用、金融市场的发展水平、基础设施、技术水平、企业管理水平、劳动力以及法律制度是否健全8大指标。中国大陆名列第36位。[②]这虽然不仅指开放程度和开放水平，但是从

---

① 《这么多电视台我们真的需要？》，《北京青年报》1996年5月13日。
② 《世界论坛公布经济竞争力最新排行榜》，《人民日报》1996年5月31日。

国际上的竞争力看，侧重点明显地在这方面。另据国际管理发展研究院发表的《世界竞争年鉴》，按照国内经济实力，美国居首，中国居次；按照230种标准确定的竞争力，美国居首，中国则从1995年的第31位上升到第26位。[①]这也表明，我国的经济实力和竞争力进展很快，而在后一方面还待进一步提高。

对外开放的两个转变，集中在两点：

1. 对外贸易

发展对外贸易对加快现代化建设发挥了巨大作用：通过出口，扩大了海外市场，促进了工农业生产增长；通过进口，增加了某些生产资料和消费品的供给，支持了经济发展，改善了人民生活；特别是引进了先进设备和先进技术，促进了科技进步；与此相连，还增加了就业，增加了利税，并推动了改革。17年来，进出口增长率一直高于经济增长率，以进出口总额占国民生产总值比重为标志的开放度达到30%以上，不亚于美、德等贸易大国（当然，按绝对数，相差还大，并且其中三资企业和来料加工占越来越大的比重）。1995年，进出口总额超过2800亿美元，比上年增长18.6%；进出口商品结构进一步优化，工业制成品占出口总额的85.6%。

但是，在对外贸易中也存在一些问题，主要是"在宏观管理上还不够有力，还没有转变到以经济手段和法律手段为主来进行宏观管理；各地外经贸发展不平衡，沿海与内地的差距有拉大的趋势；出口商品质量和外经贸秩序仍不理想，国外对我反倾销案件增多；外经贸企业改革还没有取得突破性进展，经营机制、竞争能力不适应市场经济的要求；整个外经贸工作尚未转到以经济效益为中心的轨道上来，特别是外贸出口效益下滑，企业亏损面

① 《亚洲国家经济实力表现不凡》，《参考消息》1996年5月28日。

较大，亏损出口、挂账出口的现象在一些地区仍严重存在"[1]。这些问题，归根结底，属于粗放型的外贸增长方式，进出口以片面追求速度即创汇为目标，把质量和效益放在次要位置，甚至为完成越来越多的出口额而不惜亏损经营。近年来，不少外贸企业把成本和目标盯在出口退税上，扩大出口后使退税超过了财政所能承受的程度；于是，不得不降低退税率和推迟退税兑现，又使出口企业处于两难，少出口会降低增长率，多出口会增加亏损额。少数地区奉行前者，出口锐减；多数地区奉行后者，压力日益沉重。

出路何在？只有坚决转变外贸增长方式，从速度型的创汇外贸转变到以质效为中心，在此前提下力争多出口、多创汇。按照国际惯例，进出口生意本来是"千做万做，蚀本生意不做"。我们却是出口越多、成本越高、价格越低、效益越差，造成所谓"一等资源、二等加工、三等商品、四等包装、五等价格"，也是宏观报喜、微观报忧，岂非怪事。本此原则，可供选择的对策建议如下。

（1）走科技兴贸的道路，调整和优化出口商品结构，提高科技含量。我国出口商品结构的第一步调整，由初级产品为主转变为工业制成品为主，已在20世纪80年代基本完成；现在正在进行第二步调整，由初级加工制成品为主转变为深加工制成品为主，亟待继续努力。目前的出口商品，还是以资源型为大宗，这不符合人均资源偏低的国情。如一向占出口值1/3的纺织品（包括服装、鞋帽），货物量占世界第一，而金额只占第4~5位，并且劳动成本已高于东南亚，以致转盈为亏。今后要依靠科技进步，实施以质取胜战略，提高出口商品的档次，特别是扩大机电产品、成套设备和高科技产品的出口，并创造自己的名牌，促进

---

① 吴仪：《实现两个根本性转变，努力完成对外经贸新任务》，《经济学动态》1996年第3期。

出口向集约型转变。

（2）相应改善进口结构，扩大技术贸易，减少重复引进，并大力杜绝走私。出口的任务之一是为了进口，达到调剂有无，互补互利。这要讲究比较成本和经济效益，但是也要注意社会效益，并对民族工业既有竞争带动，又有适当保护。现在，很多品种的进口货已经充斥国内市场，尤其是某些本来限制或禁止进口的如化妆品和洋酒、洋烟，必须制定适当对策，包括打击走私。与此同时，要从以进口商品为主逐步转变到扩大技术贸易，并避免盲目地重复引进，力争以有限的外汇换取尽可能多的使用价值，从而有利于各重点行业的科技进步。

（3）积极参与和维护全球多边贸易体系，发展双边和多边贸易，相互促进，实现市场多元化。当前世界经济的变化，特征之一是全球化、区域化和自由化趋势不断发展。这既给我国带来机遇，又有严峻挑战。特别是某些贸易大国一面标榜自由贸易，另一面动辄实施制裁和滥用反倾销与不合理设限，使发展中国家在融入国际贸易体系进程中举步维艰。为此，我国在赞成贸易自由化的同时，必须实施市场多元化战略，积极发展与北美、西欧以外的一些国家和地区的经贸业务，逐步改变过于倚重某些发达国家的局面，进而拓展出口渠道，开辟新的市场。这对提高外贸的质效，也是必要和有利的。

（4）继续改革和完善外贸体制，推动外贸企业的改组、联合，逐步与国际接轨。外贸增长方式受到外贸体制的约束，改革外贸体制有利于优化进出口结构，推动引进技术的消化、吸收，从总体上增进外经贸业务的质效。外贸企业的改革也以建立现代企业制度为目标，也要与改造、改组和加强管理相结合，并整顿经营秩序，推行代理制，以促进其机制转换。我国现有外贸经营权的各类国有企业一万多家，一般规模偏小，要改组、联合，发展贸易、生产、科技、服务相结合的企业集团，才能提高国际市场竞争力。改革的另一方面是与国际接轨，包括分步降低关税税率，减少进出口管理的非关税措施等。

最近两年，外贸面临复杂因素，应当缜密筹划，切忌随意妄动。只要狠抓转变外贸体制和增长方式，就能不断增强机制和活力，顺应环境演化，立于不败之地，获得更好发展。不言而喻，在提高开放水平的基础上，扩大开放程度，包括创汇和创利、创税，都将顺理成章地前进。

2. 利用外资

对外开放工作的重点，不少地区已经开始从进出口移位于利用外资。这几年的势头也好，随着开放地区的扩大、开发区的增多和投资环境的改善，港澳台和外国投资纷至沓来，无论是批准的项目、开工的企业和实际投入的资金，都在快速增长。我国成为发展中国家利用外资最多的一个，在世界上也仅次于美国而居第二。与外资俱来的，还有部分先进技术和中间适用技术以及先进管理，对我国现代化建设从不同角度给予推动。珠江三角洲、长江三角洲和环渤海湾地区，不少地区的经济发展领先，利用外资是重要动因。有的省、市，三资企业在全部企业中占1/4到1/3，在出口贸易或其增加额内都举足轻重。在此进程中，外商投资结构有所改善，单位规模有所扩大，投资领域有所拓宽，所起作用也越来越受到注意。应当肯定，我国利用外资政策是成功的。

但是否存在一些问题？确实也有，从规模、结构到管理，近年来引起若干议论。有人认为，每年利用外资总额达到300亿美元以上，显得过大，使当前利益动机多于长远战略考虑，持久下去很可能走上与南美一些国家同样的痛苦道路。因为无论是借款还是直接投资，都将导致经济发展后劲——利润以多种形式流失，使政府和企业背上沉重的包袱。所以，利用外资只能是"补充"，突破了此一界限，其资产、产值、市场所占份额过大，都会带来不良后果。[①]对外经贸理论也指出，要有一个"警戒线"。除规模外，各方面反映，重复引进多，所谓"阿里斯顿"现象，也不是成功的；并且，到处出现"假合资"，慷国家之慨，为局部谋非法利益；多数三资企业不受监管，账面亏损企业占1/2左右，其实是肥水外流；等等。再看各地制定的中长期规划，把大规模建设所缺大量资金寄希望于外援，制定相应的优惠政策，强调的是扩大开放度，忽视的是提高开放的质效。与整个经济工作和外贸工作一样，基本上还停留于速度型的粗放增长，不仅后开放地区饥不择食，先开放地区的"多多益善"惯性也未得到遏止。有的地区有所觉察，对数量偏多、规模偏小、技术偏低和管理不当的三资企业进行清理，一下子撤销了几百个到上千个；而在多数地区还是投鼠忌器，明知有问题而不敢采取措施，深恐影响外资的进入。看来，利用外资也必须转变增长方式，从片面追求速度增长转变到提高质量和效益，使之成为推进经济集约化的动力而不是相反。可供选择的对策建议如下。

（1）坚持产业政策，引导投资方向，优化引资结构。利用外资，开始时着重数量，据以考核政绩，可归因于经验不足，无可厚非；而在有了相当数量后，就要有所筛选，不能再是"照单全收"，以免导致宏观和微观的种种困扰。有关部门已经规定，限制外商投资的项目有：国内已开发或多次引进的技术，生产能力已满足国内市场需求的项目；单纯进口散件组装、产品全部内销项目；国家需统筹规划产业的重大项目；从事稀有、贵重矿产资源勘探、开采项目。至于对环境造成污染、损害，破坏自然资源或损害人体健康的项目；不利于保护开发土地资源的项目，运用我国特有工艺或技术生产产品的项目，更在禁止之列。

（2）落实"以市场换技术"的政策，把利用外资与引进技

① 《中国引进外资规模有待斟酌》，《经济学消息报》1996年5月17日。

中国经济的两个根本性转变

术结合起来，推进和配合高新技术的逐步产业化。利用外资，出于多种目标，包括弥补国内资金不足，吸收先进技术和先进管理等，随着形势发展要有所侧重。外商所以积极投资，除了由于劳动工资、土地使用等成本较低外，更是着眼于我国潜在的大市场。因此，原先提出"以市场换技术"的政策是正确的，要坚持落实，可望有好效果，也为经济集约化增添助力；相反，如果改为"以市场换资金"，则会是资金进来了，市场被占了，实际上是得不偿失。为此，我们要鼓励外商向农业、基础设施、基础产业、支柱产业、高新技术产业投资。引导外商向老企业的技术改造投资，在这些方面采取相应的政策，力争形成一条利用外资链：利用外资—增加进口—吸收先进技术和先进管理—开拓国内市场和国外市场—增加出口—促进经济集约化。

（3）有重点、有计划地拓宽外商投资领域。前面所说，并非对利用外资有所压缩，相反，而是追求利用外资的质量和效益。本着同一目的，要通过试点，进一步开放和拓宽外商投资领域。从工业投资延伸到服务投资，国际上已经步入高速发展阶段；我们也要抓住机遇，发展有关的服务行业。现在已经着手的，包括金融业、保险业和零售商业等，在指定地区正在有计划地展开。上海宣布"九五"期间利用外资的重点，与加快城市基础设施建设，发展农业综合开发项目，加快培育集成电路与计算机、现代生物技术与新药、新材料同步，要进一步发展第三产业，建设大型商业配送中心，试办中外合资外贸企业等。

（4）依法管理外商投资企业，保护中外投资者和职工的正当权益。当前有两种情况：一是有关法制待进一步完善；二是既有法制更待贯彻执行好。这有利于与外商一起办好三资企业，也有利于正确地保护广大职工的积极性，制止和防止出现某些不法行为和不良行为，充分发挥三资企业的应有功能。与此同时，还要改革有关体制，调整某些政策，逐步实现国民待遇，加强和改善对外借款的宏观调控和项目管理，建立责权利统一的借、用、还管理体制。可以预期，外商的投资积极性不会减退，我国今后利用外资还会保持相当大的规模，并取得更好的效益。

此外，对于对外承包工程和劳务合作，增长方式的集约化就是通过加强管理、提高工作效率和提高劳动者素质，以适度的投资、技术和劳动、物质消耗，换取尽可能多的效益。境外的贸易企业和非贸易企业日益增多，也要不断改进经营管理，使其越办越好。

对外开放是既定的基本国策。在各项工作上转变其增长方式，从粗放型走向集约型，是为了进一步扩大开放程度、提高开放水平，在工业化、现代化进程中进一步发挥对外开放的积极作用，这样就能进一步显示开放政策的巨大功能。

十、两个根本性转变的区域对策

市场经济不仅是竞争经济，还是分工和合作经济。国际之间如此，一国之内更是如此。南资（金）北投，东技（术）西走和北煤南运、西矿东流，正好是各扬其长，各补其短。

研究中国的经济问题，一定要有区域概念。正如不能离开国情而谈现代化建设一样，也不能离开区域特色而谈两个转变。虽然这几年来，区域之间的相互封锁和封闭在市场经济浪潮下受到冲击，但是区域之间的差异，从量的差异到质的差异，或许有所扩大，不是缩小。全国都要转变，任何地方都不能例外，只是如何转变，则要因地制宜。当然，最后应当殊途同归，一起走向市场经济体制和集约型增长方式，或许程度上有所不同。多年以来，区域经济共同发展和协调发展的呼声越来越高，但是在两个转变上有先后，发展的速度有快慢，质效有高低，那是难免的。

然而，如果改革、开放的进度和程度相差太大，共同、协调发展的希望就会落空。中西部立志赶东南沿海，要赶在体制改革和增长方式更新上。

（一）东南沿海地区和经济特区的两个转变

区域经济发展不平衡，有人认为差距太大了，有人认为还不十分严重，但总是引起了一致关注。拿发展速度、经济总量、所占比重和每人平均看，东南沿海尤其是经济特区始终领先。在全国相对最发达的地区，如广东、福建、浙江、上海、江苏、山东等省市，按人均国内生产总值不少已达小康，提前实现了第二步战略目标。这些省市的发展和改革、开放都居人前，是否也有两个转变的问题呢？

答案是肯定的。这些地方的改革步子较快，但是不能认为已经建立了社会主义市场经济的基本框架；发展势头较猛，但是也不能认为已经转变为集约型增长方式。以江苏省为例，全省国内生产总值在1992年提前8年实现了比1980年翻两番，"八五"期间年均增长18.1%；人均也提前7年实现了翻两番，1995年达到7300元。连同其他巨大成就，在各省区中位居前列。但是，也存在着一些不容忽视的问题，诸如：经济整体素质和运行质量不高；农业基础比较薄弱；工业组织化程度和技术装备水平不高；第三产业相对滞后；基础设施的"瓶颈"制约仍然存在；地区差距有所扩大；社会事业滞后于经济发展；环境污染日趋严重。所以存在这些问题，原因很多，而关键在于经济增长方式仍以粗放经营为主，国有企业的机制转换比较缓慢。[①]其他省市也相类似，都面临和承担着两个根本性转变的历史使命。

东南沿海属于经济发达或较发达地区，原来基础较好，改

---

① 《江苏省国民经济、社会发展第九个五年计划和2010年远景目标纲要（摘要）》，《新华日报》1996年2月13日。

革、开放又得风气之先，所以发展更快，符合经济发展不平衡规律和让一部分地区先富起来的设想。但是，在整个改革没有到位之时，这些地区的改革只能是先走一步或几步，在整个经济增长方式没有根本性转变之前，这些地区的发展也只能基本上沿着旧的轨道滑行。特别是经济增长越快的地区，越容易在速度与质效、总量与结构之间产生种种矛盾。江苏的发展速度快，而一些质效指标，如1995年的工业资金利税率只有8.42%，比上年下降0.47个百分点；成本费用利润率只有2.47%，比上年下降0.39个百分点；增加值率只有21.45%，比上年下降1.44个百分点。另如地方国有工业企业负债率在70%以上，第三产业占30.1%等，不少方面低于全国平均水平。[①]这有客观原因，不仅是江苏，其他老工业基地如上海和东北三省，大中型国有企业越多，背的包袱越重；发展越快，某些部门的能力过剩和竞争过度越突出；甚至南方诸省市，工业发展越快，对农业的冲击也越厉害；至于环境污染等粗放经营的后果，在这些地区都较普遍。

因此，在某种意义上，先发展地区的两个转变显得更迫切、更繁重。当然，这些地区同时有其先发展优势，获得先发展效应，也能在两个转变上继续先行。这表现在经济基础较好，可以更多地采取技术改造和技术创新的办法来求得发展，少铺新摊子；经济实力较强，科技水平较高，可以更好地开发高新技术并推进其产业化；就业压力较小，可以更侧重于发展资金、技术密集型产业；人才积聚较多，可以进一步发挥智力优势，走科教兴省、兴市和兴农、兴工之路。同时在改革上，这些地区的商品经济较发达，更有必要和可能加快市场化步伐，有的省、市提出率先建立新体制，有其主客观条件，对其他地区会起到带头作用。从这些省、市制定的"九五"计划和2010年长远目标纲要，不难

① 薛金鳌：《江苏经济增长的几个问题》，《江苏经济学通讯》1996年第3期。

看出两个转变的决心大、信心强和策划具体、设想周到，并富有创新精神。

自浦东开发开放以来，上海成为全国经济增长的大热点，实现了"一年一个样、三年大变样"的预定目标。对今后15年，他们更以大手笔写大文章，根据党的十四大对上海发展的总体要求，将尽快把上海建成国际经济、金融、贸易中心（后来又提出航运中心）之一，把浦东基本上建成具有世界一流水平的外向型、多功能、现代化的新区。

从公开报道获悉，在两个具有全局意义的根本性转变上，上海要"发挥优势，领先一步，率先实现"。就经济体制改革而言，上海从20世纪90年代开始在全国率先建立起各种生产要素大市场，至今成效非常显著；现在计划占工业产值的比重下降到3%，绝大部分商品已在市场体系内生产、流通；今后将进一步规范市场的运作方式，使上海经济进一步走上质量型、效益型发展的路子。"九五"目标是综合经济效益指数保持在高于全国平均水平大约30个百分点的水平上。他们认为，现在人均国民生产总值达到2000~2500美元，粗放型经济就不相适应了，因此要通过产业结构调整和技术进步来保持经济的持续、稳定增长。"九五"期间除了继续扶持汽车、通信、石油化工等六大支柱产业外，要花大力气发展超大规模集成电路、干线飞机、生物医药等高新技术产业，进一步提高经济的内在质量和效益。"领先一步"还意味着将"领先优势"转化为"领头效应"，把一些传统加工型、资源密集型的产业转移到内地，为全国经济实现两个转变作贡献。①

广东是全国率先开放的前沿地区，发展速度也居全国领先。早在1992年，他们就提出要力争20年基本实现现代化，有了一个

---

① 黄嵘：《领先一步实现两个转变——访上海市市长徐匡迪》，《人民日报》1996年3月19日。

精心设计的蓝图。其中一个很有特色的内容是制定了20年科技发展规划纲要，要求依靠知识密集型产业，采取突破性战略，实现产业结构高级化，高速、持续、稳定地发展国民经济。科技发展总的目标是围绕经济建设和社会发展的需要，加快科技成果的产业化、商品化、国际化进程，使第一、第二、第三产业建立在与中国台湾、韩国相近的先进技术基础上，综合科技实力和产业科技水平到2000年居国内先进行列，2010年基本实现科学技术现代化。广州市准备用15年时间基本实现现代化的目标，再造21世纪新辉煌。

江苏的远景目标是2000年全面实现小康，部分地区（主要在苏南）初步实现现代化；2010年全省基本实现现代化，人均国内生产总值在"九五"基础上再翻一番半（3倍），达到世界中等发达国家水平。实现这个目标的指导思想是加快两个转变，具体把握好以下几条基本原则：坚持发展不动摇，把较快的速度与较好的效益统一起来；把加快发展与实现两个转变结合起来，在加快发展中实现两个转变，在两个转变中提高经济增长的质量和效益；坚持贯彻实施以"科教兴省"为主体连同"经济国际化"和"区域共同发展"的三大战略；坚持走可持续发展的道路，促进经济、社会、环境协调发展；坚持"两手抓、两手都要硬"的方针，促进两个文明共同进步。在改革上，要求2000年基本形成社会主义市场经济运行机制。

山东是当前全国最具有发展活力和潜力的地区之一，规划到2000年实现国内生产总值翻三番，到2010年基本实现现代化，建成社会主义现代化经济强省。根据这个目标，"九五"的工作重点是：把农业作为强项，争取人均粮食520千克以上，促进乡镇企业有新的突破；对国有企业要抓大放小，按现代企业制度要求不断将改革推向深入；优化产业结构，进一步解决水资源短缺等"瓶颈"问题，重点培植以乙烯为基础的石油化工等六大主导产品；加速与国际经济全面接轨，推进重点城市国际化步伐；尽快建立起政府、企业、社会等多元化、稳定的科技投入新机制。[①]另如建设"海上山东"，发展海洋经济，更是跨世纪的宏伟工程。

沿海各地都有关于两个转变的种种打算。北京在1996年"两会"期间，一批代表和委员对发展高新技术提出联想：一是形成以第三产业为主的轻型经济结构；二是用高新技术调整目前不合理的产业结构；三是坚持优质高效，发展高附加值、高效益的产业；四是美化城市环境，限制污染行业；五是用健康向上的优质文化，推动文化产业发展。[②]这都说明，实行两个转变，各地有各地的具体道路，不拘一格，并且都以先实现小康、后走向现代化为归宿。

实行两个转变，地处沿海的经济特区更有其特殊任务。20世纪80年代初建立经济特区以来，作为开放的"窗口"和改革的"试验场"，各个经济特区不仅自身得到很快的发展，还在开放、改革的很多方面创造了很多经验，为其他地区起到了探索和引导的作用，并且产生了巨大的国际影响。例如，深圳经过16年的建设，从一个边陲小镇成长为一个现代化的新型城市，成为一个工业基地、金融中心和港运枢纽，其增长速度和人均收入在全国遥遥领先。通过特区试点，对外开放逐步扩大，我国已是全方位的开放，原来给特区的优惠政策大多也适用于其他开发区和开放城市、开放地区。于是，特区是否不再特了、特区的历史使命是否已经结束了等问题被提了出来。固然，特区与其他开发区在政策上的差别确实不多，但是特区的优势不在这里，而在经过开

① 于勇等：《唱好发展主旋律——山东转变经济增长方式的新思路》，《经济日报》1995年12月7日。
② 郭小景：《科技兴业，文化兴邦——一个首都经济发展新战略的提出》，《北京青年报》1996年3月28日。

放、改革的先行，在开放度和改革度或外向化和市场化上，已经形成新的机制，为其他地区所未有。为此，中央已经提出特区的"三不变"方针，即对发展经济特区的决心不变，对经济特区的基本政策不变，经济特区在全国改革开放和现代化建设中的历史地位和作用不变。经济特区的作用，今后不仅不会削弱，还会继续得到加强。

经济特区的作用，今后表现在哪里？也可以说，在两个转变中仍旧是"排头兵"。特区的改革，从企业、市场到金融、进出口等，已经建立了市场经济体制的基本框架，这是其所以发展最快的重要原因。也是在这种机制推动下，特区经济的科技水平提高很快，产业结构调整很快，基本上走出了粗放经营的传统格局，集约化程度正在逐步提高。现在，面临新的形势，特区要开创新局面、创造新经验、作出新贡献，从过去靠政策取胜转向靠机制取胜、靠科技取胜，在两个转变中形成新的优势，在已有基础上攀登新的台阶。如果说，在过去的披荆斩棘中，特区只发挥了一定的辐射和示范功能；那么，今后随着率先实行两个转变，其辐射和示范功能将更加完整，更加有说服力，并在国内、国际两个市场上有更强的竞争力。

各个经济特区由于区位等条件不同，各有特色。深圳毗邻香港，处于祖国南大门，在利用港资、转口贸易和传递信息上有特殊优势。随着香港回归日近，深圳不仅有新的任务——与香港一起保持繁荣；又有新的优势——与香港的关系更加密切。其他特区也相类似，都已有了较强的实力、较多的人才，将从"优惠型"转向"功能型"。改革、开放的一些新举措，还将允许特区先做。例如，厦门实行对外商投资企业的八项国民待遇，为外商带来新的投资机会，也为厦门带来新的发展机会。又如离岸金融、服务贸易等国际上通行的经济规则，都可以在特区试验，成功后再逐步推广。特区的"特"，特在先发效应，将在二次创业

中国经济的两个根本性转变

中再领风骚，再创辉煌。

海南是最大的经济特区，虽然原来基础落后，发展不无困难，但是也已赶上了全国水平，并初步显示了某些其他特区没有的特色。他们感到了必须实行两个转变的迫切性，又明确了转变经济增长方式的目标和途径，包括发挥当地的比较优势，实施科技兴琼战略，重视人力资源开发，以及通过深化改革、扩大开放来获得新的动力；同时，还要处理好增加投入和提高投入效率、实行集约经营和扩大劳动就业、提高经济效益和社会效益等的关系。可以相信，这个特区的前景同样是绚丽美好的！[①]

（二）中西部地区的两个转变

实行两个转变，对东南沿海地区，既感迫切，又有基础，那是容易理解也不难决策的。对次发达和欠发达的中西部地区，要不要强调两个转变，怎样实行两个转变，似乎复杂得多，并有不同看法。有人认为，中西部地区当前的问题只是加快发展，逐步缩小与东南部地区的差距；至于采取粗放型还是集约型增长，那是次要的事，不宜过于讲究，不然会束缚自己的手脚。这是把加快发展与两个转变对立起来或割裂开来的观点，缺乏战略观念，会给经济工作带来随意性；而一味求快，不讲质效，更有可能停留于或满足于粗放型增长，必然在日益激烈的国内外市场竞争中处于守势和劣势，将是欲速不达。因为今日的形势已经不同于以往，以往东南部经济的兴起，作为先发效应之一是当时还属于"短缺经济"，愁产不愁销；经过十多年的发展，初步形成有限的买方市场，愁销不愁产，今日中西部发展经济，后发效应之一是依靠日益进步的科技，能与东南部基本上站在同一起跑线上。当然，这不否定各有优势、各有特色，中西部应当走自己的路，

---

① 汪啸风：《关于我省转变经济增长方式的思考》，《今日海南》1996
年第2期。

要借鉴东南部改革、开放的经验，但是不能仅仅踩着别人的脚印跟踪前进。

促进区域经济协调发展是今后15年的重要任务。《纲要》的说法是："引导地区经济协调发展，形成若干各具特色的经济区域，促进全国经济布局合理化，是逐步缩小地区发展差距，最终实现共同富裕，保持社会稳定的重要条件，也是体现社会主义本质的重要方面。"《纲要》提出"统筹规划、因地制宜、发挥优势、分工合作、协调发展"的原则，要求正确处理三个关系即全国经济发展与地区经济发展的关系、建立区域经济与发挥各省区市积极性的关系、地区与地区之间的关系。《纲要》在规划7个经济区域并明确其发展方向后，制定的主要政策措施，除了要求东部地区在深化改革、转变经济增长方式、提高经济素质和效益方面迈出更大步伐、提供新的经验外，重点在于对中西部地区，要求发挥资源优势，将其变为经济优势，列出多条对策，涉及方方面面，是切实可行的。贯穿于这些对策的主线，也是两个转变。如果说有什么特色，则是从中西部地区的现状和优势出发，包括了优先建设基础设施和开发资源，加快改革开放，在依靠自己力量的同时争取必要的支持和协作，并在发展资源加工型和劳动密集型产业的基础上寻找更高的起点。可见，实现区域经济协调发展，逐步缩小东中西部的差距，与实行两个根本性转变，在目标上和途径上是一致的。换句话说，也只有实行两个转变，使中西部地区经济发展得更快更好，才能实现区域经济的协调发展。

现在人们议论中西部地区的经济发展，先后提出的问题有：（1）"中西部地区离小康有多远？"1994年全国农民人均纯收入（按1990年不变价格）为803元，其中东部为1002元，中、西部分别为726元和616元；以2000年达到1200元为"小康线"，要求每年增长6%~7%，而1991—1993年仅为2.5%，必须

中国经济的两个根本性转变

付出极大努力。① （2）"东中西部地区之间的差距会越来越大吗？""八五"期间国民生产总值的年增长率，全国平均为11.7%，其中东部在16%以上，中西部为9%。根据对区域需求、要素供给、集聚经济、产业结构和自然条件等因素的综合分析，在10~15年内缩小差距有相当困难。另一未确定因素是区域政策，要看其倾斜力度，并以不影响整体效率为前提。② （3）"春风怎度玉门关？"这是采取什么办法的问题，也有若干设想，如发展中西部不能以牺牲东部地区的快速发展为代价，必须是宏观调控与市场机制双管齐下，中西部人不能"等、靠、要"，而加快中西部开发也会增强东部发展的后劲等。③ （4）"西部地区准备好了吗？"原来的"梯度"有其历史背景，20世纪80年代更有政策倾斜，现在经济重心向中西部推进，有其地域辽阔、资源丰富、劳动力成本低等优势，实现"跳跃发展"将是可能的。对此，中西部早有期望。④

加快中西部发展是今后15年的大课题，围绕两个转变，值得研讨的对策有。

1. 抓住发展机遇

我国的现代化建设，面临很好的发展机遇，而在不同地区，机遇似有不同。20世纪80年代，东南沿海地区的机遇特好。当时在政策上之所以要倾斜，让东南部先发展起来、先富起来，就是由于这个缘故；实践证明，这样做是对的，否则，总量增长不可能有后来的高效率和高效益。到20世纪90年代后期直至跨世纪，人们认为，发展机遇西移了，表现在：全国经济工作的重点西移，大家关注中西部的发展；政策倾斜西移，在基本平衡的前提

---

① 《经济日报》1995年6月26日。
② 《经济学消息报》1996年4月5日。
③ 《中国市场经济报》1996年3月16日。
④ 《山西发展导报》1995年12月2日。

下，实际上对中西部有不少优惠；基础设施建设和资源开发西移，这与工业化进程从制造业为主走向重化工为主是一致的。还有东南沿海地区先行发展之后，实力增强，有必要和可能带动中西部的发展。[①] 趁此"重点机遇""政策机遇""产业机遇"和"带动机遇"，中西部地区要加快发展，以粗放经营还是集约经营为主，结果大不一样。

2. 发挥自身优势

机遇是客观条件，主观条件是立足自身优势，发挥自身优势，扬长避短，这是区域经济发展的基本原则。中西部地区的优势十分明显：土地广阔，很多是农业大省、牧业大区；能源和矿产丰富，从水力、煤炭、石油天然气到金属和非金属，占了全国的七八成或更多；劳动力丰富，并且吃苦耐劳；也有深厚的文明和文化积累。这些本来是潜在优势，经过市场经济的洗礼，在新的机遇面前，都将从沉睡到苏醒，成为现实优势。作为后发展地区，还有一个后发优势，包括借鉴先发展地区的经验，接受先发展地区的带动等。[②] 但是，优势转化不是简单的资源相加，如何发挥优势要有具体策划；只有在两个转变上狠下功夫，才能得到最好的利用和充分的发挥。

3. 实施科教兴区

无论是自然资源或人文资源，从客观存在转化为生产力，都有一个如何与科学技术结合的问题，不是与先进的科技结合，就是与落后的科技结合。这是对"科技是第一生产力"的理解和应用。当然，也取决于种种条件，不仅凭主观愿望。中西部地区既有基础较差的一面，又有并不都差的另一面，如"三线建设"就播下了众多科技种子，集聚了相当雄厚的科技力量，开发了一批

---

① 贾治邦：《西部地区要抓住发展机遇》，《经济日报》1995年12月4日。

② 刘亮明等：《不欠资源欠"东风"》，《人民日报》1996年5月27日。

科技成果。现在的形势是即使地区之间起点不同，但是"科技机遇"是基本上平等的。甚至可以认为，越是基础差的地区，对先进科技的需求越感迫切；因为只有依靠科教振兴经济，才能逐步缩小差距，进而争取后来居上。有人认为，当前科教发展，大家面对着"自然科学—社会科学"交叉、"科技—产业—市场"一体、"单位—国家—全球"关联、"人类—社会—自然"共存的大系统，谁的思维方式与其适应，谁就能激发巨大的活力和深层的潜力。①抓住这点，中西部地区只要努力培植新的增长极，就能实现集约型的经济起飞。

4. 扩大对外开放

"封闭使人落后，开放使人进步"，中西部地区对这点体会尤深。开放要比条件，中西部相对后进，开放不得不相对迟滞。梦醒已是早晨，在全方位开放形势下，中西部地区获得"开放机遇"，其资源优势和劳动力优势也成了"开放优势"。现在的问题是如何借开放之风，启动思想解放的闸门，变为发展经济的强大动力。对外开放不仅是在扩大进出口的同时引进资金、设备、技术和管理经验，更在萌生新的观念、新的机制和新的增长方式。在中央制定引导外资更多地投向中西部地区的政策推动下，只要加快开放步伐，加大开放进程，中西部地区完全有可能与东南沿海地区一样发展有区域特色的开放型经济，进而推动经济国际化。②人们已经看到，长江流域成为接受国际产业转移的重要地区，不仅在下游，并且延伸到包括江西、湖北直至四川的中上游。

5. 输血造血并重

① 张武军：《西部发展战略要加大科技含量》，《中国市场经济报》1996年5月18日。
② 陈履祥：《略论开放是欠发达地区发展的动力》，《人民日报》1996年5月26日。

作为后发展地区，在先发展地区富裕之后，接受其适当帮助，走向共同富裕，名正而言顺。这有多种内容、形式和渠道。资金是一种"血"，输血的办法有财政转移支付、提高信贷比重和重点安排投资。技术和人才是另一种"血"，输血的办法是政策引导、市场流动，可望重见"孔雀西北飞"。特别对民族地区，更要以多种渠道给予扶持。在中西部地区，这些资源越是稀缺，越有价值；越是集约使用，越有效率和效益。但是，输血毕竟有限，还要造血。变输血为造血，就不是仅用于救济或扶贫，而是用于开发，包括基础设施、公共工程和以工代赈等，培育出造血机制来。[1]另如理顺资源性产品价格，以增强中西部地区自我发展的能力。所谓"内因为基础、外因为条件"，无非是通过外部诱发，启动内在活力。至于如何增强造血机制的力度，集约经营无疑是倍蓰于粗放经营的。

6. 互补互助互利

先发展地区支持后发展地区，并不是片面的，也不是平调，而是一种优势互补、合理交换和经济联合。东南沿海地区有资金、技术、人才和加工能力，中西部地区有资源、劳动力和市场，合则两利，分则两损。市场经济不仅是竞争经济，还是分工和合作经济。国际之间如此，一国之内更是如此。合作的内容和形式也多种多样，南资（金）北投，东技（术）西走和北煤南运、西矿东流，正好是各扬其长，各补其短。最近的一大战略决策是西电东送（将广西、贵州、云南的水力和火力发电开发后输送到广东等地）和东锭西移（将上海、江苏、山东的棉纺厂搬到新疆），实现优势互补、资源共享、共同发展、提高效益。[2]中

① 胡鞍钢：《给经济后发地区建立"造血机制"》，《北京青年报》1996年3月18日。
② 刘霄等："东浪西涌拍岸急——迈向资本经营新天地"，《人民日报》1996年5月31日。

西部地区的劳动力东南行，同样有其积极效应。在这方面，长江巨龙舞起来，新亚欧大陆桥架起来，东西南北中一体化的前景，终将以两个转变为契机，在跨世纪的宏伟工程中渐次实现！

在国家的统筹规划和产业政策的指导下，中西部的各省区结合本地特点，选择发展重点和优势产业，有了具体打算，体现了两个转变在各地区的初步落实。试举若干有代表性的案例：

湖南是一个农业大省，但是长期以来存在着农业经营效益低、农民收入增长慢的问题。近年来，省委、省政府把提高农业效益作为促进农业发展的一件大事来抓，作出了变农业大省为农业强省的决定，选准以产业化为突破口，改变以前农业大而不强的局面。根据农业资源丰富和丘岗、水域面积大的优势，他们选定了重点发展的大产业是粮食、棉桑麻、水果、茶叶、烟草、蔬菜、林业、生猪、草食牲畜、水产、家禽。在此基础上，突出抓好粮棉油深加工、林产品加工、水产品加工、水果加工、蔬菜加工五个方面的"龙头"企业。发展乡镇企业，也要与产业化相联系。为此，财政上拨专款，农业银行也给支持。[①]这将有力地促进农业的集约经营，对全省和全国的产业结构优化都将作出重大的贡献。

山西是我国的煤炭资源大省和重化工基地，传统的经济增长方式在这里表现为支柱产业单兵突进、产品初级化、附加值低、经济增长质量也差。今后的发展，不是一味追求改变重型结构、追求轻重工业均衡发展，而是要把重型产业作为经济腾飞的主要支撑力量和基础，通过不断的技术改造和开发合理的产品链，靠加工、再加工，提高产品附加值。省长孙文盛强调，必须以提高质量效益为中心，把资源优势转变为经济优势，才能摆脱长期以来形成的投入大而产出低、质量差的格局。"九五"计划要追求

---

① 王利亚等：《湖南十二大主导产业开始启动》，《人民日报》1996年6月6日。

结构优化效益，创造优质名牌产品；追求规模效益，形成新的优势产业、产品和龙头企业；追求科技进步效益，加快科技进步及其对经济增长的贡献率；追求资金营运效益，从实物管理转向资金管理；追求生态环境效益，保护和提高环境质量。按照这样的思路，山西发展第一、第二、第三产业的主攻方向是：开发粮棉、林果、畜牧、蔬菜四大农业产业，形成生态绿色产业新格局；依托现有企业，输煤输电并重，并培养新的经济增长点和多元化支柱工业；加快发展交通通信、商贸流通、金融保险、旅游服务和科学教育。①可见，实事求是，转变的道路是宽广的。

云南是不发达的省区，改革开放以来，经济增长速度略高于全国平均水平，主要是造就了一个见效快、积累多的以"两烟"（烤烟、卷烟）为主的支柱产业，但是产业单一、风险大。为了改变"一柱擎天"的"伞式结构"，他们决定今后重点培植旅游、磷化工和以食品工业为主的生物资源开发等，形成一个产业群体。现在，旅游业已经进入全国十强行列，花卉业已经成为全国之最。为了发展这些新兴产业，他们提出"科教兴滇——先兴科教"，"扶贫先扶教、治穷先治愚"，"送粮送衣不如送科教"。现在，科技贡献率从25%上升到近30%，全省建立科技示范村1100多个、科技示范户25万多个，并计划今后五年筹款40亿元用于普及义务教育。在摆脱贫困、发展经济中，他们还明确地认识到既不能以牺牲宝贵的生态环境为代价，也不能对有限的资源过度索取，否则必将牺牲中长期利益，损害最终的发展。三年前，他们决定用18年时间，投入30多亿元，根治弄脏了的滇池，达到可持续发展。②可见，边远地区要克服落后，同样要实行两个转变。

---

①　李丁等：《山西从重型产业起飞》，《山西发展导报》1995年9月6日。
②　李仁臣等：《冷静的选择——云南转换新的发展思路和发展方式》，《人民日报》1996年3月31日。

内蒙古是民族地区，几年来经济增长方式向集约化发展虽然取得一些成绩，但从总体上看，仍未脱离粗放型格局，导致投资效益下降、资源被浪费和破坏、高消耗和低产出。他们总结经验教训，决定今后农牧业增长方式要尽快实现六个转变：从粗放经营向集约经营转变；从自然农牧业向建设农牧业转变；从广种薄收向精种高产转变；从传统生产方式向先进生产方式转变；从自给自足、出售原料向外向型、加工增值转变；从数量农牧业向效益农牧业转变。为加快转变，要加强综合开发，向生产的深度和广度进军：在深度上，种植业要提高单产、稳增总产，养殖业要狠抓母畜比率、出栏率、繁殖成活率；在广度上，要把发展农牧业从仅仅依靠现有7000万亩耕地和13亿亩草场扩展到开发利用全部国土资源。[①]民族地区的市场化程度虽然较低，实行两个根本性转变有其特点，但也有与先发展地区同样的需要和可能。

两个转变在中西部的其他地区，也都大有作为。位于"天府之国"四川腹地的成都，作为内陆开放城市和长江流域重镇，"九五"和未来15年制定了六大战略：科技兴市战略，城乡一体战略，农业的"三环"（近、中、远郊）战略，工业的产品发展战略，大商贸、大市场、大流通战略，大开放带动大发展战略。素有盛名的成都市将以其独特的区位、市场、劳动力和科技优势，参加大西南和长江流域的经济分工和协作。[②]这是优势互补，目的是谋取区域之间的共同发展。

东、中、西部地区的差距是一种历史现象。对后发展和欠发达地区，应当讲一点辩证法，坚信终能克服落后、发挥优势、走向先进。大家都在学习、宣传、贯彻《纲要》，把气势恢宏、催

---

① 林跃民等：《内蒙古主攻增长方式的转变》，《经济日报》1995年12月31日。

② 陈宏伟：《为大西南承担更多责任——访成都市委书记黄寅逵》，《中国经济时报》1995年12月29日。

人奋进的跨世纪蓝图化为灿烂的现实，有赖于各个地区实行两个根本性转变，以一个个具体目标的实现来保证总体目标的实现。

十一、两个转变的长期性及其检测和考核标准

实行两个根本性转变，既有其现实性和迫切性，又有其复杂性和艰巨性。这是一种战略性转变，贯穿于经济建设和经济工作的一切方面，触及很多深层次的实质东西，不同于一些短中期的调整和对付突发情况的适应性决策。因此，应当在尽快启动的同时有一个中长期策划，以便有序地、有步骤地实现新体制和新增长方式的到位。

关于经济体制改革的长期性，我们在《中国经济体制改革的模式研究》中有专节论述。[①]当时认为，主要来自四方面的原因：一是社会主义初级阶段的经济发展水平和社会经济条件；二是经济体制改革面对的广泛领域和庞杂对象；三是与改革相联系的政治、社会、文化因素和人的因素；四是史无前例的理论和实践探索。我们设想，从开始改革到实现目标，大体上可以分为四个步骤：一是初步突破阶段，具有启蒙和试验性质；二是新旧体制并存阶段，有进展也有摩擦；三是改革的深化阶段，从双重体制并存到新体制占主导地位；四是目标模式的实现阶段，即在前一阶段基础上新体制的进一步巩固和提高。看来，现在正从第二阶段向第三阶段前进。按照《纲要》部署，到20世纪末将建立社会主义市场经济体制的基本框架，并在21世纪初叶渐趋完善。瞻前顾后，整个改革或许要花30年的时间，现在正处于前15年和后15年的交替阶段，也就是从双重体制向新体制并轨的关键阶段。

近十年的实践，使我们进一步体会到，改革的复杂艰巨确

---

① 刘国光《中国经济体制改革的模式研究》，中国社会科学出版社1988年版，第388—396页。

实与整个经济发展水平有关，在市场经济不发达的基础上建立现代市场经济体制，国外经过一二百年；而新中国成立后的前30年，传统体制又抑制了市场经济的成长，起点不是提高了，却是被人为地压低了。何况，社会主义市场经济与市场经济一般既有共性、又有个性，不能照抄照搬别人的做法，要有一番改制；特别是国有企业如何建立现代企业制度，公有产权如何有自己人格化的代表，还有待在探索中创新。此外，处理好改革与发展的关系，原来期待有一个相对宽松的经济环境，可是很不容易得到；这几年先后出现经济过热、环境过紧，以致不得不加以调整，使不少改革措施不能及时出台，比原来估计要曲折得多。这又说明，改革与发展不可分，转变经济体制不仅改革本身要相互配套，并且还要与转变经济增长方式密切配合，化相互牵制为相互促进。

改革之所以不可能速战速胜，是因为还存在若干难点，亟待攻坚。不少文章指出，改革要闯几道关，其中首先是国有企业的改革。作为整个改革的中心环节，如果拿不下来，其他改革都无法深化；在国有企业改革中，产权改革是绕不过的难中之难，政企分开也是一大障碍，涉及既定的利益格局，不容易打破。围绕国有企业改革，怎样完善包括资本等要素在内的市场体系，健全以价格为信号的市场机制；怎样转变政府职能，建立间接为主的宏观调控体系；怎样建立和健全"效率优先、兼顾公平"的个人收入分配体制和多层次的社会保障体制，不能认为什么问题都明确了、解决了。此外，农村改革、外贸改革和科技改革、教育改革，怎样有区别地推向市场或引入市场机制，也都没有现成答案。

突破难点，还要解放思想，实事求是，大胆试验，勇于探索。既是试验和探索，有的可能成功，有的可能失败。成功了，可以推广，但要因地制宜，不能一哄而起；失败了，可以再来，但要接受教训，不能老是付不完的学费。只要持之以恒，反复实践，逐步认识，经济体制终将转变到位，史无前例的社会主义市场经济体制终将在神州大地建立起来、运行起来！

关于经济增长方式转变的长期性，也和改革一样，与当前经济发展的阶段、水平和各种条件，与转变涉及的广度和深度都有关系，绝非轻而易举。从粗放型增长到集约型增长是一个历史过程，与工业化和现代化的进程是一致的。这在发达国家和发展中国家都要经过几代人的努力。我们发挥后发效应，能够比别人快一些，但是也不会一蹴而就。还要看到有不利之处：例如人多，实现充分就业和消除显性、隐性失业，把农村剩余劳动力转移到非农产业，比一般中小国家要难得多；又如科教事业不够发达，走向发达要下大力气，在未发展到相当程度前，实行集约型增长是相对有限的。这是指生产力，而在生产关系和上层建筑方面，如何适应经济增长方式的转变，同样要有一个除旧布新的长过程。

经过几十年的现代化建设，我国经济发展到了一个新阶段，转变经济增长方式经过一番摸索，初步具备了基本条件。现在提出进一步的根本性转变，并不算晚。从开始转变到完成转变，也可以分为几个步骤：首先是提出转变，启动转变，很多年前已经有所认识；其次是两种增长方式并存，现在正处于这一步；今后要加快转变，从粗放为主走向集约为主；最后才是完全转变到集约型增长的轨道上来。分为这些步骤，与整个现代化建设分三步走，大体上也是一致的。前面谈到，实现温饱可以主要靠粗放经营；走向小康就不能都靠粗放型而要有部分集约型增长；从小康继续前进将越来越靠集约型增长；到达基本现代化，应当主要靠集约型增长了。反过来说也一样，从小康向前进，只能是部分集约化；一定要达到基本现代化，才能是基本集约化。

从粗放化到集约化是一个量变到质变的长过程。在此过程中，两种增长方式并存，只是各占比重逐步消长。有人问过，这个比重怎么衡量，以各占多少为宜？这也不能绝对化，在不同地区有不同格局，看来，在相当长的一段时间内，粗放型增长还会在不同产业、不同地区占相当比重。发达国家人口增长慢，即使失业率高，仍感到劳动力缺乏，劳动成本高，劳动密集型产业在逐步向外转移。我国人口多、劳动力过剩，劳动密集型产业不会很快被资金、技术密集型产业所替代。尤其目前，接受海外劳动密集型产业的转移，还不失为发展经济、增加就业的途径之一。因此，劳动密集、资金密集、技术密集三种产业所占比重，我们与发达国家和某些发展中国家是不会一样的；三类产业的结构变化及其进程，也是不一样的。我们应当使三者搭配得好，并且相互结合，对劳动密集型产业也要提高其产品质量，增加其技术含量，但是不能操之过急。这在不同地区，情况更不一样，不应该一刀切，用一个尺度去评价。

经济增长方式的转变，也以经济体制的转变为条件。所以，前者转变的进程如何，也受到后者的约束。只有体制逐步市场化了，企业成为市场主体，在市场竞争中感到压力、唤醒活力，然后才有依靠科技进步的内在要求，主动地和自觉地逐步走向集约化。加快经济增长方式的转变，要以加快经济体制的转变为动力。在改革未到位前，转变经济增长方式也不可能先行到位。

《建设》和《纲要》提出两个根本性转变后，全党动员，各级奋起，全民响应，出现了一派蓬蓬勃勃的新气象。要不要转变，已不是问题了。如何转变，正在议论和实施。但是对两个转变的长期性，认识不完全一致。在有些人看来，似乎是说转变就转变，说到位就到位，对其复杂性和艰巨性估计不足，很可能会降低标准、放松努力并在决策上导致偏差。

两个转变已经从理论、决策进入实践、工作层次。这是一个长过程，在演进中应当建立检测系统，据以掌握动态，调整对策。把这个检测与政绩考核统一起来，也有好处。这不同于衡量小康和现代化进度，但是不妨适当联系、相互参照。这些指标，主要反映经济增长方式的转变；经济体制的转变也表现和落实在此，无须另定标准。下述一些具体指标可供选择。

1. 在实现经济增长速度指标的同时，要把综合经济效益是否增长放在第一位。

增长速度很重要，但其检测标准不是越快越好，而是以原定计划指标为准，特别是要以综合经济效益为前提。现在确定，"九五"期间年增长率在8%左右，即不到10年翻一番，与过去长期平均实绩比并不算低，是适度的。似乎留有余地，实际上是为提高经济效益腾出一定的时间。各部门、各地区情况不同，在保证效益增长的前提下，可以稍高于或稍低于8%。关键在经济效益增长如高于速度增长，才算是有转变；否则，还是速度高效益低，就是停留于原来的经济增长方式；万一效益跌落，尽管速度再高，也该视为预警，并即查明原因，采取应急措施。

2. 通货膨胀率是否逐年下降到合理水平，仍要作为今后长期坚持的重要目标。

"八五"期间，经济增长率年均为12%，物价涨幅年均为11.4%，都超过历次五年计划，是不够理想的。高增长以高物价为代价，前者算是政绩，后者主要由老百姓承受。从经济学上讲，物价涨幅与当年经济增长率并不直接有关，而同现实经济增长率与潜在经济增长率的差距有关；也就是说，如果现实的经济增长率超过潜在的经济增长率，物价就会上升。目前，物价体系还未完全理顺，初级产品价格偏低，有待逐步调整，要留下适当区间，在几年内分阶段实现。能否设想，最终要把每年物价涨幅控制在5%以下，并且长期地稳定下来。

3. 投资增长率是否只是略高于经济增长率，要把积累率控制在30%左右。

以高投入实现高增长是粗放型增长方式的一大特点，过去经常是投资增长率超过经济增长率一倍以上，有的省区更加突出，成为经济过热的"导火线"。转变为集约型增长，就要控制投资规模、优化投资结构、提高投资效益，以适度投资保证适度增长。这里，前者可以略高于后者，如3~5个百分点，是由于投资生效有一定时滞、有机构成要逐步提高并且包括了利用外资。但是，还要把好积累率这个关，防止挤了消费或产生其他"瓶颈"现象。

4. 产品质量是否提高，产销率是否保持较高水平。

产品质量也是广义的经济效益，要讲究投入产出比。数量增长，质量不高或下降，也是粗放型增长的结果，必须扭转。对此，要建立严格的监管体系。与此相连，产销率不高同样是传统增长方式的表现。近年来，全国平均产销率在95%以下，有的省区更下跌到近90%，是十分严重的。换句话说，增产部分至少有5%积压滞销，应当从经济增长率中扣去相应的百分点，实际上就不到8%了。从长远看，企业以销定产（按订单组织生产），即使做不到基本上无库存（库存只是周转），也该把产销率逐步提高到98%以上，这才是在向集约型增长逼近。

5. 能源等消耗定额是否逐步下降。

这既要竖比，又要横比。当前存在的怪现象是按产值计，能源消耗率不断下降；而按主要产品产量计则不同，有的还在上升。可能出于多种原因，如产值有水分，产品结构有变化，生产的机械化、自动化程度有提高，某些行业的低水平重复建设还未制止等。从长远看，随着技术进步，能源系数有提高因素，也有降低因素，各国情况不一样。由于我国当前平均消耗定额成倍于先进水平，转变经济增长把降低能耗、物耗、水耗为目标是必要的，否则也可能出现"超载"和"断裂"。

6. 财政收入增长率是否高于经济增长率，财政收入占国民生产总值的比重是否有所提高，财政收支是否基本平衡。

经济效益不够理想，重要标志之一是财政收入的增长低于经济增长（扣除物价因素），财政收入占国民生产总值的比重下降和偏低，并导致财政赤字。这也有多种原因，包括预算外挤预算内（预算外过多，相当部分是化大公为小公，建了不少"小金库"）、税收流失和某些开支不当（每年公费吃喝、玩乐据测算不低于全部税收的1/2）以及总值有水分。转变经济增长方式，其直接成果之一应当是财政状况的逐步好转，这对整个经济的发展和调控都有其必要性和重要性。

7. 科技投入和教育投入占财政支出和国民生产总值的比重是否提高，科技进步对经济增长的贡献份额是否提高。

这是老问题，已经提出多年，但进展令人不够满意。但是，这个问题不解决好，转变经济增长方式总是"纸上谈兵"或如水中月、镜中花。建议在今后的五年计划和年度计划中列出有关指标，最终达到在发展中国家领先，并向发达国家逐步靠拢。没有钱吗？有首诗提供了答案："发职工工资没钱/给教育拨款没钱/增加农业投入没钱/为'希望工程'捐款没钱/盖高级宿舍有钱/买豪华轿车有钱/付公款吃喝有钱/出国旅游有钱。"[1]

8. 在劳动生产率和综合要素生产率逐步提高的同时，失业率是否控制在合理水平上，农村剩余劳动力的非农化进度是否有所加快。

不断提高劳动生产率和综合要素生产率是集约化的重要标志，但在我国，还要注意就业问题，力争两者之间的协调。与西方也正视就业、防止失业率过高比，我们更要高度重视并统筹兼顾、适当安排。除城镇就业问题外，还要放眼农村，促进农村劳动的非农化（包括乡镇企业和"民工潮"），力争整个大农业劳

① 文华：《无与有》，《杂文报》1996年6月4日。

动力的绝对量有所减少。

9. 在发展经济的基础上，城乡居民收入和生活水平、生活质量是否逐年提高，人均收入与人均国民生产总值的比例是否合理。

发展经济为了人民、最终实现共同富裕。对此，要有一系列的目标定位，并建立完善的检测方法和检测手段。在解决温饱后，农村还有少数人未脱贫，城市也有一些贫困户，不能拖到21世纪来解决。根据社会主义的优越性，基尼系数并非无用，但要适当改制，并把解决平均主义也考虑在内。人均收入和人均国民生产总值是不同的概念，同时又有联系，不能是前者增长较慢而后者增长特快，以致前者占后者的比重逐步下降。对此，还要作些横比。

10. 生态和环境保护是否都有进步，污染程度是否不断下降，遗留问题是否在逐步解决。

这是关系到子孙万代的事，也与转变经济增长方式密切相关，必须列入重要议事日程，加强监管和检测。考核政绩，不能没有此条。其中尤其是农田的占用、复耕和现有状况，更要重视，要建立一条"临界线"或"生命线"，千万不能突破。

回顾过去，成就巨大；展望未来，豪情满怀。抓住两个根本性转变这个关键，宏伟的跨世纪纲领必将逐步实现。马克思说过："一步实际运动比十打纲领更重要。"让我们以实际行动来实现这个纲要，昂首阔步地走向充满生机和希望的21世纪！

坚持适度从紧的货币政策*

——《金融时报》记者专访

（1996年12月31日）

从1993年起，针对又一轮的经济过热，我国采取了适度从紧的财政货币政策。经过这几年的努力，宏观经济形势一年比一年好，尤其是即将过去的1996年，我国的零售物价指数降到一位数以内，而经济增长在缓降中仍保持了比较强劲的势头。日前，记者就如何正确评价适度从紧的货币政策，合理确定未来的工作方针与重点，采访了我国著名经济学家、全国人民代表大会常务委员、中国社会科学院特邀顾问刘国光。

刘国光首先高度评价了1993年以来我国执行的适度从紧货币政策。他说，宏观经济形势的好坏，一是表现在物价上；二是表现在经济增长率上。应该说，1996年的宏观经济形势是令人欣喜的。年初预计全年的零售物价指数涨幅为10%左右，而经济增长率为8%左右。现在虽然最后的统计数字还没有出来，但可以肯定零售物价指数涨幅已降到6%左右，而经济增长率可达10%左右。这一形势的取得是极为不易的，标志着我国经济已经基本实现了"软着陆"。经济没有滑坡，而物价涨幅却降低了，这在世界经济史上是少见的，在中国也是第一次。回顾我国改革历程，20世纪80年代曾经有过几次争取"软着陆"的努力，但都没有达到预期的目标，往往在地方、企业要求放松银根的压力下尚未着陆就

---

* 本文系《金融时报》记者唐雄、陈建新专访，发表于该报。

重新起飞，引起新一轮的经济过热。刘国光认为，这几年宏观调控成绩的取得和我国坚定地执行适度从紧的货币政策分不开。正是适度从紧货币政策的认真贯彻和落实，保证了物价涨幅的较大回落，也保证了经济的持续稳定增长。

从我国经济发展现状来看，不仅1997年应继续实行适度从紧的货币政策，整个"九五"时期也要继续推行适度从紧的货币政策。必须看到，现在物价涨幅下降的形势不是很稳固，通货膨胀的压力仍然存在，而通货膨胀对于我国的经济体制改革、产业结构调整以及增长方式转变都是极为不利的。我国仍处在计划经济向市场经济转轨的过程中，市场机制发育还不健全，宏观调控手段仍不完善。同时，作为市场主体的企业改革滞后，"低效益、超分配，软约束"的问题没有根本解决，这就导致了一方面需求约束不足，难以有效控制投资需求和消费需求扩张；另一方面供给效率差，资源浪费严重，结构扭曲，造成我国经济建设中严重的结构性问题。特别是我国的农业基础还不稳固，占消费品供给比重甚大的食品价格的波动往往成为推动物价总水平上涨的重要因素。以上问题若处理不好，都容易引起通货膨胀。在这样的压力下，我们必须坚定地继续推行适度从紧的货币政策。

适度从紧的货币政策，不应是全面紧缩，而是适度从紧，适时微调。对于农业，对于有效益、有市场的重点建设生产项目，我们要坚决支持。对于盲目建设、重复建设，对于可能引发经济过热或产生泡沫经济的行业，一定要从紧。刘国光反复强调，要防止经济生活中一再出现的大起大落现象。虽然我国经济"软着陆"已基本实现，但必须看到，目前物价涨幅仍然不低，各方面投资扩张的冲动依然强劲，"大锅饭"、软约束机制也依然存在，所以必须抓住管好财政、货币这两个"闸口"，适度从紧，以防止经济发展大起大落，防止通货膨胀严重反弹。

适度从紧的财政、货币政策应作为我们中长期经济工作计划的中心。可以说，在我国经济体制转轨和经济增长方式转变还没有完成前，都必须实行适度从紧的财政、货币政策，以保证有一个经济稳定增长的局面。在适度从紧的货币政策中，要正确看待物价指数与经济增长率的关系。我们不能满足于物价指数上涨低于经济增长率，这不一定就是最佳的经济状态，而且这一点也不难达到。我们的目标应该是逐步把由于超分配造成的物价上涨控制到最低限度，即可以容纳物价的结构性调整的限度以内。提出这样的努力目标，将有利于提高金融工作和经济工作水平，为实现两个根本性转变创造良好的宏观环境，确保我国经济持续、快速、稳定、协调发展。

坚持适度从紧的货币政策

235

证券市场规范化建设与监管*

（1997年1月2日）

中国证券市场从无到有，从局部市场到全国市场，从国内市场到国外市场，走过了一个相当快的发展过程，取得了较为显著的成绩。

但是，我国证券市场存在的问题也不少。（1）证券市场的投机性非常强，投机性大于投资性。前些时候股市出现超常大幅暴涨，再次证明了这一点。（2）机构大户操纵市场。一些资金大户频频坐庄，轮番炒作。（3）一些银行分支机构给非银行金融机构违规拆借资金，推动了股市的大幅震荡。（4）证券机构违规透支，对股市推波助澜。（5）证券交易的回避制度几乎没有执行，一些不能进入证券市场的机构和公职人员常常入市炒作，既参与裁判又参加游戏，凭借内幕消息，牟取暴利。（6）上市公司终身制。上市公司一经上市就上了保险，其不规范行为也与此有关。（7）上市公司注重筹资，忽视经营机制的转换。公司上市后，把股票价格人为炒高，实际上经营业绩、分红能力很差。（8）历史问题悬而未决。国有股、法人股、社会公众股同股不同利、同股不同价问题久拖未决。（9）证券市场从业人员素质参差不齐，股民的风险意识也不够。这些问题都要引起我们的高度重视。

下面，我就证券市场的规范化建设和监管问题谈几点不成熟

* 原载《中国证券报》。

的意见。

1. 必要的行政干预仍然必不可少。从1996年4月1日到12月9日，上证综合指数涨幅达120%，深证成分指数涨幅达340%，股市处于暴涨之中。因此，12月16日国家对股市的干预正当其时，对于阻止泡沫经济的膨胀十分必要，对于股民树立风险意识大有好处。

2. 供给扩容要与宏观调控的需要相适应。证券市场的发展规模必须要适应国民经济发展的需要。证券市场在规范中求发展，要发展，就需要有节奏的扩容。只有适度的扩容，才能为国有企业的改革和发展创造机会，才能为解决证券市场中历史遗留问题留下空间。

每年公布一个规模，规模过大或者不足都将对证券市场产生冲击，不利于证券市场的健康发展。公司上市实行登记制将是我们争取尽快实现的最终目标。

3. 抓紧时机处理历史遗留问题。当前良好的宏观经济背景和1997年经济稳中求进的基本走向，为A股、B股的并轨和国有股、法人股上市流通创造了绝好的机遇。要有坚强的决心和充分的信心大胆闯关，解决股市发展中国有股、法人股上市及其他历史遗留问题。

4. 要注意对需求扩容的管理。一方面，严格控制非法资金入市带来的非正常需求扩容；另一方面，积极进行健康、正常的需求扩容，关键是培育更多的真正投资者，特别是更多的机构投资者。要组建一批真正的投资基金，要有步骤有计划地允许社会保障基金、养老基金、教育基金、保险基金等机构投资者进入证券市场。

5. 要实现上市公司上市与改制、业绩与股价的"双挂钩"。如果上市公司上市只是为了圈钱，忽视了企业内部经营机制的转换，就失去了企业股份制改革的根本意义。如果上市公司的股票价格长期背离其经营业绩，那将误导真正的投资者，最终损害投资者的利益。我们最不希望看到这种局面。

6. 在证券商和上市公司中实行升降制。要根据证券商的市场表现，对其每半年评级一次，该升的升，该降的降，同时调整其在证券市场的经营范围和权利，以建立起证券商的自律机制。上市公司的选择淘汰也要制度化，前提是建立层次完备的证券市场体系。应该规定符合什么样的资格和条件的可以进行柜台交易，符合高一些的标准资格和条件的可以上区域性交易中心，资格更高条件更好的可以到全国交易中心。在全国性市场表现不佳，就要降到区域性市场中去，如果仍然不行，就要降到店头交易，反之亦然。

7. 对证券市场的监管，首先是对人的监管。对从业人员的监管必须制定专门的法规，然后才谈得上严格执法。对严禁入市交易的公职人员，再也不能听之任之，要进行严肃处理，绝不姑息迁就。

8. 加快法制建设。1992年以来，国家先后颁布了《公司法》《股票发行与交易管理暂行条例》《禁止证券欺诈行为暂行办法》等一系列法律法规。但是，最重要的《证券法》迟迟不能出台，建立比较完备的法律制度也就无从谈起，证券市场的法制化、规范化监管只能是可望而不可即的海市蜃楼。

论 "软着陆" *

（1997年1月7日）

什么是 "软着陆"

1993年下半年以来，我国实施了以治理通货膨胀为首要任务的宏观调控。到现在，经过三年多的努力，宏观调控基本上达到了预期目标，国民经济的运行成功地实现了 "软着陆"。

什么是 "软着陆" 呢？ "软着陆" 是对经济运行状态的一种形象性比喻，即好比飞机经过一段飞行之后，平稳地降落到陆地上。 "软着陆" 的经济含义则是：国民经济的运行经过一段过度扩张之后，平稳地回落到适度增长区间。所谓 "适度增长区间" 是指：在一定时期内，由社会的物力、财力、人力即综合国力所能支撑的潜在的经济增长幅度。国民经济的运行是一个动态的过程，各年度间经济增长率的运动轨迹不是一条直线，而是围绕潜在增长能力上下波动、形成扩张与回落相交替的一条曲线。国民经济的扩张，在部门之间、地区之间、企业之间

---

* 与刘树成合作。《人民日报》1997年1月7日在发表此文时，加了编者按：1993年下半年以来，我国实施了以治理通货膨胀为首要任务的宏观调控。经过三年多的努力，到1996年年底，宏观调控基本上达到了预期目标，国民经济的运行成功地实现了 "软着陆"。到底什么是 "软着陆"，为什么要 "软着陆"，怎么样 "软着陆"， "软着陆" 提供了哪些宝贵的启示，《论 "软着陆"》一文深刻而通俗地回答了这些问题。这是迄今为止总结宏观调控经验的最好的一篇文章，值得认真一读。

具有连锁扩散效应，在投资与生产之间具有累积放大效应。当国民经济的运行经过一段过度扩张之后，超出了其潜在增长能力，打破了正常的均衡，于是经济增长率将回落。"软着陆"即是一种回落方式。

"软着陆"是相对于"硬着陆"而言的，即"大起大落"方式。"大起大落"由过度的"大起"而造成。国民经济的过度扩张，导致极大地超越了其潜在增长能力，严重地破坏了经济生活中的各种均衡关系，于是用"急刹车"的办法进行"全面紧缩"，最终导致经济增长率的大幅度降落。

成功的"软着陆"是相对于不成功的"软着陆"而言的。当国民经济过度扩张之后，为了避免"硬着陆"带来的损失，曾试图用"软着陆"的办法使经济降温，但经济增长率的回落尚未在适度区间落稳，在各种压力下，就重新快速起飞，最终还要导致"硬着陆"。

这次"软着陆"，是一次成功的"软着陆"。之所以说"成功"，是因为：经济增长率逐步平稳地回落到适度区间，物价上涨率亦回落到适度水平；在显著地降低物价涨幅的同时，又保持了经济的适度快速增长。经济增长率的适度区间和物价上涨率的适度水平，在不同的具体经济背景下，可以有不同的数量标准。从我国当前的国情出发，经济增长率实际运行的适度区间（不是指计划目标）可把握在8%~10%，物价上涨率的适度水平可把握在6%以下。1993年下半年以来所实施的宏观调控，使经济增长率由1992年峰顶时的14.2%，一年年逐步平衡地回落到1996年的10%左右，每年平均回落约1个百分点；物价上涨率（商品零售价格）由1994年的21.7%，回落到1996年的6.5%左右，共回落了15.2个百分点（见下图）。

这次"软着陆"的成功有重大意义。首先，避免了重蹈历史上"大起大落"和"软着陆"不成功的覆辙，在新中国成立以来

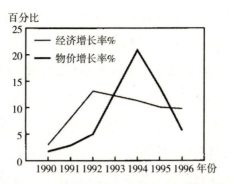

百分比

1990—1996年经济增长率与物价上涨率波动曲线

的经济发展史上是没有先例的。它表明,我们党对社会主义市场经济体制和社会主义现代化建设规律的认识逐步在深化,领导和驾驭经济工作的水平提高了。其次,为我国今后的经济运行开辟了一条适度快速和相对平稳发展的新轨道,为我国经济的跨世纪发展积累了宝贵的经验,奠定了良好的开端。最后,既大幅度地降低物价涨幅又保持了经济的较快增长,这在第二次世界大战后世界各国的经济发展史上也是罕见的。与西方主要国家经济陷入滞胀困境相比,改革开放的中国充分显示出其增长的活力。

我们要充分认识这次"软着陆"的意义,但是,也绝不可盲目乐观,掉以轻心。目前,经济增长率虽已回落到适度区间,但是处于适度区间的上限边缘;物价上涨率虽已回落到适度水平,但也处于适度水平的上限位置。因此,仍要谨防经济增长率和物价上涨率的强烈反弹。

为什么要"软着陆"

"硬着陆"是有害的。"硬着陆"或"大起大落"的诱因在于盲目地求快。过度地扩张会导致资源的极度紧张、严重的通货膨胀、经济结构的扭曲、经济效益的低下、经济秩序和社会秩序的混乱、人民生活的不安定。新中国成立以来,屡屡出现"大起大落"的情况，每次都带来不小的损失。其中，以1958—1962年的波动最为典型。在这次"大起大落"中，经济增长率的峰顶是1958年，为22%；在其后1960—1962年连续三年的负增长中，经济增长率的谷底是1961年，为-29.7%。经济增长率的峰顶与谷底之间的落差为51.7个百分点（见表1）。这次"大起"导致随后国民收入绝对量的下降，直至1964年才恢复到1957年的水平，使国民经济的发展延误了7年。这次"大起大落"，总的算下账来，国民收入的净损失是1780亿元（以1957年为基年，以1952年不变价格和"一五"时期的平均增长率计算），相当于1957年全年国民收入的2倍。这深刻表明：欲速则不达，欲快反而慢。

表1　　　　　　　　中国经济增长率波动的峰谷落差

历次波动（起止年份）	峰谷落差（百分数）
1. 1953—1957	9.6*
2. 1958—1962	51.7*
3. 1963—1968	24.2*
4. 1969—1972	20.4*
5. 1973—1976	11.0*
6. 1977—1981	6.5
7. 1982—1986	6.4
8. 1987—1990	7.8
9. 1991—1996	4.2

注：带*者为国民收入增长率的峰谷落差，不带*者为国内生产总值增长率的峰谷落差。

资料来源：根据《中国统计年鉴1993》《中国统计年鉴1996》各年度经济增长率数据计算。

不成功的"软着陆"也是有害的。比如，1986年就是一次不成功的"软着陆"。当时，在经过1982—1985年连续的快速增长后，已采取一定的"软着陆"措施来进行适当的调整。但是，调整尚未完成，1987—1988年又进入了新的快速扩张，导致1989—

1991年的三年大调整。1987—1990年的一上一下波动，经济增长率的峰谷落差为7.8个百分点，虽低于改革开放前的历次波动，但也为改革开放以来回落幅度最大的一次波动（见表1）。1986年的"软着陆"之所以不成功，原因还在于想快。当经济增长率刚一回落，企业遇到一些困难，就顶不住惊呼"滑坡"、要求放松的压力，又放弃了"软着陆"。重新起飞的结果是，又不得不再次扑救通货膨胀之火，再次进行大调整。

　　"硬着陆"有害，"软着陆"不成功亦有害，因此，遇到经济过度扩张，必须要"软着陆"并且要成功。在1991年到1993年上半年，伴随着快速增长，国民经济的运行超越了其潜在增长能力，打破了各种经济均衡关系，突出地表现为经济生活中出现了"四热、四高、四紧、一乱"的问题。"四热"是：房地产热、开发区热、集资热、股票热。"四高"是：高投资膨胀、高工业增长、高货币发行和信贷投放、高物价上涨。"四紧"是：交通运输紧张、能源紧张、重要原材料紧张、资金紧张。"一乱"是：经济秩序混乱，特别是金融秩序混乱。如不及时采取措施，任这些问题发展下去，必将再度导致"大起大落"。在这种情况下，以江泽民同志为核心的党中央，全面、正确、积极贯彻邓小平建设有中国特色社会主义理论和党的基本路线，果断决策，推出一系列加强宏观调控的措施，国民经济的运行开始了"软着陆"。在"软着软"的过程中，排除了种种干扰，经过三年多坚定不移的努力，终于取得了成功。1991—1996年，经济增长率的峰谷落差约为4.2个百分点，成为新中国成立以来回落幅度最小的一次波动（见表1）。

怎么样"软着陆"

　　第一，及时削峰。以往的"大起大落"，要害在于"大起"。过去，在经济的快速扩张中，经常是直到实在难以为继时方才被迫调整。因此，及时削峰是成功地实现"软着陆"的关键和先导。1993年6月出台的宏观调控措施，决策果断，时机成熟，方向正确，有效地控制住了扩张的强度与峰位，从而取得了"软着陆"的主动权。

第二，适度从紧。所谓适度从紧，不是全面紧缩，而是指：（1）在总量上，首先要从紧控制货币与信贷总规模、财政支出总规模、固定资产投资总规模，严格把住货币关和财政预算关，以有效地抑制通货膨胀；在此前提下，还要保证经济的适度增长。（2）在结构上，有紧有松。该紧的紧，该松的适度地松。对于低水平重复建设部分、对于单纯外延型扩张和低效益甚至无效益的部分、对于"泡沫经济"部分，一定要从紧；而对于国家重点建设项目，对于有利于调整和优化结构，加强农业、交通通信、能源以及重要原材料等"瓶颈"部门的发展，增强有效供给的部分，对于有效益、有市场、有利于培育和扶持新的经济增长点、促进内涵型发展的部分，则给予支持。适度从紧，把握调控力度，是成功地实现"软着陆"的重要政策保证。

第三，适时微调。为了"软着陆"的成功，在适度从紧的总原则下，根据各年度内经济运行的具体状况，审时度势地进行微调和预调，以缓解"降温"中的实际困难，防止出现过度滑坡。比如，适时调整信贷结构，增加对农业的贷款，保证农产品特别是粮食的收购需要，增加对效益好、销路好的企业的流动资金贷款，保持生产与市场的活力。再比如，适时停办保值储蓄，适时降低利率。1996年，两次调低利率，使企业每年可减少利息负担1000多亿元，有利于缓解企业的困难。

第四，抓住主线。在加强宏观调控中，自始至终紧紧地抓住了"软着陆"的主线：治理通货膨胀和在"降温"中保持经济的相对快速增长。在市场经济条件下，价格的变动是经济运行状

刘国光

经济论著全集

第
13
卷

况的晴雨表。经济过度扩张、超越潜在增长能力，其后果会集中表现为严重的通货膨胀。在这种情况下，要治理通货膨胀，就需要相应地降低和控制经济增长率。宏观调控是以治理通货膨胀为首要任务，还是以继续加快经济增长、扩大就业为先，曾一度成为经济学界争论的焦点。实践表明，由于党中央、国务院明确地提出和坚持了以治理通货膨胀为首要任务，采取了综合治理的种种措施，同时，又很好地把握了宏观调控的力度，所以，能够在"软着陆"中，既有效地抑制了通货膨胀，又保持了经济的适度快速增长。

"软着陆"的宝贵启示

这次"软着陆"的成功，给予我们许多新的启示，重要的有以下几点。

其一，在整个体制转轨完成之前，都要坚持"总量平衡、适度从紧、适时微调"的方针。这一方针并不等于短期性的紧缩政策，而是针对传统体制内在的"软约束""超分配"的膨胀机制和强烈的扩张冲动所应采取的一项具有中长期战略意义的发展政策，是彻底摆脱传统的"大起大落"、使民经济走上适度快速和相对平稳发展轨道的一个充分、必要条件。所以，我们认为，这一方针不仅适用于1993年下半年以来的"软着陆"过程，也适用于1997年和整个"九五"时期，而且直到21世纪初期，在新的有效制约机制尚未形成之前，都是适用的。只有坚持这一方针，才能使宏观经济政策既具有稳定性、连续性，又具有必要的灵活性，总的做到稳中求进。

其二，无论是从我国的正反两个方面的经验教训出发，还是从世界各国的经验教训出发，中央政府的宏观调控应该始终坚持以抑制通货膨胀为首要任务。与此同时，保持经济的适度快速增长。在严重的通货膨胀下，无论是改革还是发展，无论是总量平衡还是结构调整，什么都谈不上。即使经济一时起飞，又要马上扑灭通货膨胀之火。我们已几经"起火""又灭火"的情况。反复受到通货膨胀威胁、反复"灭火"的局面不宜再度重演。当然，在机制转轨时期，要为合理的、适度的价格结构调整留出必要的空间。由价格结构调整所带来的物价上涨，与一般意义上的通货膨胀不是同一个概念。我们要努力消除超发货币和"超分配"所引发的通货膨胀，同时留出价格结构调整的空间，但这个调整也要逐年进行，而不可能一步完成。目前，物价涨幅6%的水平并不算低，还应进一步控制。经过努力，逐步使价格形成机制和价格水平走向正常。由此，我们不能满足于"使物价上涨率低于经济增长率"这一目标。因为在"低于经济增长率"的范围内，可以容纳不同的物价水平。当前，我国经济增长率在10%左右；到21世纪初，也可能保持在7%~8%。那么，"低于经济增长率"的物价涨幅在6%~9%是否就是可接受的呢？显然这仍是较高的物价涨幅。针对近几年我国物价涨幅高于经济增长率的实际情况，强调首先要把物价涨幅降到经济增长率以下，这是可以接受的近期要求。现在，这一要求已经实现，需要为控制通货膨胀的任务提出更为积极的目标。因此，党中央、国务院又及时提出1997年的物价涨幅要控制在1996年的实际水平（6%）以下的目标。

其三，一方面，在整个机制转轨完成之前，都要坚持"总量平衡、适度从紧、适时微调"的方针；另一方面，要抓住稳定、宽松的经济环境，积极推进"两个根本转变"。在这次"软着陆"中，一些国有企业处境困难，这并非根源于宏观调控，而是根源于旧体制。在市场经济下，当经济增长率处于回落阶段时，在经济关系的调整中，企业的优胜劣汰本是题中之意。然而，我国目前还缺乏应有的淘汰机制。在这种情况下，大水漫灌式地放松银根不仅于事无补，反而会贻误国有企业的改革进程。以往，我国经济增长一再出现"大起大落"，其根源亦在于原有体制。抓紧实现"两个根本转变"，是医治大起大落、抑制通货膨胀、搞好总量平衡和结构调整的治本之路。

论「软着陆」

学习《薛暮桥回忆录》*

——在《薛暮桥回忆录》座谈会上的发言
（1997年1月25日）

薛暮桥同志是我国老一辈杰出的马克思主义经济理论家，他有长期在经济领导岗位上工作的实际经验，他对我国经济工作和经济理论研究作出了重大贡献。《薛暮桥回忆录》确切地反映了薛老从事革命斗争、经济工作和科学研究的经历，而这三者又是紧密地结合在一起的。因为薛老的革命活动主要体现在经济工作领域，而他的经济工作又与不断总结实践经验上升为理论政策这样一种科学研究的过程是分不开的。所以薛老在经济学方面的研究成果，充满了实践性、战斗性和科学性，这是经济理论界许多同志共同的感觉。[①]

因为种种原因，我拿到这本《回忆录》的时间很晚（几天前），实在来不及通读细看了。统览了一下目录标题，时间跨度近一个世纪，内容极其丰富。我先选读了有关1984—1988年关于通货膨胀和反通货膨胀的叙述，栩栩如生，十分有味。对这段时期的经济，小平同志在南方谈话时有过评价，说这个时期国民经济上了一个新台阶。这是就经济发展来说的，这个时期经济发展确实很好，这是由于前一个时期农村改革带来的积极影响。至于这5年的改革，虽然刚刚开过的党的十二届三中全会通过了改革决议，但包括价格改革、企业改革在内的各项改革，进展并不很

248　　* 原载《经济学动态》1997年第3期。

理想。其原因就在于从1984年第四季度开始再次出现经济过热现象，断断续续一直延续到1988年下半年。对这几年的过热，当时也曾企图采取"软着陆"的办法，但是没有成功。主要是因为当时决策人对"软着陆"的决心不大，宏观调控措施不力。《回忆录》中说，当时决策人遇到一些人大声惊呼经济滑坡，许多地方企业强烈要求放松银根，就在制止通胀问题上发生动摇，反过来又鼓励大干快上，这样，"软着陆"不能到位，经济又重新起飞。如此一再反复，最后酿成1988年夏季的经济波动，这与经济理论界一些人提出通货膨胀无害论有关，起了推波助澜的作用。《回忆录》对这一史实的亲身经历作了描述。当时事实上执行了一条容忍通胀的政策，或叫"缓和的通胀政策"。对此，以暮桥同志为代表的一批经济学家持反对态度，他们主张坚决制止通货膨胀，并努力理顺价格，为包括价格改革、企业改革在内的各项改革提供一个比较好的宏观环境。可惜当时这些正确意见未被接受，以致后来形势发展到难以为继的地步，被迫进行大的调整。《回忆录》对这一段反通胀"软着陆"失败的教训描述得很生动、深刻，对比最近一轮反通胀"软着陆"成功的经验，发人深省，很有教益。这里很重要的一条是决策者对宏观调控要坚定有力、措施到位，不能一遇干扰和阻力就轻易放弃调控目标。《回忆录》中说，在根除旧体制下投资饥渴顽症之前，尤其要加强宏观经济管理，这个说法很对，当然，防止需求膨胀和大起大落，还要从体制上解决软约束超分配的问题。所以，我们现在强调，不仅1997年和整个"九五"期间，而且在整个体制转轨完成前，都要坚持适度从紧、适时微调的宏观调控政策。这对于促进两个全局性的重大转变太重要了，没有比较稳定的宏观经济环境，天天忙于应付扑灭通货膨胀之火，什么增长方式的转变，什么经济体制的转变都谈不上。仅此一例，说明薛老回忆录所总结的经验多么重要。我认为不仅经济学界要好好读这本书，不仅广大的干部要好好读这本书，而且特别是处在决策地位或有可能进入决策圈子的年轻同志更要好好读这本书，以利于推进我国的改革开放和现代化建设事业。我自己也要抓紧时间读完这本书，认真学习。

最后，祝愿薛老身体健康，为国保重。

进一步加快发展深化改革*

——《深圳特区报》记者专访
（1997年1月25日）

5年过去了，小平同志的南方谈话对目前乃至今后我国经济的发展和改革仍具有重要的指导意义。

小平同志南方谈话涉及我国社会主义建设的多个方面，其影响是广泛而深远的。就经济领域而言其重大影响主要在两个方面：一是发展，二是改革。

20世纪90年代初，周边国家正在加快发展，国际上有一个可以争取的和平环境，而国内政治局势稳定，经济治理整顿的任务基本完成，一个新的经济发展周期即将开始。时机很好，时间紧迫。小平同志的南方谈话正当其时，对我国经济发展产生了极大的推动作用，全国迅速掀起了一个经济建设的新高潮。

经济特区问题、农村家庭承包制问题出来时，都有不同看法。中国的经济体制改革向何处去？在历史关键时刻，小平同志以过人的胆略和科学的态度指出，改革开放胆子要大些，不争论，看准了就大胆地试，大胆地闯；要总结经验，对的坚持，不对的赶快改；要坚持"三个有利于"标准；计划和市场都是经济手段等。小平同志的这一系列极富针对性的重要观点，如春雷回响，振聋发聩，使人们的思想进一步得到解放，使当时困扰、束缚着人们的一些问题迎刃而解，整个国家的经济改革也因此迈开

---

* 本文系《深圳特区报》记者庄字辉专访，发表于该报。

了崭新的步伐。

曾两次参加制定深圳经济发展战略的刘国光特别谈到，深圳经济特区就是在小平同志建设有中国特色社会主义理论指导下，大胆地闯，大胆地试，并因此取得举世瞩目的成绩的。它为小平同志的南方谈话提供了令人信服的论据，也为全国的改革开放提供了成功的示范。

小平同志的南方谈话，对目前乃至今后我国经济发展和改革仍具有重要的指导意义。他说，目前国内形势很好，有以江泽民为核心的党中央的正确领导，宏观调控已成功实现"软着陆"，国内市场广阔，储蓄积累高，劳动力丰富。国际形势趋向缓和，国际资金在寻找出路，等等。可以预言，从现在到今后15年至20年，是一个我国经济继续快速发展的大好时机。刘国光强调，机遇对一个国家来说并不是永远都有的，可谓机不可失。我们必须继续发扬小平同志南方谈话精神，抓住良好机遇，在跨世纪的这段时间内，快马加鞭，加快经济发展，进一步缩短和发达国家的差距。

目前的经济体制改革也面临着一些问题。如对国有企业的股份制改造、股份合作制、"抓大放小"、国有经济的战略重组等改革，目前仍有不同看法，仍有争论。"对待这些问题，仍应该本着小平同志南方谈话精神，不争论，不犹豫，进一步解放思想，大胆地试，并及时总结经验，不断规范和完善。"

对小平同志南方谈话，不能光从字面去理解，而应该全面、深入地理解和把握其精神实质，避免片面性。他说，小平同志提出的加快发展，是指符合客观条件，有效益、有质量的高速度，是扎扎实实、稳步、协调的发展。而不是不切实际，不讲效益，不讲质量地盲目追求高速度，造成重复建设、结构扭曲、经济过热，结果是事与愿违。这样的教训应该记取。同样，在改革的问题上，我们既要解放思想，又要实事求是，要敢闯、敢试，又不盲闯、蛮干，要看是否符合"三个有利于"的标准。要把敢闯精神和科学态度结合起来，不断总结经验，不断完善。

　　"在今后的改革开放和社会主义现代化建设中，只要我们全面准确地理解和把握小平同志的南方谈话精神，经济体制和经济增长方式这两个根本性转变就一定能够顺利地实现。"

实施《质量振兴纲要》与实现
两个根本转变的关系

——在质量振兴高层研讨会上的发言
（1997年2月15日）

这次研讨会主要议题之一是如何认识实施《质量振兴纲要》与实现两个根本性转变的关系，我就这个问题谈点认识。

《质量振兴纲要》是指导我国质量工作的纲领性文件，全面认真贯彻实施这个纲要，对促进实现两个根本性转变，具有十分重要的意义。

应该说，提高经济工作的质量，是实现两个根本性转变特别是增长方式转变的题中应有之意。我们知道，所谓粗放型增长方式是以追求数量、规模、速度为目的，其手段主要依靠资金、物资、劳动力等生产要素的投入，上新项目，铺新摊子，而对经济增长的质量和效率效益却不重视；集约型增长方式则主要依靠科技进步、更新改造和管理合理化以及人的素质的提高，来求得经济增长的质量和效率效益的提高。换句话说，粗放型增长方式就是高投入高消耗甚至高浪费和低质量低效率甚至负效益的增长方式；而集约型增长方式则是以低投入低消耗求得高质量的增长方式。经济增长方式从粗放为主转向集约为主，其主要内容就是从以追求数量为主转向以提高质量为主。所以说提高质量乃是增长方式转变直接包含的一个主要内容，是其题中应有之意。

世界各国经济发展都以经历过、经历着或将经历从粗放型为主到集约型为主，从以数量增长为主向以提高质量为主的转变过程。我国当前面向21世纪的经济社会发展，正朝着小康社会和基本实现现代化的目标前进。作为经济社会发展的新阶段，当前经济发展的特征与过去相比，表现为不仅是数量的扩张，更是质量、效益的提高和结构的升级。我国要进入现代国际社会，跻身于先进国家和民族之林，单靠数量型增长已无济于事，一定要迎接科技、质量、效益的无情竞争和挑战。所有这些都表明，质量提高工作意义十分重大。我以为，我们不仅要使我国的产品质量、工程质量和服务质量跃上一个新的台阶，而且要以世界先进水平为参考系，全面提高经济工作各方面的水平，提高我国经济社会的整体质量和环境质量。只有这样，我们的质量工作和整个经济工作，才能适应我国经济的小康和全面的小康社会，也适应现代化目标前进的需要。

　　从《质量振兴纲要》（以下简称《纲要》）来看，质量工作是一种十分复杂的系统工程，需要方方面面的协调努力。《纲要》列举了增强全民质量意识、加强管理和政策引导、加强法制建设、强化执法监督力度、建立市场质量规则、完善社会监督机制、加强企业思想工作等方面措施，都是必要的，应该大力落实。其中第26条指出，企业质量工作要与深化改革相结合，我以为尤其需要注意。其实不仅企业的质量工作，而且整个质量工作，都要与改革相结合。如果体制不改革，机制老一套，各方面的质量工作难以上去。近年来的讨论中许多同志指出，两个根本性转变其实只有一个是最根本的，即经济体制的转变，它是增长方式转变的前提，这是很有道理的。为了把经济工作的重点从追求数量转向提高质量，从追求速度转向提高效益，一个必要的条件是要有一个比较稳定的宏观环境。近几年来我国宏观调控实行适度从紧的正确方针，避免了大起大落，开辟了稳定增长的道路。大起大落往往是追求数量型增长的必然结果。在经济周期性

实施《质量振兴纲要》与实现两个根本转变的关系

255

的发烧发热、忽热忽冷的宏观环境下，怎么提高质量，怎么提高效益，怎么优化结构，怎么转换机制，总之离开根本性转变都难以实行。而在我国经济转轨尚未完成以前体制内涵是数量冲动、超分配倾向始终存在，十分不利于数量型向质量型的转变。所以我们必须总结这几年适度从紧的成功经验，保持一个相对稳定的宏观环境，以便把质量工作和两个转变的任务推向前进。

学习邓小平经济理论，更好地为改革开放和社会主义现代化建设服务*

（1997年2月）

邓小平同志的经济理论是以马克思主义基本原理为指导，对社会主义经济建设历史经验的科学总结，是对改革开放和现代化建设新时期新鲜经验的科学概括。邓小平同志在经济领域中提出的一系列重大论断、基本观点和战略思想，深刻地揭示了中国社会主义经济建设、改革和发展的规律，形成了完整的科学理论体系，这个是他创立和发展的建设有中国特色社会主义理论的重要组成部分，是他留给我们的一笔宝贵的精神财富。①

邓小平同志创造性地运用辩证唯物主义和历史唯物主义，强调社会主义的本质是解放生产力，发展生产力，消灭剥削，消除两极分化，最终达到共同富裕；做出了我国还处在社会主义初级阶段的科学判断，制定经济建设的任务、方针、政策必须以这个基本国情为依据，不能超越阶段。他认为，发展生产力是社会主义现阶段的最根本任务，一切任务都要服从和围绕经济建设这个中心。具有特别重要意义的是他提出了判断是非的标准应该主要看是否有利于发展社会主义社会的生产力，是否有利于增强社会主义国家的综合国力，是否有利于提高人民生活水平。

针对原有经济体制严重束缚生产力的状况，邓小平同志提

---

* 为悼念邓小平同志而写，原载《求是》1997年第6期。

出改革是实现中国现代化的必由之路，改革具有解放生产力的意义，"是中国的第二次革命"。对中国改革的伟大试验，他确定了胆子要大、步子要稳的指导方针。在所有制改革方面，他提出了坚持公有制经济为主体，允许和鼓励非公有制经济发展的方针。在分配制度改革方面，他提出了坚持按劳分配为主，允许一部分人、一部分地区先富起来，先富带动后富，逐步达到共同富裕的政策。在经济运行机制方面，他突破传统观念，提出社会主义也可以搞市场经济，计划和市场都是手段，两者都要用的科学观点。邓小平同志的上述思想，为确立社会主义市场经济体制的改革目标和框架，奠定了理论基础。

邓小平同志还把对外开放作为我国一项基本国策，指出中国的发展离不开世界，必须大胆吸收和借鉴世界各国创造的一切先进文明成果。他提出建设经济特区作为对外开放窗口和改革试验场的思想，带动了全国的改革和开放，形成了全面开放的新格局。

在经济发展方面，邓小平同志高瞻远瞩，制定了分三步走基本实现现代化的发展战略，提出了要抓住机遇，争取出现若干个速度比较快，同时效益又比较好的发展阶段；指出发展战略的重点是农业、能源交通、科学教育。他特别重视科学技术的地位和作用，提出"科学技术是第一生产力"的新观点，认为实现现代化的关键是把科学技术搞上去；要尊重知识，尊重人才。

在包括经济理论在内的邓小平建设有中国特色社会主义理论指导下，近二十年来我国经济发生了翻天覆地的变化。我国的经济体制正在稳步地从传统的计划经济走向社会主义市场经济。我们已提前实现翻两番的任务，国家经济实力大为增强。人民生活有了很大的改善，正在从温饱向小康水平迈进。中国在世界上的地位和威望空前提高。所有这一切，无不是在邓小平建设有中国特色社会主义理论的指引下取得的。近二十年的实践经验证明：

这一理论是指导中国实现社会主义现代化建设唯一正确的理论。坚持学习和运用包括经济理论在内的邓小平建设有中国特色社会主义理论，我们就能把社会主义现代化建设事业不断推向前进，取得新的胜利。

当前，我国经济学界正与全国人民一道，深深悼念邓小平同志。对我们经济学界来说，学习和运用邓小平经济理论，提高我们经济科学工作的水平，是悼念邓小平同志的最好方式。我们要按照江泽民同志提出的要求，进一步深入学习邓小平经济理论，完整、准确地掌握邓小平经济理论的科学内涵和精神实质；要特别注意学习邓小平同志运用马克思主义的立场、观点和方法，研究新情况、解决新问题的科学态度和创造精神，使我们的经济科学工作更好地适应社会主义现代化建设事业的需要，更好地为中国改革、开放和经济发展的伟大实践服务。

学习邓小平经济理论，更好地为改革开放和社会主义现代化建设服务

愚公移山艰苦创业*

——济源机遇是河南的机遇
（1997年3月7日）

　　济源人对邓小平同志建设有中国特色社会主义理论和发展才是硬道理的精辟论述理解很深刻，因此，济源的人气才很旺。在济源，从市委、市政府领导到基层干部和老百姓，干事业的劲头都很足。这些是济源经济快速发展的真正原因。①

　　国家几大工程摆在济源及其周边，为济源成为新的经济热点提供了条件。今年（1997年）河南对济源实行了省直管运行体制，说明省里已充分认识到济源机遇在整个河南经济发展中的意义，并把它作为全省经济发展战略中一个重要的战略出发点了。济源市目前已是中西部地区投资环境比较好的场所，外部已有大量资金和人才向这里转移。作为豫西北新的经济增长点，济源市的快速发展，必定会在河南造成新的不平衡，产生强大的冲击波，这对整个河南的发展会形成一股巨大的推动力量。济源机遇不仅是60万济源人的机遇，它同时也是河南省的机遇。

　　目前从我国先后出现的经济热点地区的情况来看，确实有一些地区出现了产业结构扭曲和经济虚假繁荣的弊端。这种弊端集中表现为大量资金涌入房地产业，形成房地产价格猛涨。造成这种局面的根本原因：一是工业、商贸发展薄弱，房地产畸形发展，产业结构严重失调；二是政府的经济调控力度不够。但我们

　*　原载《经济参考报》。

不能由此认为经济热点就等于产业扭曲和经济过热。事实上像深圳、浦东等热点地区并未出现严重的结构扭曲和经济过热现象。济源成为经济热点地区，同样可避免结构扭曲和经济过热现象。这是因为：第一，济源成为经济热点地区是由前几年自身的快速发展和今年几大工程建设拉动起来的，具有良好的基础，一开始就与某些靠房地产炒作拉动起来的热点地区有很大不同；第二，济源可吸取其他热点地区的教训，加强对房地产业的调控，可采取"严格限制批地规模并适当缩短开发期限，对过期不开发的土地坚决收回"的调控方针。

济源的"官逼民富"原叫富民工程，从1993年开始。事实上，"官逼民富"，首先不在逼民，而在逼官，即逼各级政府部门的领导想办法让老百姓富起来，老百姓一天不富起来，让你们这些领导一天不安稳。从济源市的操作情况看，逼民致富主要是要求那些具有上致富项目能力的家庭都上项目，至于上什么项目，则是老百姓自己的选择，政府部门帮助推荐项目，帮助请专家指导。这与过去计划经济条件下的那种强迫命令和瞎指挥有截然区别。

中西部地区过去贫困落后的原因是多方面的，我看主要还是人的素质问题。如惰性强、思想保守、怕冒风险等。由于这样一些问题，现在要想让这里的老百姓普遍富起来，政府适当的督促和引导是必要的。因此，济源"官逼民富"的某些思想和做法，在中西部地区具有一定的典型意义。

有人把济源市誉为"中西部的希望之星"，这个提法很有道理。济源市经济发展速度比较快，市政建设和精神文明建设搞得也比较好。仅我所知，济源在精神文明建设方面就获得过全国科技先进达标县市、模范文化县市、文化部文化奖、全国城市环境治理优秀县市、体育先进达标市、双拥模范城、河南城市三优杯竞赛五连冠等多项殊荣。济源市两个文明建设成就在中西部地区具有良好的典型意义和普遍的借鉴意义。

正确理解 "发展是硬道理" *

——《中国经济时报》记者专访
（1997年3月14日）

盲目重复铺摊子、上项目不是硬道理；不顾质量、不顾效益的发展不是硬道理；破坏环境、破坏子孙后代的生存权利的发展不是硬道理，用通货膨胀的办法来发展也不是硬道理，而是歪道理。①

发展不单是速度问题

"发展是硬道理"，刘国光认为不能随便使用，要完整地理解小平同志的这一指示。有人片面地理解"发展是硬道理"，把它挂在口头上，来为其外延的、粗放的发展，追求速度和产值，铺摊子搞项目做旗帜。这种观点和做法是不负责任的。发展不是总量的问题，更不单是速度的问题，8%~10%的速度已经够高了。应该在结构上、发展质量上、效益上做文章，注意结构的合理性，要用提高质量、效益的办法来求得发展。从企业来说，应该把力量转到"三改一加强"、提高质量和效益上来；从宏观来说，则要用结构调整、机制转换等办法，来实现两个根本转变。

宏观政策要有连续性，要时刻防止大干快上的倾向。针对有人提出现在企业这么困难、下岗职工这么多，应当采取放松银

* 本文系《中国经济时报》记者陈国强、陈婷专访，发表于该报。

根、加快经济增长速度的办法来解决问题的主张，这位经济学家表示出了异议。他说，我们目前的经济增长速度已经很高，已经不仅仅是所谓"自行车"的速度。大干快上的做法肯定会反映到物价上来。物价不能放松，不能靠加快速度的外延式的发展来解决下岗和失业问题。

失业问题与人口高峰有关，也与结构有关——目前的失业很大部分是结构性失业，有的地方人多了，有的地方则是人才紧缺；也与过去大干快上的做法有关，过去很多低水平的重复建设项目，单纯外延式的扩张，遇到宏观上一紧缩，或者是下马，或者是开工不足，自然就会有大批人下岗失业。

问题并不在需求不足，而主要是供给不对路。以城市住房为例，有人无房住、有房无人住的矛盾就反映了供给不对路的问题；从农村市场来说，潜力很大，需求很大。现在的问题是供给与需求失调，也属于结构问题。他表态说："我不赞成有人提出的以放松银根、刺激消费的办法来解决失业问题。"

地区产业结构趋同倾向堪忧

产业结构的调整是个大问题。过去不少地方片面追求外延式扩张，重复建设、盲目引进，出现地区之间产业趋同现象。我国汽车整车厂总计130多家，但总的生产能力还不及国外一个厂的生产能力，质量也差。产业上也在求全，"大而全""小而全"的现象十分普遍。

新一轮的重复建设似乎又卷土重来了。各省市区"九五"计划中确立的支柱产业中，重叠度很高，而且产业内重点发展的行业也极为相似。例如，全国30个省市中以汽车为支柱产业的有22个、机械25个、电子24个、化工23个、建材和建筑19个、冶金15个、轻纺11个，出现了较严重的产业发展的趋同。

正确理解"稳中求进"

经济增长的周期性波动是中国经济的一大特征。关于新一轮经济周期问题，有人提出，既然已经"软着陆"了，已经到了谷底了，那就应该再起来，新一轮经济周期该开始了，该把速度再提起来了。起来是该起来，以什么方式起来呢？不是在总量，不是在数量，不是在外延，不是在粗放式增长，不是在铺摊子上项目上起来，而是在深化结构调整、抓质量、抓市场、抓科技进步、抓管理和改革，总而言之是抓两个根本性转变，在这个范围和前提下起来。

稳中求进，就是在稳定增长的情况下，把更大的力量放在结构调整，放在质量、效益，放在科技进步，放在管理，放在深化"三改一加强"上来解决两个根本转变的问题。我们的"上"不是过去理解的那种大干快上、铺摊子、争项目、通过发票子来刺激国民经济的外延式扩张，从而导致新一轮的过热和通胀，那样我们的经济会受不了。他说，"这虽然是老道理，但我觉得应该反复讲"。

稳中求进，"稳"是什么意思，"进"又是什么意思，应该有正确的理解。他对此的理解是，"稳"是指经济增长速度要稳定适当，不可大起大落；"进"是指在稳定增长的前提下，沿着优化结构、提高质量和效益的道路前进。稳并不是稳在原来的水平上，水平不能稳，速度要稳。大干快上必然出现大起大落，这是一个规律性的问题。

在延边大学1997年国际经济合作研讨会上的发言稿

（1997年3月31日）

在面临更加激烈竞争的21世纪的今天，我认为大家在此共聚一堂，就中国与欧洲以及东亚各国或地区之间的经济合作进行探讨，是一件非常有意义的事情。被称为"四小龙"的韩国、中国台湾、中国香港、新加坡的经济发展已有目共睹，而马来西亚、泰国、印度尼西亚等国也都相继成为后起的新兴工业国。这其中，20世纪80年代以来，在邓小平建设有中国特色社会主义理论指导下，实行改革开放政策的中国，其经济增长亦为世界所瞩目。1981—1995年，中国GDP年均增长10.2%。其中1991—1995年的第八个五年计划期间，经济增长率达到12%。这是新中国成立以来经济增长最快的时期，也是这一时期世界上经济增长最快的国家。中国经济的快速增长，对世界经济的复苏和国际贸易的扩大作出了贡献。

1996年是中国第九个五年计划的第一年，这一年中国经济发展的一个突出特点，是国民经济持续快速增长，通货膨胀得到有效抑制。在第八个五年计划期间高速增长过程中，曾出现过经济过热现象，1992年GDP增长率高达14.2%，1994年物价上涨幅度高达21.7%，中国政府于1993年夏季开始实行加强宏观调控政策，使经济逐步降温，1996年物价涨幅回落到6.1%，经济增长率回落到9.7%，仍然保持了较高的增长速度。中国经济学界把宏观经济调控的这一成就，描述为成功地实现了"软着陆"，这在中国当代经济史中还是第一次。在抑制通胀过程中，工农业生产和固定资产投资继续增长，对外贸易和利用外资进一步扩大，城乡人民生活进一步改善。这些成绩的取得，是几年来深化改革、加强和改善宏观调控的重大成果，为今年（1997年）及今后的经济发展奠定了良好的基础。

在取得发展成就的同时，当前中国经济社会生活中，还存在不少困难和问题。主要有：宏观经济稳定的基础不巩固，存在着通货膨胀反弹的危险；经济结构不合理的矛盾日益突出，国民经济整体素质和效益不高；农业基础比较脆弱，靠天吃饭的局面还没有完全改变；特别是部分国有企业生产经营困难，经济效益不好，停产半停产企业和下岗失业人员增多。一些亏损企业职工生活困难，已成为影响经济发展和社会安定的重要因素。国有企业困难的主要原因，一是经营机制和管理体制不适应市场经济发展的要求；二是结构不合理，各地盲目重复建设，导致了生产能力过剩、生产技术低、成本高、竞争力弱，造成企业效益低下；三是国有企业的历史包袱和社会负担沉重，富余人员多，限制了市场竞争能力。所有这些困难和问题，需要高度重视，在今后的经济工作中应大力解决。

今后中国经济走势如何，这是中外人士普遍关心的问题。1997年是中国历史上很重要的一年。中国将恢复对香港行使主权，中国共产党将召开第十五次全国代表大会。保持今年（1997年）国民经济发展的良好势头，具有非常重要的意义。由于去年（1996年）中国经济已成功地实现了"软着陆"，人们一般认为，今年将开始新一轮的经济回升。考虑到作为起始点的1996年经济增长速度已经不低（9.7%），同时中国经济社会生活中存在的诸多问题亟待解决，不久前刚刚结束的第八届全国人大第五次会议决定，1997年的经济工作继续坚持"稳中求进"的方针，保持宏观经济政策的连续性、稳定性和必要的灵活性，继续实行适度从紧、适时微调的财政货币政策，控制物价上涨的幅度。人大公布的1997年经济增长调控速度为8%，物价上涨调控幅度为6%。根据有关方面预测，如果保持目前宏观调控的方向和力度，农业又不因天灾出大问题的话，1997年经济增长率仍可达到10%左右，物价上涨幅度可以降到5.5%左右。

中国许多有识之士都认为，要保持和发展第九个五年计划开局的良好势头，推动中国经济进入新一轮的回升，关键和难点不在数量和速度上，而在于加大结构调整的力度，提高经济增长的质量和效益，把过去的外延、粗放型为主的经济增长方式转变为以内涵、集约型为主的经济增长方式，这样才能使中国经济今后的发展走上新的健康的轨道。当前，各个地方、各个部门和企业追求"大而全""小而全"，盲目重复建设，是经济结构不合理的突出表现。人们常举的例子是中国制造汽车的整车厂已有130多家，而生产总量不及发达国家一个汽车厂的产量。企业规模的不经济，地区产业结构的雷同，低水平的过度竞争，严重影响了经济的协调发展。这些问题长期得不到解决，主要是由于经济体制的障碍：政企不分、条块分割、市场封锁以及投资行为缺乏风险约束机制等。需要认真总结经验教训，积极推进改革，做到科学决策，减少失误。今年，要继续从严控制上新项目，加快投资体制改革。通过跨地区、跨部门的投资、联合、兼并，帮助资产存量的优化重组。调整和优化经济结构的一个重要方面，是以市场需求为导向，培育新的经济增长点，加快发展市场需求量大、产业关联度高、科技含量高、经济效益好的产业和产品。最近人大会议指出，当前从全国来看，发展电子信息与高新技术产业、扩大城镇居民住宅建设以及开拓农村市场以带动和促进结构优化，都可以成为重要的经济增长点。

如我在上面所述，我国经济结构调整的障碍在于经济体制，经济增长方式转变最终也要取决于经济体制的转变。我国经济体制改革十多年来，已经取得不少的进展，但是国有企业改革这一重点和难点至今尚未根本改变。这次人大会上的政府工作报告用了六分之一的篇幅，阐述了国有企业改革问题，指出国企改革仍是今年经济改革的重点，强调改革要着眼于搞好整个国有经济，抓好大的放活小的，把企业的机制改革、结构改组、技术改造和加强管理紧密结合起来。针对存在的问题，提出了集中力量抓好国有大型企业和企业集团，积极推进和规范企业的股份制改造；进一步放开放活国有小企业，肯定了股份合作制对企业改组、改造和转换机制的积极作用；规范破产、鼓励兼并，帮助富余人员分流和下岗人员再就业，以及积极推进社会保障制度改革等。此外，流通体制、政府职能和机构等方面的改革，也要围绕企业改革积极推进。在搞好国有企业的改革和发展的同时，还要积极发展多种形式的集体经济，继续鼓励和引导个体、私营，以及外商投资企业等经济成分健康发展，发挥它们在我国现代化建设中的积极作用。

以上我简略地介绍了当前中国经济形势和任务，中国的改革开放所促成的快速增长的趋势，将在今后一个较长的时期延续下去。预计到2000年，中国经济年均增长率将保持在8%~10%的区间，21世纪前10年的增长率将保持在7%左右。中国12亿人口的收入水平和消费欲望不断提高，提供了巨大的市场需求；高达35%~40%的储蓄率，加上外商来华投资的不断增加，使经济建设的资金得到有效的保证。经济改革的深化和对外开放的扩大，将为经济发展不断注入新的活力和动力。

随着市场化改革的推进和市场对资源配置作用的日益增强，中国经济的国际化趋势也将日益深化。中国的对外贸易总额相当于GDP的36%以上，外资占国内总投资的比重约17%，外商直接投资流入量仅次于美国。今后我国将进一步扩大开放，在更广泛的领域和深度上参与国际经济的分工与合作。

中国以及东亚各国的经济为了保持持续高速增长的趋势，都必然走上同欧洲以及东亚各国相互之间经济合作的道路。各地区各国家应该用各自所拥有的先进技术、资本以及人力方面的比较优势进行合作，只有这样，中国、东亚、欧洲甚至世界经济才能继续保持发展下去。

我确信在这种趋势下，此次来自九个国家的学者、企业家、政府官员聚集在一起，相互交流经济合作方案，无论是在学术上还是经济上，这次会议都将会取得积极有意义的成果。我衷心希望这次会议在增进中国与东亚以及各经济发达国家间的相互理解的基础上，成为实际经济合作的契机，不但对各位与会者今后的发展，同时也对各国的经济发展能作出一定的贡献。

在延边大学 1997 年国际经济合作研讨会上的发言稿

关于就业问题及其他*

——在中国社会科学院经济形势分析与预测 1997年春季座谈会上的开幕词摘要

（1997年4月25日）

一、关于就业问题

最近以来，随着我国经济运行"软着陆"的成功，特别是物价涨幅的明显回落，就业问题突出起来，成为社会经济生活中的一个热点。这一问题，关系到维护社会安定，应该引起我们的高度重视，并积极妥善地去解决。在这种背景下，有人提出：宏观调控应该把解决失业问题放在首位。还有人从菲利普斯曲线关系出发，要求放松银根，刺激经济增长。类似这种呼声，最近以来又不绝于耳。

这就向我们提出如下问题：首先要弄清，当前在我国，就业问题是怎样产生的？

就业问题，包括两大部分：一部分是城镇就业问题，另一部分是农村剩余劳动力转移问题。城镇就业问题，当前突出的是国有企业的职工下岗失业，有的虽然没有完全下岗，但由于开工不足而处于不充分就业状态；城镇里还有集体企业、其他企业的职

---

* 原题《当前经济形势的三个问题》，曾发表于《数量经济技术经济研究》1997年第6期、《宏观经济管理》1997年第6期、《价格理论与实践》1997年第7期和《中国改革报》《中华工商时报》《经济参考报》等报刊。

工下岗或不充分就业问题，还有社会上其他人员的就业问题，等等。就业问题的产生，是由多方面的原因引起的。

第一，总量性原因。从劳动供给总量看，20世纪80年代以来，我国进入了劳动年龄人口增长的高峰期。劳动年龄人口占总人口的比重明显上升。1953年、1964年第一、第二次全国人口普查时，劳动年龄人口占总人口的比重大约为50%；1990年第四次全国人口普查和1995年抽样调查时，这一比重上升为60%左右。

第二，结构性原因。当前，我国正处于结构调整时期，在劳动力的需求结构上发生了很大的变化。第一产业从业人员占总从业人员的比重，1978—1995年平均每年下降1个百分点，这1个百分点，大体上由第二产业吸收0.3个百分点，由第三产业吸收0.7个百分点。产业结构的这种调整，使第一产业劳动力向第二、第三产业转移，农村劳动力向城镇转移，就给第二、第三产业的就业、给城镇的就业，带来了很大的压力。

改革开放以来，我国家电工业、轻工业、纺织业、食品业等行业曾得到迅速发展。这其中，也带来不少重复建设、重复引进和盲目追求"大而全""小而全"的问题。在当前的结构调整中，这些行业便出现生产能力相对过剩、市场容量相对缩小，从而导致出现经营困难、职工下岗或就业不充分等现象。

另外，在一些老工业基地和一些老传统行业，如黑色金属矿采选业、非金属矿采选业等，还有军工行业，企业亏损严重，旧体制的包袱沉重，从而带来企业经营困难、职工下岗或就业不充分等问题。

第三，技术性原因。20世纪80年代以来，随着我国工业化、现代化的发展进程，我国正处于科技进步、有机构成提高时期。同量产出所吸纳的资本份额呈上升趋势，而所吸纳的劳动份额呈下降趋势。同量投资所创造的就业机会也在减少。这就使劳动需求总量的增长受到一定的限制。

第四，体制性原因。我国正处于向社会主义市场经济体制的转轨时期。在原来高度集中的计划经济体制下，实行的是低工资、高就业、国家包分配的劳动就业政策，缺乏就业的竞争机制与淘汰机制。这样，长期以来形成了国有企业人浮于事、大量冗员存在、经济效率低下的状况。随着改革的深化，必然会产生削减冗员的问题。与此同时，在体制转轨中，一些国有企业面对乡镇企业、三资企业等非国有企业的竞争局面，不适应新的市场环境。由此，造成经营困难、亏损严重，影响到职工的就业与收入。

第五，周期性原因。在1991—1996年这一轮的经济周期波动中，从1993年下半年到1996年，正处于经济增长率的回落期或收缩期。正是考虑到避免经济的"大起大落"，考虑到就业问题，采取了"软着陆"政策，使经济增长仍然保持了较高的速度。但经济增长率毕竟是在缓慢地回落。在经济周期波动的收缩期，劳动需求总量的增长必然要受到限制。

综合以上五个方面的原因，可以看出，当前，我国正处于劳动供给总量增长的高峰期，处于产业结构和行业结构的调整时期，处于技术进步、有机构成提高时期，处于经济体制转轨时期，近几年又处于经济周期波动的收缩期。这几种"时期"交织在一起，或者说这几种原因交织在一起，使得我国的就业问题突出起来。在以上五个方面的原因中，前四个方面的原因是主要的，是基本性的、较长期性的；第五个方面的原因，即周期性原因并不排除，但它是短期性的，不是主要原因。

在我国这种特殊的背景下，仅仅着眼于短期的周期性原因，简单地从菲利普斯曲线关系出发，单纯用放松银根、刺激增长的办法，是解决不了当前我国的就业问题的。早期的、简单的菲利普斯曲线只是说明在其他条件不变的情况下，诸如劳动供给条件不变、物质资源供给和技术条件不变、产业结构比较稳定，体制条件不变、不存在通货膨胀预期等情况下，当社会总需求在短期波动时，通货膨胀与失业之间存在着一定的、比较平缓的替代关系。而当上面假定中的种种条件发生了变化时，菲利普斯曲线将会变形。而我国现在的就业问题，并非只是一个简单的、短期性的社会总需求波动问题。如果我们以失业率为横轴、以通货膨胀率为纵轴，在这个坐标图上画一条菲利普斯曲线的话，那么，这条曲线比起早期的、教科书上的菲利普斯曲线，既陡峭得多，又向右上方推移。这条陡峭的、向右上方推移的曲线所包括的含义是：要想把失业率降到原来的同一个水平，那么就需要付出更高的通货膨胀代价，要求更高的经济增长率。所以，简单地用放松银根、刺激总需求扩张、刺激经济增长的办法，不但不能解决就业问题，反而会使严重的通货膨胀卷土重来。当重新治理卷土重来的严重的通货膨胀时，失业问题也将会变得更加严重。同时，经济增长也不是没有限度的。我国现在的经济增长率已经不低，若经济增长率过度地超越其潜在增长能力时，菲利普斯曲线将随着"瓶颈"制约的——出现而进一步变形，最终陡峭得成为一条垂直线。这时，再以放松银根去刺激经济，经济增长率也不会再提高，就业也不会再增加，剩下的只是高通胀了。

我以为，当前我国经济的主要问题，不是速度问题，不是总量问题，而是结构问题、质量问题、效益问题。这要靠积极推进"两个根本性转变"、加大结构调整力度来解决。对于就业问题，要根据不同原因，采取不同的对策，进行综合治理。如实施再就业工程，建立和完善社会保障体系，发展乡镇企业，发展第三产业，不断地向生产的广度和深度、向市场的广度和深度拓宽就业领域，创造更多的就业机会。通过教育培训改变人们的就业观念，提高他们的就业能力，等等。这才是解决我国就业问题的正确途径。

二、关于"发展是硬道理"

大家知道，邓小平同志从"发展生产力是社会主义的根本任务"和"中国解决所有问题的关键是要靠自己的发展"出发，提出了"发展是硬道理"。这句话是颠扑不破的真理。我们应该完整地理解邓小平同志这句话的精神。邓小平同志讲的"发展是硬道理"，是有其制约和限制条件的，这就是"讲效益、讲质量、搞外向型"的发展；这就是"不是鼓励不切实际的高速度，还是要扎扎实实、讲求效益，稳步协调地发展"。但是，这几年，有些同志不顾这些限制条件，片面理解这句话，把它挂在口头上乱用。有的用它来为片面追求产值速度、争项目铺摊子、盲目建设重复建设做旗帜；有的用它来为"先污染后治理"，破坏生态环境作借口；有的用它来掩盖地方保护主义、部门保护主义；还有人用它来反对适度从紧的宏观调控政策，实际上在指责这一政策"妨碍"了"发展"；等等。这些观点都是不负责任的，或者是局部利益驱动的，是不可取的。我认为，应该明确：不顾质量、不讲效益、片面追求产值速度的发展，不是硬道理；盲目重复争项目、铺摊子，搞"大而全""小而全"的建设，不是硬道理；破坏环境、破坏子孙后代生存权利的发展，不是硬道理；靠发票子、用通货膨胀的办法来发展，不是硬道理。所以这类观点都不是硬道理，而是歪道理。因为，照这些观点做下去，尽管会有局部的、短期的"正"效应，但就全局和长远来看，必然对国民经济的发展造成莫大的损害。

最近，又出现一种所谓"自行车"理论。说经济发展像骑自行车一样，如果没有一定的速度，就会倒下来。问题在于，什么是一定的、合理的速度呢？是5%合理，还是10%合理，或是15%、20%合理？有没有一个标准呢？应该说标准是有的。合理的经济增长速度就是围绕"潜在增长能力线"或处于"适度增长区间"的速度。过度超越适度增长区间，或过度低于适度增长区间，都会"倒下来"。如果我们从我国当前的具体国情出发，以8%~10%作为既较快又相对平稳的适度增长区间，那么，我们现在的增长速度已经不算低了。我国当前经济发展的主要问题，正如我前面所讲的，不是速度问题，不是总量问题，而是结构问题、效益问题、质量问题，是实现"两个根本转变"问题。在这个时候，提出"自行车"理论，无非是说，现在的速度不够，太低，车子要倒，应当加速。加到哪里去呢？是不是"两位数的通胀率不可怕，两位数的增长率才过瘾"呢？这将把我国经济带向何处去呢？

三、再谈"使物价上涨率低于经济增长率"的问题

记得去年（1996年）春季会时，我在这里谈过这个问题。我不大赞成把宏观调控的目标定位于"使物价上涨率低于经济增长率"。那时刚开过人大会，"九五"纲要中有这个提法。鉴于前几年我国物价上涨率大大高于经济增长率，在抑制通货膨胀的过程中强调首先要把物价涨幅降到经济增长率以下，这是可以暂时接受的、第一步的措施，是针对特殊情况而言的。现在，这一要求已经实现，去年全年物价上涨率降到6.1%，低于GDP增长率（9.7%）。在这以后，应当为"适度从紧"的宏观调控提出更为积极的目标。但是一些政策性讲话或文件中，仍然把"使物价上涨率低于经济增长率"说成是"适度从紧"的货币政策目标之一，那就需要商榷了。特别是"适度从紧"方针不仅是"九五"的方针，而且适用于中国经济体制转轨完成前的一个相当长的时期，已成为越来越多人们的共识。在此情况下，再把"物价上涨

率低于经济增长率"作为宏观调控长期目标，就很不恰当了。

"物价上涨率低于经济增长率"这一提法可以容纳高低很不相同的经济增长率和物价上涨率。给宏观调控中通胀指标的伸缩弹性太大，而约束力太小，很容易引起认识上和实践上的混乱。从实际情况看，比如，以一个时期来说，"八五"时期，每年平均的经济增长率是12%，每年平均的物价上涨率为11.4%，它虽然低于经济增长率，但却是新中国成立以来物价上涨最高的时期，成为当时我国经济生活中的一大严重问题。再比如，就一个年份来说，1993年，经济增长率为13.5%，物价上涨率是13.2%，它也低于经济增长率，但这一年是经济增长过热、经济秩序混乱达到顶峰的一年。所以，把这一比率关系作为宏观调控目标，很不理想。再从理论上说，将物价上涨率简单地与经济增长率相比较、相挂钩，来作为判断物价上涨率是否适度、是否可以被社会所接受的标准，也是不科学的。按照经济学基本原理，首先应该确定经济增长率是否是适度的经济增长率。在经济增长率过度地超越其潜在增长能力时，物价就会迅速地上升。在这种情况下，即使物价上涨率还低于经济增长率，也不是一个可以接受的标准，不是一种良好的经济运行状态。而物价上涨率能否被社会所承受，有其独立的标准，这是由一定时期内居民收入的增长状况、不同居民间收入分配的差距、居民的心理承受程度、商品生产者成本的承受程度等多种经济、社会因素所综合决定的，而不能简单地与经济增长率相比较、相挂钩。

加强企业伦理建设是建立社会主义市场经济体制的需要*

——在'97北京国际企业伦理研讨会上的主题发言（1997年4月27日）

建立社会主义市场经济体制需要加强经济立法、建立和健全经济法律体制，使社会主义市场经济成为一种法治经济，这是人们早已认识了的。改革开放以来在经济体制的改革过程中，我们在经济法制建设上做了大量工作。目前虽不完善，但已初步形成了一套经济法律体系，在社会主义市场经济的运行过程中发挥了重大作用。但是，企业伦理建设在建立社会主义市场经济体制中的重要性，远没有为人们所充分认识，因此就这个问题展开研究、讨论，以期引起人们在实践中切实加强企业伦理建设，是很有意义的。

党的十四届六中全会的决议指出："建立社会主义市场经济体制是我国经济振兴和社会进步的必由之路，是一项前无古人的伟大创举。这种经济体制，不仅同社会主义基本经济制度政治制度结合在一起，而且同社会主义精神文明结合在一起。"因此，加强企业伦理建设不仅是社会主义精神文明建设的需要，也是建立社会主义市场经济体制的需要，是建设有中国特色社会主义的需要。

---

* 本文成文过程中曾得到吴元梁同志的协助。原载《经济学动态》1997年6月。

从建立社会主义市场经济体制的角度来看，企业伦理建设的重要性表现在下列方面。

（一）建立规范、有序、文明的市场经济秩序，使市场机制正常运转，离不开企业伦理建设

企业是最重要的市场主体，是市场商品的供应者，又是市场商品的重要消费者。市场上的利益关系、供求关系、竞争关系实际上就是企业和企业以及企业和其他市场主体之间的关系。企业是市场的价格机制、供求机制、竞争机制、损益机制发生作用过程的主要参与者和承担者，因此企业的状况如何、企业的行为如何，对市场机制和市场秩序产生着重大影响。就价格机制而言，它正常作用的前提是价格的变化要准确地反映供求关系的变化，供大于求时价格要下降，求大于供时价格要上涨，但如果某些对市场价格具有影响力度的企业采取不正当的价格行为，该降价时不降价，该涨价时不涨价，价格的变动就不能真实地反映供求关系的实际情况，价格机制就会失灵，价格的变动就会造成许多虚伪的信息，对市场上活动的主体产生误导，造成资源的错误流动。就供求机制而言，它正常作用的前提是供求双方都必须能够在市场上真实地表现出来，但是如果出现故意的抢购、套购或囤积不供等情况，市场上就会出现被扭曲了的供给和需求，就会导致供求关系不正常，造成供求机制失效。就竞争机制而言，它正常作用的条件是竞争各方之间进行自由、平等、正当的竞争，只有这样的竞争才能使市场成为奖优罚劣、优胜劣汰的场所，才能推动竞争各方不断改进技术，加强管理，提高效益。但是这种自由、平等、正当的竞争秩序，却依赖于竞争各方对竞争规则的遵守。如果竞争各方采取种种不正当的竞争行为，那么自由、平等、正当的竞争秩序就会遭到破坏，竞争机制也会失灵。由此可知，企业行为在市场机制运行和市场秩序的建立中处于举足轻重

的地位。企业伦理建设可以使企业在追求经济利润最大化的过程中采取在伦理道德上正当合理的目标和手段，在市场竞争中讲究自愿、平等、公平、诚实、信用的原则，尊重竞争各方的合法权益，遵守国家规定的各种竞争规则，从而规范好企业自身的行为。显然，如果我们的企业树立了正确的伦理观念、形成了正确的道德规范，我们就可以比较顺利地建立文明、有序、规范的市场经济秩序，市场机制也就能正常地运作。

（二）建立现代企业制度也离不开企业伦理建设

现代企业制度是社会主义市场经济体制不可分割的组成部分，如果没有现代企业制度，社会主义市场经济体制也不可能真正地建立起来。社会主义市场经济体制所要求的现代企业制度具有"产权明晰、权责明确、政企分开、管理科学"等基本特征，使企业成为自主经营、自负盈亏、自我发展、自我约束的法人实体和市场竞争主体，基本精神是要理顺企业和政府、社会的关系，明确企业内部各方的权责利关系，实现权责利的统一，可以看出，企业伦理是现代企业制度所不可或缺的软件和基础。这是因为：（1）企业伦理可以使企业超越自身利益的狭隘眼界，正确解决企业在社会中的定位问题，看到社会的整体利益和长远利益，看到人的发展社会的需要、人类持续发展的需要，从而正确处理企业发展和社会进步、环境保护之间的关系，努力兼顾经济效益、社会效益、环境效益，实现企业和社会、环境之间的协调发展。由于过去计划经济体制下，企业承担了许多政府功能、社会功能，存在着政企不分、企社不分的问题，企业的正当权利经常受到侵害、社会负担过重等问题，所以我们在改革过程中，在建立现代企业制度过程中，着重解决企业和政府不分的问题，要使企业成为真正能够在市场上独立经营、自负盈亏、自我发展的法人实体，但这样做，绝不意味着企业可以不承担任何社会责任和义务。许多事实表明，在现代社会发展的条件下，一个同社会、同环境处于尖锐矛盾的企业很难生存和发展下去，有害于社会进步和环境保护的企业活动会受到社会舆论的谴责，甚至受到法律制裁。因此，明确企业在社会中的角色、功能，明确企业在社会中的权利和应尽的责任、义务，使权利、责任、义务相应相称地统一起来，正是现代企业制度的伦理基础。（2）企业伦理为正确处理企业内部各种关系、各种矛盾提供了必要的原则和方法，有助于增加企业内部的团结和凝聚力。企业内部的组织和经营管理所要正确认识与处理的各种关系可以归结为三类：一是人们相互之间的职能分工关系及由这种关系带来的责任和权力关系；二是人们之间的利益关系，如出资者、经营者、劳动者三者之间的利益关系；三是人和机器之间的关系。处理这三类关系的时候要讲经济原则、科学原则，目的是使企业的生产经营活动更有效率，节省成本，增加利润。但是，把现代企业制度仅仅归结为经济原则、科学原则则是片面的，因为完全可以在这两条原则的口号下，忽视和抹杀人所具有的社会性、精神性、文化性等只有人才具有的特殊性，会把人等同于物、等同于其他各种资源，会造成对人的诸如尊严、人格等合法权利的侵犯，造成人的异化和非人化。只讲经济原则、科学原则，就是只讲效率原则，这正是近代企业制度的典型特征。这种制度加剧了所有者、经营者和劳动者之间的矛盾，造成企业内部的种种对抗和冲突。因此现代企业制度除了讲究经济原则、科学原则之外，还要讲究伦理原则，要求将经济原则、科学原则和伦理原则协调和统一。企业内部的经济管理和科学管理都必须具有伦理原则上的合理性，违反伦理合理性的经济管理、科学管理，不仅会受到社会舆论乃至法律的谴责和制裁，而且这种经营管理所带来的效率和效益也不可能是持久的、稳定的。我们在建立现代企业制度过程中，要求改革和完善企业领导体制和组织管理制度。股份制企业建立董事会、厂长办公会、监事会（被称为新三会），企业中原来还有工会、职工代表大会、党委会（被称为老三会），要求在实行厂长（经理）负责制，依法行使职权的同时，发挥"新三会"、"老三会"的作用，在企业内部形成一种权责分明、团结合作、相互制约的机制，使各方的积极性都能发挥，使各方的利益都能保护，把经济原则、科学原则和伦理原则统一起来，把效率原则和公正原则统一起来。总之，现代企业制度必须在经济上是有效率的，在技术上是科学的，在社会文化上是文明进步的，在伦理道德上是公正合理的。

（三）企业伦理建设也有助于宏观调控和监督机制发挥作用

大家知道，由于市场功能有缺陷、市场竞争会失灵、市场不能完全实现公正的收入分配、市场调节具有一定的盲目性等原因，政府的宏观调控和社会的监督是不可缺少的。宏观调控和监督机制也是社会主义市场经济体制的有机组成部分。宏观调控和监督通过经济手段、法律手段、必要的行政手段及社会舆论手段，以实现宏观总量平衡，保证经济持续、稳定、协调增长，保证就业和收入分配上的公正等宏观目的。然而宏观调控手段要有效地发挥作用，宏观调控的目的要顺利实现，还需要企业的积极响应和配合。因为宏观调控过程，实际上是调节、规范、改变企业行为的过程，使个别企业的行为向着有利于宏观调控目的实现的方向变化，在宏观调控政策允许的空间中去生存和发展。宏观调控过程也是不同企业间的利益调整过程，因此在宏观调控目标和个别企业利益之间存在一定的矛盾。企业如何对待和处理这种矛盾，是顾大局识大体、努力在企业利益和宏观整体利益的结合点动作还是只顾企业的局部和眼前的利益，会对宏观调控产生不同的影响。法律手段和某些行政手段带有强制性质，对于企业来说是一种外在的规范，但法律和行政命令也只有在企业认真遵守和执行的情况下才能顺利地发挥其调控作用。企业伦理建设可以提高企业遵守和执行法律与行政命令的自觉性，企业伦理原则还可以补充法律和行政命令之不足，使企业以一种内在自律的形式从国家和社会全局与长远利益的角度规范自己的行为。目前，我国由于经济体制的转变还没有完成，由于社会主义经济体制还不完善，也由于政治体制改革上的相对滞后，政府和企业关系还没有完全转入社会主义市场经济体制的轨道。以权谋私、权钱交易、贪污受贿等问题的存在，除了体制和政府官员本身的原因之外，企业采取的不正当经营手段也是不可忽视的原因。加紧企业伦理建设，可以从规范企业行为的角度为解决上述问题创造条件。

总之，我们应该充分认识企业伦理在社会主义市场经济中的重大影响，进一步加强企业伦理建设，推动我国社会主义市场经济体制的建立和完善。

"一国两制"是香港回归后经济
繁荣发展的可靠保证*

（1997年5月8日）

    1997年7月1日，香港将回归祖国，成为中华人民共和国的特别行政区，实行"一国两制""港人治港"和高度自治的方针政策。中国人民，包括香港人民将以最隆重和最热烈的方式欢庆这一洗刷百年国耻的光辉时刻，欢庆邓小平同志"一国两制"的伟大构想成为现实，开创和平统一祖国的新纪元。

    香港是一个经济城市，社会的稳定首先依靠经济发展。因此，在回归以后，香港经济能否保持繁荣发展，这是香港和内地，以至全世界关注的热点问题，也是检验"一国两制"正确性的关键问题，一些西方国家人士，从其固有的立场和偏见出发，散布了种种悲观的怀疑和无理的责难，一些不明真相的人士也有一些疑问。其实，只要认真地分析一下香港经济、国际和周边地区经济环境，以及我国政府为在香港贯彻"一国两制"方针的种种努力，答案是非常清楚和十分肯定的，任何悲观的论调都是没有根据的。

---

* 《广东社会科学》杂志和广东中华民族凝聚力研究会于1997年5月8日在北京共同主办了"一国两制"与香港回归学术座谈会。本文系作者在座谈会上的发言，原载《广东社会科学》1997年第3期。

一、"一国两制"符合当今时代特征、中国国情和香港实际

1983年4月8日，中国改革开放的总设计师邓小平同志在会见由中国社会科学院接待的美籍华人学者时，首次对外发表了以"一国两制"方式实现和平统一祖国的伟大构想。1984年中英签署联合声明，向全世界宣布了香港将于1997年7月1日回归中国，从而标志着"一国两制"的伟大构想已经开始转为现实的政策。

在当今的时代，和平与发展是国际社会的主流，社会主义与资本主义制度并存是当今时代的特征，和平解决国际争端已经成为现实的可能，1984年中英关于香港问题的联合声明就是最好的证明。

"一国两制"是中国政府处理香港问题的基本方针，是香港繁荣稳定的必要条件。经过实践证明，中国实行"一国两制"的方针是认真的，在香港实行"一国两制""港人治港"将取得成功，港人的信心也大大增强，许多过去外流的人大多已回流，这种信心对香港的继续繁荣稳定是至关重要的。

在香港已经涌现了一批本地人出身的高素质管理人才，在管理香港经济社会等方面发挥着直接的重大作用。香港民众渴望回归祖国，希望继续保持香港经济繁荣发展，继续承担内地与海外往来的桥梁作用。香港社会这一主流是实行一国两制的坚实基础。

二、祖国内地的政治稳定、经济发展是香港经济繁荣发展的强大依托

我国实行改革开放以来，在邓小平建设有中国特色社会主义

理论的指引下，维持了政治稳定和经济快速发展的局面。政治领导的平稳过渡和近18年经济发展的成就，充分地证明了这一点。经过前几年的宏观调控，内地经济已基本实现"软着陆"，通货膨胀被控制在预期的目标范围内，经济增长保持着较高的速度，为国民经济良性循环创造了有利条件。也为香港的顺利回归和稳定繁荣提供了重要条件。1997年内地对港和经港贸易都会有较大的提高，直接推动香港的贸易和航运发展。随着内地金融和投资市场的发展，内地和香港之间在这两方面联系将会进一步扩大和加强，为香港金融和投资界提供更为广阔的发展空间和更多的发展机会。内地经济的稳步快速发展，将使以内地为依托的香港经济受到更大的推动。

三、国际经济环境对香港经济发展比较有利

香港的回归，适逢世界经济运行继续看好、亚太经济迅速崛起之时。据国际货币基金组织估计，1997年全球经济增长率将超过1996年的3.8%而达到4.1%。世界经济正处于1988年以来最景气的时期，重大经济发展势头更加旺盛。香港具有广泛的国际经济联系，必然可以从中受益。估计发达国家消费需求明显增加，香港周边国家和地区经济，绝大部分处于高速发展阶段，作为亚太地区金融、贸易和航运中心，可望相应获得较高的经济增长速度。

四、香港经济内部因素趋向活跃

从1996年下半年起，香港房地产市场继续回升，股市普遍看好，私人消费活跃，旅游业空前兴旺，内部投资继续扩大，之所以造成香港内部消费和投资普遍增长，最重要的是"九七回归"

因素的影响。随着1996年特区行政长官和临时立法会产生，香港政权过渡的格局已经基本明朗。"一国两制""港人治港"，高度自治的方针正在逐步落实，深入民心。由港英当局和一部分人所渲染的对"九七"过渡的消极影响已经大为缩小，而为正面影响所取代。

　　综观上述因素表明，香港经济可以在繁荣和发展中完成过渡，并在过渡后继续保持繁荣和发展。"一国两制""港人治港"，高度自治的方针政策是香港平稳过渡和经济繁荣发展的可靠保证，必将在今后显示出越来越大的生命力，并对澳门回归、两岸关系发展和祖国统一大业产生积极的影响。

在深圳市政府第四次高级顾问会上的发言*

（1997年5月19日）

深圳是全国社会主义开放改革和现代化建设的试验场和排头兵，也是我们研究社会主义经济实践和经济理论的前沿阵地。自20世纪80年代初建立经济特区以来，我曾几次来深圳参观、学习，留下深刻印象，尤其在1985年和1992年，两次应邀，组织中国社会科学院的有关专家，到深圳进行特区发展战略问题的调查研究，通过调研，学到不少有创新意义的经验，获得不少有创新价值的理念。最近有几年没有来，对深圳的新情况不太了解。现在，期待已久的香港回归倒计时不到50天了，再来深圳，看到近5年来深圳的巨大进步，香港回归又将为深圳开辟更加美好的前景，感到振奋、高兴。上午听了深圳市领导的介绍，受到不少启发，但未及消化，这里只能谈谈一些粗浅认识。

一

改革开放以来，我国经济发展和社会进步取得前所未有和举世公认的巨大成就。在全国日新月异的变化中，深圳更是一个闪闪发光的亮点。我们在20世纪80年代中期和90年代前期的

---

* 发言稿的写作得到沈立人协助。

两次调研，曾经设想若干目标，大多被超过了；曾经考虑若干对策，也大都被实现了，并且比原来考虑得更周全、更大胆、更有实效。

对经济特区的功能，改革开放和总设计师邓小平同志讲过是个"窗口"，是技术的窗口、管理的窗口、知识的窗口，也是对外政策的窗口。18年来，深圳创造了"深圳速度"，又创造了"深圳效益"，还创造了"深圳机制"，在全国是始终领先的。排了一下，深圳在全国经济发展中获得了数不清的金牌，包括经济增长率的第一，人均国民生产总值的第一，人均收入和消费的第一，城市出口额的第一，引进外资额的第一，一批名牌产品在全国市场占有率的第一，进出口人数和车辆的第一，等等，这是在发展方面；在改革和其他方面，深圳创造了全国第一个证券市场和外汇市场，引进了全国第一个外资银行和零售商业，组建了全国第一个国有资产管理机构和统一的社会保障管理机构，试办了第一个建筑业和别的招标、投标办法，以及建成了全国第一条高速公路，等等。不胜枚举。现在可以肯定，深圳是我国最富裕的地区，最繁华的城市之一，最有活力的一块宝地，不仅早已解决温饱，实现小康，并且走在现代化的前列。

深圳之所以取得这些突出成就，原因有多方面，主要是在邓小平同志创办经济特区的理论和战略指引下，历届党委和政府坚持和发挥了大胆地试、大胆地闯的创造精神和务实作风，吸引和调动了当地和外来脑体劳力者的积极性的结果。在此过程中，中央给予的特殊政策，全国各部门和各地区的参与支持以及"香港因素"，都起到了重要作用。在邓小平同志视察南方讲话后，全国进入全方位开放，曾经有人认为，特区不特了，特区的功能有可能淡化。事实证明不是这样，最近5年，深圳更上了一层楼。如果说有什么不同，那就是在初期，曾经多靠特殊政策和特殊区位；而到今天，则是更多地靠已经积累的既有基础和雄厚实力，更多地靠扩大开放、深化改革所形成的新体制和新机制，更多地靠迅速成长的大批有现代化新思想和新知识的干部队伍。当然，毗邻香港的特殊区位，随着香港回归的临近发挥越来越显著的作用，这一因素也是不能忽视的。

去年（1996年），江泽民同志在视察深圳时指出：深圳经济特区除了要继续更好地发挥对外开放的"窗口"作用，经济体制改革的"试验场"作用和按照党的十四届五中全会要求在改革和发展中发挥示范、辐射、带动作用之外，很重要的一点，还要发挥一个新的作用，就是在恢复对香港行使主权和保持香港繁荣稳定方面起促进作用。这为深圳的今后工作指明了方向。香港回归，对深圳来说，提出了新的任务，也提出了新的机遇。我们应当抓住这个新机遇，努力完成新任务、发挥新作用，创造出更好的新成就。

二

建立经济特区后，如何安排深港关系，多年来一直是个热门话题。曾经出现过几论：取而代之论、平起平坐论、依附香港论、互助互补论等。我们在1985年、1992年的两次调研中，对不同观点有过评议，基本看法是：（1）"取而代之"论是不对的。因为香港作为多种国际经贸中心的地位是长期经营发展起来的，是在香港特殊的历史和地理条件下形成的。香港也是我国领土，今后香港保持和发展这种特殊的经济地位，发挥其功能，这对全国都有必要和好处。（2）"平起平坐"论是不可能的。因为论经济实力，深圳约为香港的1/16（1996年国民生产总值，香港超过1300亿美元，深圳为96亿美元）；人均国民生产总值，深圳约为香港的13%。进出口贸易和财政收入差距也很大。虽然论增长率，某些方面深圳可能快于香港，差距会渐次缩小，但那要有一个长过程。（3）"依附香港"论也不可取。因为深圳在内地，有自己的任务和功能，甚至在内地它也有一定的相对独立性。把深圳局限于香港的"后院"位置，并不符合我国开放政策的本意和战略要求。（4）"互助互补"论，这应该是唯一得当的。因为两地毗邻，经济联系非常密切，十多年来互相渗透而不可分（深圳利用外资以港资为主，香港的中资企业也有很大部分来自深圳或根在深圳），今后应当和可能进一步发展；同时，两地又各有优势和短处，如香港地狭人稠，劳动力和土地价格高，某些高新技术不足，而深圳在这些方面相对有所长，但在其他方面不如香港。两地本着互助互补原则，发展双方的合作关系，既可以拓宽香港经济发展的空间，巩固香港国际经贸中心地位，又能更好地发挥深圳改革开放以来形成的种种不可替代的优势，并以创新优势，实现深圳自身第二次创业的新的腾飞，对促进内地的改革开放和现代化建设作出新的贡献。

对两地关系，有不同描述，如联合、协作、接轨、衔接、融合、一体化等，现在似乎多数人赞成用"深港衔接"，我也认为是可以的。深港经济衔接的内容要比一般丰富。深港合作或协作深化了一步，但又不是把深圳经济完全融合于香港，而是双方保留各自的特点和相对独立性，深港经济衔接的着眼点也不限于深港，可以大而扩之，还有港粤和通过港深延伸到与整个内地特别是沿海地区的关系。过去深圳多次设想建立大保税区和"放开一线，管好二线"的方案，之所以未能实现，是在把深圳变为类似自由港后，与香港进一步靠拢了，而与内地却有疏隔，削弱了南方门户和通道的功能。多方比较，能否以建立"深港合作通道"的经济区同时探索向自由贸易区过渡的途径为宜，强调其合作性、通道性和开放性。关于实行自由港政策问题，我认为，如果我们在实行小平同志再建几个香港"遗愿"上再前进一步，不妨把深圳作为实行自由港的首选城市。

三

深港衔接内容丰富，包括基础设施衔接、产业衔接和体制衔接等，其中主体是产业衔接，关系到深圳产业结构的选择。对此问题，过去也已议论多次，焦点在于：从深圳特情出发，应当以第二产业为主还是第三产业为主，在第二产业中以加工制造业为主还是高新技术产业为主，以劳动密集型为主还是以资金、技术密集型为主。我们过去认为，深圳经济有综合性，三次产业要协调发展，不可偏废或单一化；但是又不能齐头并进，要有自己的特色和支柱，并随着形势发展而逐步调整和升级。根据当前香港回归的新情况，深圳产业选择应当更多地寻求与香港的分工和合作，深港产业的衔接不仅要在原有"前店后厂"关系上进行巩固和升级，同时也要考虑更高层次的分工与合作，以确保香港的稳定与繁荣，并促进深圳的经济社会发展上一个新的台阶。使深圳产业结构既与香港相融又与内地有广泛的联系。值得注意的问题是：

1. 第一产业要进一步巩固和提高。过去曾经认为，农业在深圳已无足轻重，所占份额越来越小。现在的情况是在宝安撤县建区后，农业仍有相当大规模；作为为港深服务的城郊农业和创汇农业，已经走上产业化道路，经济效益并不差。在此基础上，进一步发展大规模的多种经营，从户养禽畜到特种养殖、特种蔬菜及其初步加工和深度加工，仍旧大有可为。

2. 第二产业主要是加工制造业要改组、提高。这是深圳的起步行业，从"三来一补"到合作、合资，不断发展。曾经有过争议的，在工资、地价上升后，还要不要搞劳动密集型产品的"三来一补"？在这方面好像有些犹豫，提出了又松动了，原因是基层有积极性，社区居（农）民得实惠；但是，"三来一补"虽然

在深圳市政府第四次高级顾问会上的发言

有利于民间的原始积累，但政府收不到税，其他带动效应似乎也在递减。看来，应当力争有所改组和提高，主要是：一则，曾经提出以"三来一补"转化和组建为合作、合资企业，方向是正确的，实践也是有成效的；二则，在劳动密集生产的基础上增加技术含量，提高为劳动密集与资金、技术密集相结合。这样，可以在不影响基层效益的同时，在税收和技术扩散、管理借鉴上都有进展。至于与此俱来的"集体雇佣劳动"（外地打工为主，社区居民不劳而获地坐享其成），这并不等于"共同富裕"（内地明星乡镇也有类似情况），值得认真研讨。

3. 高新技术产业要成为主导产业。港深的传统产业都是加工制造业。在世界性新技术革命的影响下，在香港传统产业逐步向内地转移后，随着跨国公司进入，无论香港或深圳，发展高新技术产业和以高新技术改造传统产业，都是势在必行，并在机制上具备比内地有利的条件。近些年来，深圳高新技术产业发展较快，高新技术产品占工业区产值的比重由1990年的6.2%上升到去年（1996年）的28.7%，2000年预计提高到40%左右。但与先进国家、地区相比仍有不少差距。在发展高新技术产业领域实行深港合作，不仅有利于提高深圳经济和科技水平，也有助于解决香港制造业长期没有很好解决的技术创新问题，以加强其在国际竞争中的优势。在这一领域要鼓励两地实行多种形式的相互合作，合作范围不仅仅局限在合作研究与开发上，而且要扩大到生产和市场开拓上，同时要实现两地高新技术产业机制协调和功能互补。

4. 发展第三产业。深圳第三产业在全国各城市中居第一，但与香港地区还有很大差距。1995年第三产业在国民经济中所占比重，深圳是45%，香港是69%。考虑到香港和深圳由于各自历史地理条件形成的位势，香港回归后要继续保持和巩固其国际金融中心、贸易中心、航运中心和信息中心的地位，深圳要以建立区域性金融中心、商贸中心、信息中心和运输中心作为城市发展目标，深港两地在发展金融服务业、商贸业、信息产业、交通运输业等方面加强合作，是至关重要的。深港衔接，可以以金融衔接为枢纽。要继续在基础设施上，在业务制度上，完善两地的口岸衔接。其他领域也有不少工作要做。如批零商业，香港是远东的"购物天堂"，深圳有条件与其媲美，特别是国货精品，可以博得世界消费者的青睐。另如房地产和旅游业，深圳对香港更有补充作用。

深圳的产业选择和开拓，从与香港互补出发，空间很大。做好这项工作，不仅有利于港深经济的稳定和繁荣，并对全国也能起辐射、带动作用，继续成为区域发展的新增长点。

四

深圳对内地的示范作用，主要表现在体制改革。这也是深港衔接的内容之一，目标是推动经济体制的市场化，基本上按国际惯例办事。当然，在"一国两制"原则下，深圳还要坚持社会主义的基本经济制度，但在运行机制上要成功地体现社会主义与市场经济的兼容。

1. 企业体制的改革方面，要率先建立现代企业制度。深圳的非国有制和非公有制企业较多，包括"三资"企业在内的混合经济，基本上按现代企业制度建立了股份制的各种公司，运行也较规范。国有企业除基础产业不少有垄断性或公益性外，多数竞争性行业也在竞争中逐步转换了机制。特别在国有资产的经营、管理和交易上，深圳先行一步，比较成功，积累若干经验，有待总结、提高和改进、完善，不少方面可供内地借鉴。

2. 市场建设方面，要进一步完善和规范。与内地比，深圳的商品市场和要素市场都培育较早，成熟度较高，与内地比有领先性，值得总结推广。但是也要看到，某些要素市场还不够规范，可以区别不同情况和条件，进一步学习和吸收香港对我有用的成功之处，结合深圳实际，求得逐步提高。其中金融市场和金融体制，更要放在优先位置，努力完善，求得规范。技术市场和信息市场似乎显得滞后，也亟待完善。

3. 其余如社会保障、住房制度改革、政府职能转换等方面，深圳起步都比较早，其中有些方面借鉴香港，都有一定进展。今后要继续探索、总结、推广，创造既有中国和特区特色又有世界时代特征的新经验，为内地做示范。

总之，深圳和全国的改革都有待深化，深圳应当继续承担试验场和排头兵的光荣任务，为全国作出新贡献。对此，大家都寄予厚望。同时，我们大家都要向深圳学习，学习深圳人勇于开拓，勇于创新的精神，共同为我国的改革开放和现代化建设探索新路。

股份合作制不是"搞私有化"

——《中国经济时报》记者专访

（1997年6月11日）

记者（陈国强、陈婷）： 近年来，股份合作制企业在我国蓬勃兴起，不但许多地方新办企业采用了这种方式，不少地方在进行国有小企业改制过程中也已将其作为主要形式。但现在有一种说法，"股份合作制是一个筐，什么都往里面装"，认为股份合作制企业来源复杂，做法各异，您对这个问题怎么看？

刘国光： 股份合作制作为改革发展中出现的新生事物，的确来路不少，做法各异。我看主要是"四路人马"：农村两路，城镇两路。农村部分，一是原来的社区集体企业转制而成的股份合作制企业，二是由农户、个体自发地集资联合而成的。城镇部分，一是原二轻系统城镇集体企业，通过恢复合作制原则而形成的，二是近些年来城镇国有小企业在"放小"改革中通过向本企业职工出售资产改制而成。除此之外还有各式各样的来路，具体做法也很不一样，但都自称为股份合作制企业。有的实际上是私营企业，分出部分股份给职工；有的则是几个老板出钱办的合伙企业，有的实际上属于股份制企业范围。在社区企业、城镇集体企业和国有小企业的改制中，有的企业经理股份拿大头，比职工高几十倍、上百倍，有的企业还保留了部分国有股、集体股，有的企业则没有保留。可谓花样繁多。

记者： 由于花样很多，人们对此的看法就很不一致：有人赞成，有人反对。比如，有的赞成者就认为，股份合作制为我国国有小企业改造、乡镇企业进一步改造、农村个体经营的合作社找到了一条好路；有的反对意见则认为，股份合作制企业根本就是老板在剥削农民、剥削职工，是"搞私有化"……

刘国光：从目前情况看，的确各种现象都有，都可以举出两类例子。一类是比较符合股份合作制的性质的，通过改革产权更清晰了，政企也分开了，把职工积极性调动起来了，县市财政状况好转了，税收增加了。还有一类是不符合股份合作制性质或不规范的，比如，私营合伙、雇工经营的，企业经营者拿大头的，或者是在国营或集体企业转制为股份合作制的过程中资产过于低估的，以及企业股权出售收缴的资金没有用在企业发展而乱用的，等等。确实有种种不同情况。持反对态度的人就拿其中一些不规范、不正常的情况来指责搞股份合作制就是"搞私有化"，就是"搞公有资产流失"，等等。

我想就此说两条，第一条，现在广泛兴起的股份合作制潮流，已经成为不可阻挡的趋势，尽管这里面有许多不规范和亟待改进的东西，但其主流是符合改革大方向的，我们应该及时总结经验加以引导，而不应站在旁边指手画脚，更不能挡住它不让其前进。要站在前头加以引导，如果不加以引导，也很可能会出现这样那样的问题；第二条，要对股份合作制进行规范，不能什么企业都安上股份合作制的"帽子"。它有特定的含义，我个人认为，股份合作制主要是本企业劳动者的合作组织，它吸收了股份制的因素，包括了资本的联合，因此它主要是本企业职工劳动的联合，加上本企业职工资本的联合而形成的。这是极其重要的，符合这一条才能称其为股份合作制。在股份合作制企业，所有职工都认购一定数量的股份，而且股份大体相近，不能相差太多；职工都具有双重身份，既是劳动者，又是股东，这样，劳动合作与资本合作就有机地结合在一起了。

记者：由于概念不清，人们对"股份合作制"有各种各样的理解，您刚才的界定，可以说是对这一概念的一种澄清。但现实中的股份合作制似乎还要复杂一些。

刘国光：这里所说的股份合作制的特定含义，当然也不是绝对的，比如，有的企业职工愿意让企业经理、厂长拿较多的股份，这是与其责任相联系的，是应当允许的，但是如果达到了足以个人控股的"大头"地步，那就要改变企业的股份合作制性质。另外，一些股份合作制企业由于经营上的需要，也可以让其他法人或个人用参股形式来进行技术、供销等方面的联合协作，但这类法人股或个人股只宜采取优先股而非普通股方式，比例不宜过大。还有，国有小企业和集体企业改制时，在新组建的股份合作制企业中，也可以视情况的必要，保留一部分国有股或集体股，这也应采取优先股形式，比重不宜过大。本企业职工以外的法人股、个人股、国家股等如果份额过大，并且实际控制了企业，那么企业的股份合作制性质也都会改变。这里还必须着重指出，股份合作制绝对不可以是几个人各出一点钱搞个企业，雇用工人，自己不参加劳动，这不是股份合作制，这是合伙企业，或者私营企业。所以要规范股份合作制企业的含义，不能什么企业都可以叫作股份合作制企业。一些名实不符的"股份合作"企业，应当实事求是地把它们叫作私营企业、合伙企业或国家控股、法人控股、个人控股的股份制企业等；是什么就叫什么，也不是不可以。

记者：从各地股份合作制的改制实践看，确实存在不少鱼龙混杂、良莠不齐的现象，这些现象很自然地引起了一些人对股份合作制是在"搞私有化"的疑虑。您对此是怎么看的？

刘国光：我个人认为，把股份合作制说成是私有制是很难成立的。按前述规范意义上的股份合作制，作为全员入股、合劳合资的企业，很接近于新中国成立初期农村和城市中的生产合作社。当时参加合作社的劳动者，带着土地和其他生产资料入社，在按劳取酬的同时，取得土地和其他生产资料投入的报偿。这种合作社对促进20世纪50年代我国经济发展起了很大的作用。目前城乡大量出现的股份合作制企业，把合作制与股份制结合起来，是在原合作社基础上的一大进步，其作为新型集体经济的公有制性质是不能否定的。这是因为，尽管股份合作制企业的资本最终属于职工个人，但是作为出资者的职工又是本企业的劳动者，他们联合起来对社会化的生产资料共同占有、共同使用、共同管理，并共同占取和分配劳动成果，共享税后利润，这里没有不劳而获占取他人剩余劳动的情况，因而如果从生产关系总体而不是单纯从法权关系上来看，股份合作制属于公有制的组成部分应当也是无疑的。

记者： 与产权改革会不会带来"私有化"问题相联系的，是出售国有资产是不是国有资产流失的问题。有人提出，在股份合作制改制过程中，存在资产评估的低估现象，认为这是国有资产流失。您怎么看待这个问题？

刘国光： 说实在话，一些经营不好、长期亏损的国有企业，即使不转化为股份合作制，国有资产也在不断流失，在转换为股份合作制企业过程中，当然也易于出现由于压低评估价值造成资产流失的现象。这不光是股份合作制的改制中有这种问题，国有企业在搞股份制过程中，在实行兼并收购等资产重组和流动的过程中都有这个问题。对此，我们当然都要认真对待，防止非规范的做法，如不评估、乱评估、低评估等所造成的资产流失。

但当前主要问题是国有资产不流动造成的损失比流动造成的损失要严重得多，而且前者是一种看不见的"暗流"。与其让国有资产、国家财产悄悄地流失，还不如实事求是地考虑职工的购买能力让职工愿意来买，关键是能调动广大职工的积极性，使原来亏损的企业不再亏损，并重新为国家创造财富。但绝对不能让少数人从压低资产评估价值中获利。

记者：正如您刚才所说，股份合作制这个在中国大地上出现的新生事物，在很多地方已经遍地开花地展开了。但由于它来势迅猛，我们没有来得及使之规范化，看来，如何规范、如何引导已是当务之急。

刘国光：不少人觉得股份合作制这顶帽子不错，都争抢着要戴这顶"红帽子"。有人则因此否定股份合作制，其实他们只是看到其中的问题的一面，而这些问题恰恰就是缺乏规范造成的，我们不能因为这些问题就限制自己，从而影响了我们改革发展的大方向。各地推行股份合作制的正确实践表明，它对于企业的改革和发展产生了多方面的积极效应，突出的是：明确了产权关系，实现了政企分开，企业真正成为市场主体，职工真正成了企业的主人。对于股份合作制，我是个积极的支持者，但我赞成加强规范、积极引导。毛泽东当年说过的话，我们是站在运动的前面来引导前进呢？还是站在后头指手画脚地批评呢？还是站在对面反对呢？现在又遇到这个问题了。

两次重大选择

——在全国高等院校社会主义市场经济学
理论与教材研讨会上的讲话
（1997年6月13日）

今天，中国社会科学院研究生院和全国部分高等院校的专家、教授，在这里聚会举行"社会主义市场经济学理论与教材研讨会"，这是我国经济理论界一件很有意义的事，它对于推动社会主义市场经济学理论研究、教学和教材的发展，具有非常重要的现实意义。

到目前为止，中国走社会主义道路，已经有了近48年的历史。回过头来看这48年中，我们对如何建设社会主义的问题，有过两次重大选择。一次是1978年以前的30年，那时按照过分理想化的模式，实行排斥商品生产和市场、排斥竞争和价值规律的过分集权的计划经济。应该说，在面对一穷二白、百废待兴、小生产表现为一片汪洋大海、国民经济要求通过加速工业化尽快步入现代化轨道时，这一模式有一定的积极意义，因为它可以集中资源，通过消除两极分化调动劳动群众社会主义建设积极性。但是，这种排斥市场调节的计划经济，在经过一段时期之后显示出某些弊病，不仅经济运行效率不理想，而且经济增长常常表现为强周期波动，大起大落。

另一次是1978年以来的18年。这18年，我们在总结计划经济的经验和教训的基础上，按照邓小平同志建设有中国特色社会主义理论，特别是作为这一理论核心的社会主义市场经济理论，通过改革、开放，选择了社会主义市场经济体制模式。改革以来的实践证明，这一选择是正确的。它不仅使国民经济的运行效率提高，达到了年均10%左右的高速增长，原来的计划经济逐步向市场经济过渡，增长方式从粗放型逐步向集约型转变，人民生活从温饱数量型逐步向质量充实型转变，而且经济发展的稳定性能提高，强周期波动出现收敛趋势。因此，社会主义市场经济相对于社会主义计划经济，在效率和稳定方面，均具有相对明显的优越性。

需要指出的是，社会主义市场经济意味着市场在宏观调控下起资源配置的作用，它并不排斥作为宏观调控手段之一的计划，并不否定计划调节对市场运行的补充、矫正和指导作用。但是，这里的计划不是强制，不是行政指令，而是指明经济发展的方向，提供政策参照，是有弹性的，有多种可供选择的方案。同时还要指出，社会主义市场经济是一种以公有制为主体、多种所有制形式并存，按劳分配为主、多种分配形式并存进而实现共同富裕的经济。就是说，社会主义市场经济不能背离作为社会主义本质东西的公有制和按劳分配，它们以新的实现形式与市场、其他多种所有制及多种分配形式相结合。因此，社会主义市场经济，是一种在公有制及按劳分配为主体基础上，实行宏观计划指导或政府干预的新型市场经济，它有巨大的创造空间。

建立和发展社会主义市场经济，不仅在中国，而且在世界上，都是一个史无前例的探索和创造，没有现成的经验可循。18年来，我们走自己的路，取得了一些国际上公认的成就和经验。但是，这一条路还远没有走完。我们还处在社会主义市场经济的初级阶段，在企业制度、市场体系建设，以及宏、微观调节机制的构造等方面，还有许多工作要做。从计划经济向市场经济体制的转变，虽然有了一个良好的开端，但是，今后的任务还十分艰巨。特别是国有企业的改制、改组和改造，金融制度的建设、创新和规范，中央和地方之间财政分配关系的调整和完善，社会保障制度的重构，以及从直接调控为主向间接调控为主转变等，还面临不少困难、问题和难点。为了稳妥而有效地解决这些困难、问题和难点，需要有经济研究的全面攻坚和重点突破，需要有社会主义市场经济学的理论创新。

一个科学理论的发展，不是一代人的事，而是一代又一代人共同努力的过程，社会主义市场经济理论也是这样。为了推动社会主义市场经济理论的发展和创新，需要在坚持和发展马克思主义政治经济学基本原理的基础上，建立一个可以用于统一教学的社会主义市场经济学体系，以便有更多新人在了解经济学最新发展的同时参与社会主义市场经济理论的创造和发展。今天，来自全国高等院校的新老教授、专家和学者聚在一起，讨论社会主义市场经济学基础理论研究、教学和教材建设问题，将为这一过程提供一个良好的开端。

在顺德市实施名牌战略、加快工业现代化进程研讨会上的发言

（1997年6月20日）

广东省顺德市在北京举办顺德名优产品博览会期间，今天在这里开研讨会，就顺德市"实施名牌战略、加快工业现代化进程"为题进行座谈，这是一个很有意义的活动。在这以前，顺德市组织了北京一些同志去顺德参观，我有幸去了一天半，看了几个生产名牌产品的厂子，听了介绍。时间虽然短促，仍学到不少东西。但是毕竟接触有限，研究肤浅。这里谈几点个人认识。

一、实施名牌战略是促进经济增长，发展社会主义市场经济的有效方式

现在我国企业界对品牌的作用越来越重视，经济界、理论界的研究也逐步热起来。顺德人也做出从创名牌入手、推进其工业化进程、实施二次创业的战略决策。我认为这些都不是偶然的，有着它的客观必然性。因为进入20世纪90年代，情况发生了变化：首先，经济体制正在从计划经济向市场经济转变，在传统的计划经济体制下，特别是在短缺经济的情况下，企业和产品是不是名牌并不重要，因为这时候的市场是卖方市场。而在市场经济发展过程中，卖方市场逐步转变成买方市场，在这种情况下，企业生产的产品要考虑销路，没有一个响亮的牌子，企业就很难

在市场上站得住脚，因此名牌关系到企业的生存和发展，关系到一个地区、一个国家的工业化和经济增长。其次，我国经济增长方式正在从以数量型为主的增长向以质量型为主的增长转变，原来的那种粗放经营，已经不适应时代的要求，取而代之的是讲究产品质量和经营质量的集约型的规模经济。而产品质量和经营质量要借助品牌来体现，要以名优品牌为标志。同时随着经济的发展，人民生活迈向小康和比较富裕的水平，对生活质量的要求也必然提高，人们越来越讲究产品的质量，服务的质量，不论有形产品还是服务，都应该满足消费主体的质量需求，名优品牌关系到人们生活质量的提高问题。最后，市场经济是外向型经济，改革开放以来，国外的企业以其拥有的先进技术和雄厚的资金，通过各种方式在国内外市场与我们竞争，包括品牌竞争，我们的企业感到压力越来越大，这是扩大对外开放进程中不可避免的，对我们来说，既有机遇，同样有着挑战。国内企业要克服资金、技术的困难，在国际竞争中发挥优势，使自己处于有利的地位，需要更多的名牌产品。这样看，名牌关系到国家的形象和民族的荣誉，因此，推进工业化进程中，要把创名牌提到一个战略性的高度。

二、对顺德市实施发展名牌战略，完成工业化第一次创业的认识

十多年的改革开放，有些地区发扬敢闯精神，结合农村改革后的实际，大办工业，开始了其工业化进程。不少地方经过艰苦创业，目前已基本完成了农村工业化的历史性转变。顺德市就是一个完成初级工业化的典型。到1992年，全市工农业产值比例从1978年的49∶51转变为92∶8，1996年更是转变成94∶6。经过十多年的努力，顺德基本形成了以家用电器、燃气用具、机械、

电子电讯、饲料、纺织等产业为支柱，门类较多的工业生产体系。创立了"容声冰箱""美的电器""科龙空调""华宝空调""万家乐燃气具""格兰仕微波炉"等一大批享誉国内外的名牌产品和商标。形成了一批规模较大、技术先进、管理水平较高的企业群体。1996年工业销售收入超10亿元的企业、企业集团有5家，包括科龙、美的、华宝、万家乐和新力。我们参观了前4家，还有格兰仕集团，共5家，印象颇深，的确是办得不错的企业。

顺德市工业的迅速发展，特别是一系列名牌产品和企业的出现，大体上始于20世纪80年代中后期，集中于90年代中期，完成了顺德人讲的初级工业化的第一次创业。为什么奇迹在这么一个短时期内，集中出现在顺德？这是需要研究回答的一个问题。顺德市地处珠江三角洲这一得中国改革开放风气之先的风水宝地，这当然是一个大的历史地理背景，但我认为更重要的是顺德人自己的努力。顺德市之所以在创建名牌产品、名牌企业上取得巨大成绩，是由于他们发挥了敢闯的精神，抓住机遇，迎接挑战，把工业立市、实施规模经营、推进名牌战略，作为一项战略任务来抓。用顺德人自己的话来说，就是走出了一条富有顺德特色的经济发展模式。听说对顺德模式过去已经讨论过一阵子。我对此缺乏研究，我体会，这里面特别重要的，一是利用集体经济和包括股份制、股份合作制在内的混合经济的灵活的机制优势；二是政府引导、市场导向和企业推进相结合；三是依靠科技进步，抓引进抓开发，提高产品质量和市场占有率；四是按照规模经济的要求，实施大集团战略，以名牌产品和企业为龙头，带动相关行业和企业的发展。这几条，是不是顺德在短时期内完成工业化第一次创业，集中造就大批名牌产品和企业的秘密所在？顺德的这些宝贵经验，值得进一步总结、发扬。

三、对顺德继续推行发展名牌战略、不断向第二次创业迈进的认识

在完成了第一次创业的基础上，顺德人在制定"九五"规划和2010年远景目标时，提出了"第二次创业"的战略构想，即用15年时间，在初级工业化的基础上，实现"中级工业化"，实现"城市建设现代化，社会管理规范化"。顺德人不但创造着众多的名牌产品，同时也创造着顺德这座名牌城市，以名牌产品作为火车头，把顺德带向全国，带向世界。我们希望今后有更多的名牌产品出自顺德，同时希望顺德通过名牌产品的推动，成为一个有特色的不但闻名全中国而且闻名世界的现代化城市。

在顺德进一步实施名牌战略，推进工业化的第二次创业进程中，我觉得要特别注意两个方面的问题。

一是品质创新。在引进和开发先进技术时，起点要高，要引进和开发最新技术。工业化进步较早的地方，现在已经具备了消化吸收高新技术的能力，要不断创新，着眼于未来的竞争，生产一批、研制一批和储备一批，加大研究开发的力量和资金投入。我们在顺德美的公司考察时，它的研究所是工厂的大脑，是企业里员工素质最高、设备世界一流的地方，每年的研究开发经费占销售额的2.5%，企业建立这样的研究开发规模，生产高质量和具有市场竞争力的新产品才有可靠保证，不断创新才是企业的生命，也是名牌的生命力所在。

二是市场开拓。目前看来，有些产品生产能力过剩，市场饱和，主要不是现在讲的需求不足问题，而大多是结构性问题，是由缺乏协调、盲目重复建设、过度竞争带来的弊端，但这也有利于真正名优品牌产品的脱颖而出。目前在城市中，电冰箱和电饭煲、电视机等家电产品，基本已经普及，但空调、微波炉等市

场空间还是相当辽阔，有待开拓。在外国，农村是一个极其宽阔的市场，在那里可以大有作为。要为开拓市场积极创造条件。比如，燃气具，除了像格兰仕那样发放小册子，普及使用知识，继续培育城市市场、扩大市场占有率外，还要支持农村自来水建设，为普及燃气具创造条件，又如支持电力建设以普及彩电、电冰箱等，从基础设施建设着手，促进名牌产品市场的开拓。在格兰仕吃午饭时我们在餐厅看到来订货的印度等国商人，可见顺德著名品牌受到国外市场的重视，对于一些国内市场已经基本饱和的名牌产品来说，大力开拓国外市场更具重要意义。

　　以上两条讲的是品质创新和市场开拓，这两条是实施名牌战略的主要措施，不重视品质创新和市场开拓，创名牌无从谈起。所以要大力加强这两方面的工作。当然实施名牌战略，加快工业现代化进程是一个大的系统工程，要进行多方面的努力。这里很重要的一条是加强政府的统筹协调工作，比如，对重复投资、重复建设、恶性竞争等问题，离开了政府的统筹协调，是解决不了的。顺德市政府正在抓紧这些工作，各级政府都应该重视这项工作。我相信，顺德在第二次创业和进一步实施名牌战略中，必能更上一层楼，获得新的成功。

再接再厉，把畜牧业经济理论研究工作向前推进一步*

——在第八次全国畜牧业经济研究会上的讲话
（1997年6月24日）

各位代表、各位同志：

　　首先，我祝贺第八次全国畜牧业经济研究会的召开。畜牧业和农业共同组成为国民经济的基础。畜产品供应同广大城市居民和农民的利益关系密切，无论供应不足还是供应相对过剩，都会对城乡人民的生产、生活带来一定的影响。因此，它经常受到全社会的广泛关注。10年前，我去昆明市参加了第五次全国畜牧业经济研究会。那时全国各大城市还凭票供应肉、蛋、奶等产品。当时我提出要改造传统的畜牧业，以便改善畜产品的供应面。现在我国的畜牧业取得了持续增长的成绩。去年（1996年）全国肉类产量达到5800万吨，位居世界第一位。我国畜牧业之所以能取得上述的好成绩，同各级农牧业主管部门的正确领导和广大农民的努力分不开，也同理论界广大同志深入开展研究分不开。

　　我认为十多年来我们在理论方面主要解决了以下三个问题，正是这些问题的解决，促进了我国畜牧业的发展。

---

　　* 原载《云南畜牧业经济》1997年第2期。

第一，在实行农业联产承包责任制的基础上，大力推进畜牧业的多种经济成分、多种经营形式并存，为畜牧业经济发展注入了活力。畜牧业相对于其他农业部门是资金和技术密集程度较高的部门。因此，它的发展在很大程度上有赖于非农产业，包括工业、商业、金融等的参与。为此，需要在充分调动千家万户发展养畜的积极性的同时，创造激励大中型企业进入畜牧业领域的机制，其中包括饲料、饲养、畜产品加工等领域，以便吸纳非农产业进入畜牧业。十多年来，经过不断的探索，我们在所有制上实行了国营、集体、个人一起上的方针；在经营方式上实行家庭、合伙、公司齐发展的政策。由于实行了上述灵活的经济形式和经营方式，增加了畜牧业发展的经济动力；扩大了畜牧业的融资范围；提高了畜牧业的经营效率；从而为畜牧业的发展奠定了经济基础。

第二，确立以市场为取向的方针，促进资源的合理配置。我们曾经说过，确立社会主义生产是商品生产的概念，对于我们长期实行计划经济体制的国家来说来之不易。正是由于社会主义商品经济概念的确立，才为传统的计划经济转变为市场经济、短缺经济转变为总供求大体平衡、产品市场由卖方市场逐步转变为买方市场创造了条件。在这里特别值得一提的是畜产品种类繁多，而且许多产品以鲜销和地方销售为主。不放开市场，难以满足人民的需要。实行社会主义市场经济，可以做到人尽其才，物尽其用，最大限度地满足社会的需求。

第三，实行多渠道经营的流通体制，扩大畜产品的销售。传统的计划经济的流通体制，产销脱节，国有经济独家经营，不能适应社会主义市场的发展。自改革开放以来，逐步建立了与多种经济成分、多种经营方式并存的生产模式相适应的多渠道经营的流通体制，为解决农民卖猪难、卖牛难、卖奶难的问题，更好地满足消费者的需求提供了条件。

虽然我们在理论研究方面取得了一定的成绩，为我国畜牧业经济的发展作出了贡献，但是在新形势下，仍然有许多问题有待于我们去研究解决。这次会议围绕我国畜牧业跨世纪发展的经济问题，将要讨论：畜牧业的经济结构调整、2010年我国的饲料需求与平衡的措施、畜牧业产供销一体化、畜牧业依靠科技的潜力分析、实现草原畜牧业可持续发展、畜牧业经济的国际化等问题。许多同志根据会议要求，撰写了论文。我认为所有这些问题都是很重要的，开展讨论是很有益的。

在当前形势下，研究我国畜产品生产所处的时代特征及采取相应的对策具有重要的意义。农产品（包括畜产品）是一种收入需求弹性相对较低的产品。随着传统的计划经济变为市场经济，短缺经济将最终变为总供求大体平衡、卖方市场将变为买方市场。虽然我国的畜产品还没有出现全面过剩，但是近年来在某些地区、某些时间、某些产品也出现过剩，给生产和人民生活带来了一定影响。因此，如何防止产品压库，将经济增长建立在实际增长与高效增长的基础上，对于促进畜牧业实现两个根本性转变具有重要的现实意义。

经常让经济发达国家大伤脑筋的"农业问题"，通常不是出自农产品短缺，而是农产品过剩。由于产品过剩，出现价格下跌、农民收入降低。这些国家为了稳住农民收入，往往采取农产品支持价格政策。但这样一来又加重了纳税者的负担，从而引起消费者的反对。为此，他们经常为农业政策问题展开激烈的辩论。相对来说，我们对于如何应付农畜产品供应短缺问题，经验较丰富。但是对于如何应付生产过剩却显然经验不足。随着社会主义市场经济体制的建立，总有一天我们会变为买方市场。为了适应新形势的要求，我们应及早动手研究这方面的问题，以便促进我国畜牧业进一步持续、稳定的发展。

全国畜牧业经济研究会有两个特点，一是学术研讨性；二是集百家之言。参加研讨会的有来自中央和地方的实际工作部门、科研机构和高等院校的专家学者。希望继续保持这两个特点，把畜牧业经济理论研究工作再向前推一步。

最后，我预祝这次大会取得圆满成功！

再接再厉，把畜牧业经济理论研究工作向前推进一步

对杨继绳同志《显学的危机》
一文的意见*

（1997年6月）

我粗看了一遍，觉得文章很有意思。一些想法是很好的。危机不是坏事，19世纪的社会危机产生了马克思主义，20世纪30年代经济危机产生了凯恩斯主义。罗宾逊夫人多次提出经济学危机。我同意你说的"危机是飞跃的前夜"。

我觉得经济学要处理好三个关系：马克思主义经济学，西方经济学，改革以来我们自己的理论和实践的探索。这三者怎么结合起来？马克思主义经济学还不能丢，但要发展。传统理论影响还很深。西方经济学要吸收，既不能生吞活剥，也不能一味排斥。要以马克思主义为基础，吸收西方经济学的精华，把改革以来我们自己的探索提升到新的高度。

（1997年6月24日电话）

你这篇文章我很有兴趣，边看边在旁边画，提出以下看法。

1. 中国经济学要走出危机，其核心是如何正确处理马克思主义经济学、西方经济学、中国经济改革经济发展的实践这三者的关系。当然对马克思主义有两种态度，一是教条的、封闭的，二是开放的、发展的。我指的是后一种。

---

* 杨继绳同志在1997年6月10日写了一篇文章《显学的危机》，来信征求意见，此为答复他的意见。

你文章中讲对马克思主义经济学和西方经济学要兼收并蓄，这是对的。但在兼收并蓄中要有主心骨，要有立足点。对我们这种年龄的人来说，主心骨还是马克思主义经济学，立足点还是中国的实践，经济理论要为中国的实践服务，理论本身也要从中国改革开放的实践中总结出来。总之，还是要按照小平同志的"三个有利于"的原则解放思想，实事求是。解放思想、实事求是本身就是马克思主义。

2. 你文章中提到基础理论和应用理论脱节的问题，这是一个需要解决的问题。经济学的基础理论是什么？我们过去是政治经济学。没有纯经济理论，西方强调纯经济学作为基础理论，但他们也有政治经济学。现在怎么办？如何处理作为基础理论的政治经济学与纯经济学的关系？这是一个需要研究的问题。

3. 你文章中讲到经济学要回到自己应有的位置。这是经济学的定位问题，也就是经济学的研究对象问题。经邦济世是中国的传统。马克思主义政治经济学的研究对象是生产关系，当然研究生产关系不能脱离生产力和上层建筑，也就是联系上层建筑和生产力来研究生产关系。西方经济学是讲稀缺资源的配置问题，即用最小的消耗来满足人们最大的需要。"最小—最大"问题，孙冶方同志也多次提过，我们的经济学要走出危机，这个对象问题也必须解决。

4. 你文章中提到学风问题。这个问题当然重要。喜欢搞热点，不愿坐冷板凳；愿搞价值判断，不愿搞实证研究。你指出的这个倾向的确是存在的。不过，需要划清一些界限，搞热点研究和哗众取宠不同。热点问题要研究，如国有企业问题、分配问题、腐败问题，要研究。是在理论联系实际的基础上研究，不是哗众取宠式的研究。

实证研究和规范研究都需要，二者要结合起来，但不能用主观的价值判断。我同意你说的在实证的基础上进行价值判断。

你文章中提到经济研究中的立场问题。片面讲立场不行。但是，任何一个学者都逃不出立场问题。因为代表的利益不一样。你是站在工会的立场还是站在股票持有人的立场，还是站在公司老板的立场？是站在一部分人短期利益的立场，还是大多数人长远利益的立场？得出的结论是不一样的。这就涉及利益和科学研究的关系。问题不在有没有立场，而是要判明是什么立场，诚实地公开自己的立场。

重视集体经济的发展和改革

——在新时期合作经济发展高级研讨会上的发言
（1997年7月11日）

　　江泽民总书记前不久在中央党校的重要讲话中指出，从现在起到21世纪前10年，是我国向第三步战略目标迈进的关键时期。在这个时期，我们必须解决两个关键性课题，一是建立起比较完善的社会主义市场经济体制，二是保持国民经济持续快速健康发展。在建立社会主义市场经济体制方面的一个关键问题，是完善以公有制为主体、多种所有制经济共同发展的所有制结构。

　　调整和完善所有制结构，发展以公有制为主体的多种所有制经济，是当前新时期经济体制改革的一项重要内容，其中公有经济（特别是国有经济）改革，又是经济体制改革的关键环节。公有制与市场经济能否成功地相结合，关系到社会主义市场经济体制的成败。

　　我国城乡合作经济，属于我国宪法中讲的集体经济范围，可以把它们等同来看，都是公有制经济的重要组成部分。改革开放以来，我国城乡集体所有制经济有了很大的发展。以工业为例，工业总产值中，国有经济、集体经济和其他类型经济（1980—1996年）各占比例，国有从76%降到28.8%，集体由23.5%提高到40.4%，其他类型由0.5%提高到30.8%[①]。按1996年统计，集体经济占的比例最高。但是，在当前有关所有制结构问题的研究讨论

---

① 《中国统计摘要1997》，中国统计出版社1997年版，第7页。

中，大家的目光比较集中在国有经济和非公有制经济。鉴于国有经济的关键地位和非公有经济在我国从计划经济转向建立市场经济体制时期的开拓作用，大家的注意力向这两头集中是可以理解的。但是中间一块合作经济或集体经济，它既不是国有又不是非公有，对这一块经济的研究和讨论似乎相对不够。这与这些年来特别是1992年党的十四大以来，我国城乡各种形式的集体经济蓬勃兴起并将进一步发展这一形势要求不相适应。也与人们对集体经济合作经济在我国社会主义市场经济中的重要地位认识不足是有关的。

我们知道，公有制经济不等于国有经济。以公有制为主，也不等于以国有经济为主，更不是国有经济的比重越大越好。国有经济的主导作用，体现在它对关系国民经济命脉的重大行业和关键领域具有支配地位，而不是行行业业大大小小什么都抓。否则，有限的国有经济力量分散，反而不能起到主导作用。对目前分散布局在非命脉、非关键领域以及小型企业的国有资产，应当通过结构重组和资产流动，转移到并加强那些应当由国有经济掌握的重点命脉部位；而非命脉非关键的部门和领域，空间很大，则应由非国有经济或非国有控股单位来经营。非国有经济包含两个部分，一是公有制范围内的集体经济或合作经济，二是包括个体、私营经济等在内的非公有经济。集体经济和非公有经济这两部分都是我国社会主义初级阶段所有制结构的必要组成部分，都应支持它们的健康发展。相对于个体、私营等非公有经济来说，集体经济可以更好地体现社会主义共同致富的原则，可以更广泛地直接吸收社会分散资金，可以有利于缓解就业压力和职工下岗压力，可以更有效地增加社会积累和国家税收。总之，集体经济在社会主义市场经济中有着十分重要的作用，我们必须大力支持、鼓励和帮助城乡各种形式集体经济的发展。理论界也应更加重视合作经济、集体经济的研究，改变过去所有制结构研究中的

刘国光
经济论著全集

第
13
卷

两头大中间小的"哑铃形"状态。

江泽民同志在党校讲话中还强调指出，公有制实现形式的改革和完善，要坚持生产关系适合于生产力发展水平的马克思主义基本观点，以是否"三有利"为标准，努力寻找能够极大促进生产力发展的公有制实现形式。一切反映社会化生产规律的经营方式和组织形式都可以大胆利用。我体会，这一段话的精神，不仅适用于国有经济，也完全适用于集体经济。

大家知道，改革开放前一段长时间里，由于苏联集体农庄模式的影响，由于我国自己"一大二公"，急于升级过渡的"左"倾政策，我国城乡集体经济走上了一条归大堆、吃大锅、政企不分、政社不分的扭曲道路，失去了合作经济、集体经济的性质，极大地挫伤了广大社员群众的积极性。改革开放以来拨乱反正，恢复了和肯定了城乡各种形式合作经济的法律地位。随着市场取向改革和建立社会主义市场经济体制的进展，城乡各种形式的集体经济也得到了恢复、发展和创新，取得了不小的成绩。但是，由于我国社会主义市场经济体制框架尚在构筑过程中，旧体制遗留的传统观念尚未根除，"转轨"中又形成了新的利益格局，加上工作经验不足，当前集体经济的发展和完善仍然存在不少困难和阻力，在体制、政策、法律和战略指导等方面面临着一系列重大问题，亟待解决。我以为其中核心的问题，还是江泽民同志指出的以符合"三有利"原则为标准，寻找能够极大促进生产力发展的集体经济实现形式问题。当然，集体经济涉及城乡、工、农、生产、供销、金融、消费、住宅等多个领域，其表现形式可以多种多样。一切反映社会化生产规律的经营方式和组织形式都可以大胆利用，目前在实践中广泛兴起，引起人们广泛注意，并且意见分歧也较大的一种企业形式，是股份合作制。对此，我简单说点自己的看法。

股份合作制作为改革中出现的新事物，来路不少，做法各

重视集体经济的发展和改革

317

异。我看主要有四路人马，农村两路、城镇两路。农村部分，一是原来社区集体经济或乡镇企业改制而成的股份合作制企业；二是由农户、个体集资联合而成的股份合作制企业。城镇部分，一是原二轻系统城镇集体企业，通过恢复合作制原则而形成的；二是近些年来原有市属县属国有小企业在"放小"改革过程中，通过向本企业职工出售资产改制而形成的。除此之外还有各式各样的来路，但都自称为"股份合作制"企业。有的实际上是私营企业，分出部分股份给职工；有的则是几个老板出钱办的合伙企业；有的实际上属于股份制企业范围。在社区集体企业、城镇集体企业和国有小型企业的改制过程中，有的企业经理和领导干部股份拿大头，比职工高几十倍、上百倍；有的企业保留了部分国有股、集体股，有的企业则没有保留，做法很不一样。

由于花样繁多，人们对股份合作制的看法就很不一致。有的赞成，有的反对。赞成者认为，股份合作制为我国国有小企业改革、为城镇集体企业改革、为乡镇企业的进一步改造、为农村个体经营的合作化找到了一条好路。通过改革，产权更清晰了，政企也分开了，把职工的积极性调动起来了，县市和社区的财政经济状况也好转了。反对者则拿"股份合作制"企业中出现的私营合伙雇工经营，或经营者拿大头，国营、集体企业转制过程中资产过于低估，以及企业股权出售时收缴的资金没有用在企业发展而乱花掉等现象作为例证，指责搞股份合作制就是"搞私有化"，就是"搞公有资产流失"，等等。双方说的似乎都有理由。对此，我想说两条。第一条，现在广泛兴起的股份合作制潮流，尽管这里还有许多不规范和亟待改进的东西，但其主流是符合改革大方向的，我们应该及时总结经验予以支持、引导，使之不断完善。第二条，要对股份合作制的内涵进行规范，不能什么企业都安上股份合作制的帽子。股份合作制有它特定的含义，它主要是本企业劳动者的合作组织，吸收了股份制的因素，包括了资本的联合。因此它主要是本企业职工劳动的联合，加上本企业职工资本的联合形成的。这是极其重要的界定。符合这条界定的才能称之为股份合作制。在股份合作制企业，所有职工都认购一定数量的股份，而且股份大体相近，不能相差太多；职工都有双重身份，既是劳动者，又是股东。这样，就既实现了劳动合作和资本合作的有机结合，又实现了劳动集体的共同占有和劳动者的个人所有的有机结合。

当然，这里所说股份合作制的特定含义，不能绝对地理解。比如有的企业职工愿意让厂长经理拿较多的股份，只要是与其承担的责任和风险相对应的，就应当允许。但是如果头头多拿的股份数额达到足以个人控股的"大头"地步，那就要改变企业的股份合作制的性质。另外，一些股份合作制企业由于经营上的需要，也可以让企业外部的法人或个人用参股方式进行技术、供销等方面的联合协作，但这类外来法人股、个人股，宜于采取优先股而非普通股方式，其比例不宜过大。还有原国有小企业和原集体企业改制时，在新组建的股份合作制企业中，也可以视情况的必要，保留一部分国有股或集体股，这也宜于采取优先股形式，比重也不宜过大。本企业职工以外的外部法人股、个人股、国家股等如果份额过大，并且实际控制了企业，那么企业的股份合作制性质都会改变。这里应该着重指出，股份合作制绝对不可以是几个人出钱搞个企业，雇用工人，自己不参加劳动，这不是股份合作制，这是合伙企业或者私营企业。所以要规范股份合作制企业的含义。一些名不副实的"股份合作"企业，应当实事求是地按它们的性质，把它们叫私营企业，合伙企业，或者国家控股、法人控股、个人控股的股份制企业，等等；是什么就叫什么，这也不是不可以的，何况这些企业组织形式都是我国多种所有制结构所允许的。

如果我们在理论上、法律上和实践中对股份合作制的内涵进行了上述的规范和界定，我想，把股份合作制说成就是搞私有化的责难，应该可以得到澄清。目前我国城乡大量出现的股份合作制企业，在劳动者劳动联合的基础上实行劳动者的资本联合，把合作制与股份制结合起来，是原有合作制经济的一大进步，其作为新型集体经济的公有制性质，是不能否定的。不少人觉得股份合作制这顶帽子不错，争抢着要戴这顶"红帽子"，由此各地出现的股份合作制企业呈现出鱼龙混杂的局面，也就有人据此来否定股份合作制。其实他们只看到问题的某一方面，而这些问题恰恰就是缺乏科学的规范造成的。我们不能因为这些问题就限制自己，从而影响改革的大方向。由于股份合作制是仍在探索中的企业组织形式，对于目前实践中出现的各色各样"股份合作制"企业，我们要支持引导，而不宜多加责难；要逐步梳理完善，使之各得其所。而对其中以劳动者的劳动联合加劳动者的资本联合为主的、符合规范的股份合作制，尤其要提倡和鼓励。

略论当前经济形势*

（1997年7月17日）

　　我国经济去年（1996年）成功实现"软着陆"后，今年形势究竟如何？是偏冷，还是适中？是总需求不足，还是总供求基本平衡？对经济形势的不同认识，关系到宏观调控政策的选择。现在有一种看法，认为目前经济总的形势"偏冷"，出现"总需求不足"，其结论显然是要实行扩张性政策，刺激经济增长。这种观点，需要商榷。

　　这次"软着陆"成功后我国经济的走势，与过去经济周期回落到低谷时的情况不同。过去经济周期处于低谷时，一般是增长速度很低甚至出现负增长，然后接着是回升转热。这次"软着陆"由于坚持了适度从紧和适时微调的方针，在治理通货膨胀和降温过程中保持了经济的相对快速增长，经济增长率在缓缓下降中仍然保持了高位。上次经济周期转折时，经济增长率由1988年的11.3%，骤降到1989年的4.1%，1990年的3.8%，出现了滑坡，可以说是"偏冷"。这次"软着陆"前后的经济增长

---

*　1997年7月17日在全国人大常委会财经委员会讨论上半年经济形势时的发言摘要。1997年9月26日《人民日报》在发表此文时加了编者按，指出：成功实现"软着陆"后，有人认为我国总体经济形势"偏冷"，出现"需求不足"，需要"刺激"和"启动"。本文从实际出发，以事实为依据，从不同方面证明上述观点是错误的，不符合客观实际，从而得出如下结论：当前我国经济需要解决的问题主要不是刺激需求总量、加快增长速度的问题，而是调整和改善结构、提高素质和效益的问题。

率，1995年是10.5%，1996年是9.7%，1997年上半年是9.5%，今年（1997年）全年接近10%。今年经济增长率高于宏观调控预期的全年目标（8%），处于我国目前潜在经济增长率的合理区间（8%~10%），排在世界各国的前列。这一速度并不低，不能说是"偏冷"。在此高位增速的基础上，不宜提出"加温""刺激"之类的口号。

从需求拉动来看，如果说的是供需总量平衡，那就不能用个别商品的供求状况来衡量。而要从宏观整体的角度，用构成社会总需求的消费、投资和出口三大最终需求同总供给的增长对比来判断。扣除物价增长因素，今年（1997年）上半年社会消费品零售总额与上年同期相比实际增长12.1%，固定资产投资实际增长9.7%。消费需求与投资需求的实际增幅，都高于同期国内生产总值的增幅，继续保持了对经济的适度拉动。外贸出口回升，上半年同比增长26.2%，对经济的拉动作用也明显增强。总之，三大需求拉力不低，从总体看不能说"需求不足"。

现在，确实出现了"供给大于需求"的"买方市场"。这是我们过去多年梦寐以求的。市场取向的改革使人们实现了这个愿望。市场经济是一种竞争性经济，它需要造就一个生产和供给略大于有效需求的买方市场。应当指出，使生产和供给能力略大于直接的需求，这是实现市场竞争和消费者选择权的基本要求，它本身就是供求总量基本平衡的一个构成要素。比起"求大于供"的"短缺经济"或"卖方市场"，更便于进行调节。在这种买方市场中，竞争性行业生产能力的适度闲置和某些产品的适度过剩，乃是总量平衡中的一种常态，而不是失衡的异态。或者借用马克思的话来说，"这种过剩本身并不是什么祸害，而是利益"[①]。所以，我们不能"叶公好龙"，当卖方市场向买方市场转化之际，一见某些产品和生产能力出现过剩，就惊呼"需求

① 《马克思恩格斯全集》第24卷，第526页。

不足"。

当然，在现实生活中出现的供大于求，并不限于上述"适度"过剩的产品和"适度"闲置的生产能力，也有供给"过度"超过需求。表现为某些产品库存的"过度"积压和某些生产能力利用率的"过度"下降，从而造成社会资源的浪费。但这种现象既与正常的买方市场无关，亦非需求总量不足之过。其产生的主要原因，在于供给结构扭曲，不适应市场需求的变化；在于多年来盲目追求粗放扩张和重复建设，超过了正常需求；在于优胜劣汰机制还不健全，在新的生产能力不断增长的同时，那些本该淘汰、不符合市场需求的生产能力却得不到及时调整。特别是前几年经济过热时，结构不合理的扭曲为需求不合理的扩张所掩盖，在需求扩张的假象拉动下，生产能力迅猛上去了，一旦需求膨胀假象消失，社会总供求恢复基本平衡，种种结构性矛盾便会突出地显露出来。有人提出用放松银根扩大投资的办法来刺激需求，实际上现在投资已相当高，全年的投资率预计要达到36%。在目前体制条件下，进一步扩大投资很可能形成新一轮的粗放扩张和重复建设，加剧产品积压和资金占用，进一步扭曲供给结构。

目前部分企业经营存在困难，是否因为资金紧缺？部分企业产品积压和生产能力利用率低的困难，如果是由于上述结构性矛盾和体制性原因造成的，那就不是单纯增加资金供应所能解决的。从总体上看，当前社会资金供应并不那么紧缺。第一，今年以来注入经济的贷款和投资增幅并不小，当然不可以也不应当是大水漫灌式地普降甘霖，只能是重点支持有市场有效益有前景的生产和建设项目；第二，随着外贸出口回升，出口结汇增加不少人民币资金；第三，企业直接融资发展加快，上市公司通过发行股票在股市上吸收不少资金；第四，一些实质生产部门的资金转向虚拟资本领域，以及银行资金违规流入股市，在股市上反复折腾（对此国家已采取措施制止），证明资金不那么紧缺；第五，反映现实需求状况的、流动性较高的货币 M_0、M_1，今年计划调控增幅目标分别为13.6%和18%，上半年实际执行增幅达19%和19.1%，都超过了调控目标。在前几年货币供应过量增加尚未完全消解的基础上，今年（1997年）上半年货币供应增幅不能算低，它支持了需求的正常增长，满足了经济适度增长的需要。所以，从货币形态上，也反映了社会供求总量的大体平衡。

有些认为目前需求不足的同志，不反对在货币政策上继续适度从紧，但主张实行扩张性财政政策，以防止经济趋"冷"。尽管财政状况好转，但到2000年基本消除赤字的任务仍然艰巨，目前财政的债务依存度仍然偏高，在此情况下实行扩张性财政政策，只能进一步扩大赤字和提高债务依存度，动摇得来不易的财经稳定的局面。

目前，就业与再就业问题日益突出，成为大好形势下各界极为关注的热点。就业问题关系到群众生活和社会安定，必须高度重视，并探究原因，予以妥善解决。把目前就业压力增大归之于"需求不足"，是一种过于简单的说法。中国就业压力大的原因是多方面的。一是总量上的原因，即劳动人口众多，供给增长迅速；二是结构上的原因，包括农村剩余劳动力向非农产业和城镇的转移，以及轻、纺工业等传统产业结构调整带来的就业问题；三是技术性原因，即由于技术进步，同量资本和产出所吸纳的劳动份额减少；四是体制性原因，即传统体制中的人浮于事、效率低下，随着改革深入和优胜劣汰竞争机制的形成，必然要解决富余人员的安置和再就业问题；五是周期性原因，即由于遏制经济过热采取的收缩性措施，如为制止房地产热、开发区热而收缩银根，会带来需求和就业的削减。目前的就业压力，前四方面是主要的、基本性的、长期的；第五方面的原因也有，但它是短期的，不是主要的。解决就业问题，必须根据不同的原因，采取不同的对策，进行综合治理。当前，尤其要采取积极措施，依靠

刘国光
经济论著全集

第
13
卷

社会各方面的力量，关心和安排好下岗职工的生活，搞好职业培训，拓宽就业门路，推进再就业工程，并完善最低生活保障方面的工作。这绝不单纯是"放松银根、刺激需求"所能奏效的。

物价涨幅回落到较低水平，是好还是不好？今年以来，物价涨幅继续下降。1—8月，商品零售价格和居民消费价格同比分别上涨1.4%和3.6%。物价涨幅回落到较低水平，我们说好，因为它是在经济保持快速增长和继续推进价格改革的情况下实现的，是以社会供求总量保持基本平衡和国家调控市场能力增强为基础的。物价涨幅的持续下降，还主要得益于农业连续丰收和粮食、蔬菜等农副产品价格回落，从这一方面看，它又是不稳固的，不能掉以轻心的。但有人认为，现在物价涨幅太低，妨碍了经济增长，甚至有经济增长和物价指数"双低"的说法，提出要实行"适度的"物价上涨，以刺激经济增长。我认为，对通货膨胀，绝对不能开口子，只能收口子。就是说，必须坚持"抑制"的方针（当然，抑制到什么程度要看当时主客观条件）和稳定物价的方针，而绝不能采取"适度膨胀"的方针。口子一开，收不了，只能刺激新一轮严重的通货膨胀。这是各国经验充分证明了的真理。

总之，当前我国的经济问题，主要不是刺激需求总量，加快增长速度的问题，而是改进结构，提高素质和效益的问题。这要靠两个根本性转变来实现，在宏观环境上要以适度从紧、适时微调的方针来保证。现在，买方市场已初步形成，一个相对宽松的宏观环境已经出现。我们要抓住这个良好机遇，加大结构调整和实现两个根本性转变的力度，落实党的十五大提出的经济体制改革和经济发展战略的各项任务。这才是当务之急。

股份合作制至少存在20年

——中新社记者专访

（1997年8月27日）

　　著名经济学家刘国光在接受记者（肖瑞）采访时不同意对股份合作制"非驴非马"的指责。他预料，这种形式有其生存土壤，符合改革方向，至少还要存在二三十年。

　　刘国光描绘中国的小康生活不仅应该"居者有其屋，耕者有其田，贩者有其摊"，还应包括"劳者有其股"。古人云，"有恒产者有恒心"——人们有了资产，才会更加兢兢业业地工作。

　　他说，股份合作制能够调动职工对企业资产的关切度，有利于政企分开，能够减少地方政府财政补贴，还能够有效地避免腐败，何乐而不为呢？

　　向来赞同职工持股的刘国光认为，不仅中小企业，而且国有大企业都应该让职工持有股份。

　　73岁的刘国光先生被称为大陆稳健经济学派的代表人物，因其经济理论方面造诣深厚，且对中国经济运行中的问题和对策有独到而合乎实际的见解，被称为"中国具有真知灼见的经济学家"之一。

　　世纪之交的中国正面临两大课题：建立社会主义市场经济体制和保持经济持续、快速增长。从这个意义上，刘国光称即将召开的中共十五大是"跨世纪的重要会议"。

　　刘国光说，中国的改革已经走出很远了，没有什么力量能使其回头。但是也要看到，虽然计划体制已被打破，但传统的观念还未完全破除；市场体制已占上风，但要素市场的发育依然滞后，市场经济基本框架的建立还需假以时日。

刘国光认为，所有制问题在党的十五大以后将不再争执不休，"公有制为主体、多种所有制经济共同发展"将为改革和发展带来新的活力、新的契机。

他预测，下一步，国有资本将从一些领域退出，以抽回资金，集中投入到更重要的"命脉部门"，与此相关，企业的兼并、重组、优胜劣汰将加速进行。

对国有经济比重下降，曾有人忧心忡忡，担心公有制地位受冲击。刘国光认为"大可不必"，他说，国有经济比重下降不是坏事，国有经济囊括从菜店、理发店到卫星发射的方方面面，怎能发挥主导主控作用？

刘国光用"情况不错，问题不少"来形容当前的经济形势，他说，改革千头万绪，难得很，以现代企业制度的建立为例，还要解决两个问题。

怎样建立多元的投资主体和国有资本出资人制度？如何吸收非国有经济进入国有企业改革主战场？

怎样理顺公司的法人治理结构，使企业所有者、决策者、管理者、职工之间互相制衡、互相制约？

刘国光指出，国有企业改革阻力很大，关键是政府权力机构不愿放权。他坦言，改革行至今日，最难的是既得利益的调整，而这个问题的解决，要归结为政治体制改革的推进。

刘国光一贯认为，经济体制改革与政治体制改革应齐头并进，近年来，中国的政治体制改革是在向前走，但是，受制于种种原因，又不可能走得太快。"因此，中国只能在矛盾中前进。"这位经济学家感慨道。

中国经济适度快速稳定增长的
理论与对策*

——在中国经济适度快速稳定增长理论与
对策国际研讨会上的发言
（1997年9月2日）

　　从1978年算起，中国的改革开放已经历了18个春秋。在这18年里，中国经济平均保持了近10%的增长率，在改革开放和经济增长两方面都取得了举世瞩目的成绩，并取得了宝贵的经验。这些经验归结为一点，就是坚持改革开放和实行适当的宏观调控政策，是实现中国经济长期持续快速稳定增长的最重要的保证。

　　目前，种种迹象表明，我国的改革开放和经济增长进程正在进入一个新的时期。在这一新的时期中，我们将面临一些新的问题。如何将以往的经验与新形势相结合，就成了我们必须深入探讨的问题。仅就这个问题谈谈我个人的见解。

一、转轨时期中国经济快速与稳定增长的一致性

　　像其他国家一样，长期以来，中国的经济也是在波动中前进的。但是改革开放以来，中国经济在保持了快速增长的同时，经济波动的振幅却比改革开放前明显减小，表明中国经济存在着快

　　*　原载《经济研究》1997年第10期。

速与稳定增长并存的内在机制。对中国现代化历程的简明回顾可以表明，这一机制正是中国经济发展规律的反映。

中国的现代化进程可以追溯到19世纪中叶，外国列强用大炮轰开了中国的大门，使中国从此陷入了长达一个多世纪的半殖民地半封建的悲惨境地。从那时起，中国的志士仁人为了救亡图存，就开始了为实现中国现代化的奋斗历程。

在一个多世纪前赴后继的奋斗过程中，他们认识到，没有一个强有力的、代表大多数人民利益的政权，就没有民族的独立、国家的统一、社会的安定，也就不可能实现中国的现代化。因此，建立强有力的国家政权成为中国实现现代化的首要目标。

1949年的人民革命，标志着这一目标在政治上的完成，但要真正实现这一目标，还要为新生的人民政权建立经济保障。这就决定了，在中国的工业化过程中需要一个特殊的阶段，我们将其称为狭义或早期工业化阶段。这一阶段的工业化主要以服务于新生政权的建设为内容，目的是建立起强大的国防和有效的行政管理体系。这一特殊的目的决定了不得不把发展重工业置于首位，并且在客观上要求实行以行政命令为主体的计划管理体制。

1949—1978年，中国经济增长率并不低，在30年中，国民收入增长了4倍多，但与此同时，人民生活水平却只提高了1倍。发展重工业，建立独立的工业体系本身成了目的，而工业化的真正目标，即满足全社会物质和文化生活的需要反而降到了次要位置。正是在这个意义上，我国经济学家有时把这一时期的经济发展称为"供给导向型"经济。由于缺少市场需求的有效约束，不仅使供求之间的结构平衡难以实现，也无法实现供求间的总量平衡。所以，这一时期的经济发展出现了剧烈的震荡。

到20世纪70年代，中国的工业体系已经很齐全，工业化已经具备相当强的基础，进入全面工业化的时机已经成熟。以20世纪70年代末80年代初的市场取向改革为标志，中国经济发展已经出现了阶段性转变。如果说，前一阶段是"供给导向型"的经济，那么，1978年年末的改革开放则使中国经济向着"需求导向型"经济转轨。

各国工业化的经验表明，结构变动特别是产业结构的变动构成了工业化时期经济增长的主要内容，没有结构变化就没有经济持续增长，而需求与需求结构的变动则是这种结构变动的基本动力。回顾中国18年来的经济增长历程，可以看到，中国的经济增长同样遵循了这一规律。一方面，经济的增长，使人均收入有了较大提高，收入的提高导致了需求结构的变化，突出表现为对消费品、中间产品等工业品的需求大幅度增长。从居民人均消费支出看，自1981年以来，按可比价格计算，城乡居民用于食品的支出平均每年下降0.75个百分点，即在17年中，城乡居民的恩格尔系数分别从0.57和0.62降低到1996年的0.45和0.5。从中间产品的需求看，以农用化肥为例，从1980年的1269万吨，增加到1995年的1.4亿吨，电力和钢材的消费量都翻了近两番。这必然引发庞大的投资需求，导致产业结构的显著变化，特别是第二产业份额的上升。这种结构变化本身就意味着经济的增长。伴随新一轮经济增长的是人均收入水平的再度提高，从而实现了一种良性增长的循环。在这一过程中，由于人们消费习惯的改变是一个相对缓慢的过程，使得居民收入在大幅度增长的同时，储蓄急剧增加，从而在总体上提高了国民经济的积累率。使中国在1978—1996年积累率保持在37%左右的高水平上。这是保持中国经济快速稳定增长的基础。

按照哈罗德—多玛揭示的规律，稳定增长率应等于积累率与资本—产出率之比。中国目前经济效益还不够理想，但是即使按照4∶1的资本—产出率，在37%的积累率下，年均经济增长率也至少应为9%。因此，在中国的经济增长中，快速与稳定并不矛盾，而是有着深刻的经济基础的，这一基础就是中国经济发展的

刘国光
经济论著全集
第
13
卷

阶段性转变。

二、正确的宏观调控政策是实现中国经济快速稳定增长的基本保证

后发国家的经验表明，在赶超发达国家的过程中，政府具有重要的作用。对于中国来说，政府的作用更为重要。它不仅是宏观调控的执行者，也是改革开放的组织者和实施者。中国18年来的重要经验就是，坚持改革开放方针和实行适当的宏观调控政策是实现经济快速稳定增长的重要保证。

从深层次说，中国经济发展的阶段性转变正是市场化改革的产物。正是通过市场化改革才使从"供给导向型"经济向"需求导向型"经济的转变成为可能。因为只有市场才能更及时更准确地反映需求和需求结构的变化，也只有市场，才能为广大社会成员提供发挥他们积极性的舞台。中国经济之所以能在改革的同时获得迅速的增长，就是因为改革也是与经济发展的客观要求相一致的。

在传统计划体制下，经济生活中最突出的问题就是短缺。农产品短缺，工业消费品短缺，能源原材料短缺，几乎所有产品都短缺。以至经济学家将其称为"短缺经济"。为了从供给和需求两方面解决这一问题，中国的市场化改革自然把建立产品市场作为改革的首要目标。这也是18年来改革的主要目标之一。为了实现这一目标，主要采取了理顺不合理的价格体系，改革价格管理体制等改革措施，同时在企业、财政、税收、内贸、外贸、外汇等方面也进行了相应的配套改革。通过十几年的努力，以价格管理体制改革完成为标志，我国已基本建成了产品市场体系，95%以上的消费品价格及90%以上的生产资料的价格已由市场供求决定。

这一改革极大地激发了劳动者的积极性。以农村改革为例，由于改变了统购统销的农产品流通体制，通过调放结合的方式提高了农产品价格，使农民的劳动获得了合理的报偿，因此极大地调动了农民的生产积极性，使各种农副产品都有了迅速的增长。

在坚持改革开放的同时，中国政府在经济的宏观调控方面也发挥了重要作用。回顾十几年中国政府的宏观调控政策，可以看到，它是由两方面的政策构成的。一方面是以适度从紧的货币政策为核心的需求政策，另一方面是以产业政策为核心的供给政策，中国的这一政策选择是由中国现阶段体制与发展两方面的特点决定的。

从体制方面看，在转轨时期，中国的经济体制表现出双重体制并存的特点。一方面，传统计划体制在许多方面仍在发挥作用，计划体制下的经济行为方式和一些弊端，如预算软约束和软约束下的投资饥渴、投资膨胀等弊端仍然存在。另一方面，市场经济体制正在逐步建立，市场还不可能全部承担起配置资源的功能。

从发展方面看，中国是一个发展中国家，与发达国家相比，经济发展水平落后几十年。为了在很短的时间内缩小与发达国家的差距，必须使经济有一个较高的增长率。这一基本现实，决定了现阶段中国经济的需求十分旺盛。在经济波动中，经济的收缩不是源于有效需求不足，而是由于"瓶颈"部门的制约，从根本上说是源于供给约束、资源不足。个别部门和个别时期出现的市场疲软、需求不足，大多是由结构性原因和政策性原因造成的。

上述情况决定了中国的宏观调控政策，一方面，必须弥补市场发育的不足，通过恰当的产业政策，积极促进有效供给。另一方面，必须实行适度从紧的货币政策，以抑制过度的需求，实现总需求与总供给的大体平衡，避免恶性通货膨胀出现和经济发展的大起大落。

改革开放以来，中国政府在实施上述宏观调控的两个方面中都曾发挥了重要作用。但由于体制等方面的原因，各项产业政策并没有取得预期的效果。到目前为止，需求政策一直居于宏观调控政策的主导地位。自1993年以来，供给政策正在逐步得到加强。从中国的宏观经济调控效果来看，中国政府取得了正反两方面的丰富经验，宏观调控技巧日益成熟。1996年中国经济成功实现了"软着陆"就是证明。

三、在经济发展的新时期，如何促进经济的快速稳定增长

种种迹象表明，中国的经济发展和改革开放正在进入一个新的时期，就业问题很可能成为这一时期中国经济发展和改革的一个主要问题。

据估计，目前中国的城镇失业率已经达到5%~8%，也就是说，有大约1200万~1400万城镇劳动力处于失业状态。就业问题已经成为近来社会广泛关注的热点问题之一。

中国的就业问题是由多方面原因造成的，不可能简单地通过扩大总需求得到解决，必须对其进行深入探讨，以寻求解决办法。

从供给方面看，造成劳动力供过于求的原因是：（1）中国人口众多，就业压力极为沉重，特别是20世纪80年代以来，我国进入了劳动年龄人口增长的高峰期，劳动年龄人口占总人口的比重明显上升。（2）长期以来我国农村就存在着大量剩余劳动力，估计有1.2亿之多。伴随产业结构的调整，农村剩余劳动力向第二、第三产业的转移，也增大了城镇就业的压力。（3）在计划经济体制下，我国实行的是低工资、高就业、国家包分配的就业制度，形成了所谓"三个人的饭五个人吃"的局面，为数众多

的国有企业中存在大量的冗员。随着改革的深入，企业日益把利润目标放在首位，而削减冗员是提高企业效益的一个重要途径，由此使就业压力更为沉重。

从需求方面看，造成劳动力供过于求的原因集中表现为资本有机构成的提高。目前我国正在进入以重化工业为主的工业化阶段，必然使资本有机构成大幅度提高。为了增强国际竞争力，许多企业也自发地采用了资本更为密集型的技术。而从我国的资金供给看，每年的积累率虽然很高，固定资产投资规模庞大，"八五"期间平均每年固定资产投资达1.2万亿元左右，但按人均来看，每个劳动者平均不到2000元，除了用于老设备的更新改造，每年新增投资所能安排的就业人口有限。随着资本有机构成的提高，单位投资安排的就业人口正在下降，从而减少了对劳动力的需求。

此外，在经济的收缩期对劳动力的需求增长当然低于经济扩张期，但比起上述因素，这种短期性原因并不是主要原因。而且它本身也是资源约束的产物。

以上对劳动力供求两方面的分析反映了我国现阶段经济增长面临的基本矛盾，一方面，经济的发展要求通过资本有机构成的提高以实现产业结构的升级换代；另一方面，由于我国的资源特点，人均资本占有量和人均资源占有量相对不足，还需要大量采用劳动密集型技术。伴随中国经济增长，上述矛盾将日益尖锐。解决这一问题的根本途径只能是制度创新。

制度创新是一个长期的过程，在短期内，仍要通过适当的宏观调控政策减轻就业压力。在供给方面，要积极进行产业结构和产品结构调整，向生产的深度和广度进军，以提供更多的就业机会。在需求方面，仍要坚持适度从紧的货币政策，防止在就业压力下，盲目追求经济规模的扩张，保持总需求与总供给的大体平衡，避免经济的大起大落。

就业问题是一个世界性问题，事实表明，迄今为止的市场经济制度还不能解决这一问题。这就要求我们在坚持市场导向的改革开放方针的同时，探索结合中国发展特点和资源特点的市场经济体制，实现充分就业，使各种经济资源得到充分利用。对于经济学家来说，这将是一个严重的挑战。

中国的经济发展与改革是在一个拥有960万平方公里土地、12亿多人口和五千年文明史的国家中展开的，对于经济学家来说，它包含着无比丰富的素材，是千载难逢的机遇。对中国改革和发展的研究，不仅有助于中国的经济，也会极大地丰富经济学的宝库。我希望，有更多的经济学家加入到这个行列中来。

中国经济适度快速稳定增长的理论与对策

从短缺到宽松*

（1997年9月15日）

    我国过去是长期存在产品供不应求的短缺经济。许多消费品实行定量配给或凭票证供应，生产资料由国家统一调拨分配。改革开放后，经过近20年的努力，这种情况已基本改变。供不应求的紧缺局面已转变为供求基本平衡，或供大于求的相对宽松局面。我们已经初步"告别"了短缺经济。现在市场商品供应丰富多彩，琳琅满目，使人民生活的改善有了可靠的物质保证。这是改革开放以来中国经济的一个极其显著的变化。

一

    这一变化是怎样发生的呢？要回答这个问题，首先要搞清楚，短缺经济是怎样形成的。对于这个问题，过去中外学者有许多讨论。归结为一句话：短缺经济是从传统的计划经济中产生的，或者说它是传统计划经济的一个特征。这可以从以下几个方面进行分析。

    ——在生产目的上，在当时的历史背景下，实行工业化主要服务于国防战备和巩固政权的政治目的，而发展生产的真正目标即满足人民生活需要反而降到了次要位置。

    ——在国民收入分配和积累与消费关系上，着重国家积累，

---

  * 原载《光明日报》。

比较忽视人民消费，形成了一方面是国家的高积累、高投资，另一方面是人民的低收入、低消费。

——在产业结构上，实行优先发展重工业的方针，国家的财力物力资源集中用于发展重工业，使农业、轻工业的发展受到限制，消费品供应严重匮乏。

——在所有制结构上，认为"越大、越公、越纯"越好，实行不断向国有制的方向升级、过渡的政策，使生产者、供应者单一化、垄断化。它们之间缺乏竞争，生产、供应的产品是"皇帝的女儿不愁嫁"，因而没有任何动力去改善商品和服务的供应。

——在管理体制上，实行"大锅饭"、供给制、软预算约束的体制，上上下下，无不热衷于争投资、争贷款、争物资、争外汇、争铺摊子、上项目等，而对其效益则不负责任。这就形成了投资饥渴症，带来了投资需求和消费需求的双膨胀。

总之，传统计划经济的发展战略和经济机制，一方面导致供给不足，另一方面引发需求膨胀，其结果必然是供不应求的短缺经济。经济短缺的机制和经济波动的机制结合在一起，往往形成周期性的剧烈震荡，即我们过去很熟悉的大上大下的现象。

二

改革开放以来，我国经济波动的振幅比过去大大缩小，供不应求的短缺经济逐步过渡到供求基本平衡或供略大于求、市场商品供应丰裕的经济。这是传统的计划经济逐步向社会主义市场经济转变的结果。具体分析，有以下数项。

——生产目的改变了，从过去为生产而生产或主要为政治目的而生产，回复到为提高和改善人民生活而生产，把人民得到实惠作为发展生产的首要目标。

——在国民收入分配和积累与消费的关系上，从过去重国家积累轻人民消费，逐步变为积累和消费协调并重，人民在收入和消费基金大幅度增长的同时，还成为积累和投资的重要主体。

——在产业结构上，由过去片面优先发展重工业，形成重、轻、农严重失调，逐步转向一产（农业为主）、二产（工业为主）、三产（服务为主）协调发展，商品和服务的品类和数量都大大增加的局面。

——在所有制结构上，改变过去"一大二公三纯"的方针，转向以公有制为主体、多种所有制经济共同发展的格局。市场主体的多样化，促进了市场竞争，有利于商品供应的丰富和服务质量的提高。

——在管理体制上，随着市场取向改革的扩展和深入，"大锅饭"、供给制、软预算的体制逐步削弱，投资需求和消费需求的自我约束有所增强，生产者、供应者更多地考虑和适应市场需求了。

实行市场取向改革以来，发展战略与经济体制的上述各项变化，一方面使需求膨胀得到约束，另一方面促进了市场供应。再加上近几年加强和完善宏观调控，大大改善了经济总量的供需平衡，使短缺经济逐渐退出历史舞台，并出现了一个相对宽松的经济环境。

三

短缺经济转变为相对宽松的经济，从市场的角度来看，表现为卖方市场转变为买方市场。买方市场的出现，有利于实现消费者选择的权利，有利于促进竞争，并为经济改革和结构调整提供有利的宽松环境。买方市场和相对宽松的经济格局的形成，来之不易，也不是一好百好。对此不可盲目满足，需要正确认识和对待。

目前，买方市场格局仅仅是初步建立，还不能说巩固了。部分产品（如能源产品、部分化工产品和冶金产品等）还没有达到供求平衡；服务业发展滞后，远远未能满足市场需要；部分产品如城市住房，一方面商品房大量空置，另一方面居民住房需求远未满足；部分产品虽然已经实现供求基本平衡或供略大于求，但其生产和供给的基础仍然薄弱，如农业，尽管1995年以来连续丰收，但在我们这个人口众多的大国，对粮食供应形势永远不能盲目乐观。

在买方市场初步形成的同时，目前出现了某些产品供应过多、生产能力过剩、产品积压和开工不足等现象。这些现象不能归之于买方市场范畴，因为我们所讲的买方市场是总体上供求基本平衡和供略大于求的市场，而不是供给过度超过需求的市场。目前我国经济生活中出现的某些商品供应过剩、生产能力利用率过低的现象，既与正常的买方市场无关，亦非"需求不足"之过。其产生的主要原因，在于供给结构扭曲，不适应市场需求变化，以及多年来盲目追求粗放扩张和重复建设，超过了正常需求的结果。特别是前几年经济过热时，在需求扩张的假象拉动下，生产能力迅猛上去了，一旦需求膨胀假象消除，便会暴露出种种结构性矛盾。

在消除短缺经济和形成买方市场的过程中，之所以仍然存在前述一些市场缺陷和结构性矛盾，其深层原因还是根植于增长方式和经济体制。传统的粗放增长方式和计划经济体制的惯性，在我们的经济运行中仍有相当大的影响。经济发展中重数量轻质量、重速度轻效益的倾向依然存在，而这又与经济体制中特别是国有经济中软预算、"大锅饭"，以及政企不分、条块分割等弊端尚未根除有关。

综上所述，对于我国经济生活中短缺的消失和买方市场的出现，我们应当有清醒的认识。第一，市场供求总体形势的转变，是改革开放取得的一个最重大的成果。第二，这一转变是初步的，不能说已经巩固，还有许多深层次结构性问题亟待解决。第三，要从根本上解决这些问题，就要抓住目前相对宽松环境已初步形成的大好机遇，加大经济增长方式转变和经济体制转变的步伐。这样，我们才能有把握地说同短缺经济永远告别，才能进一步巩固和发展建立买方市场已经取得的辉煌成果。

两个根本性转变的历史选择

（1997年9月16日）

中国发展社会主义经济，至今已经历近半个世纪。在这段时期中，我们工作的重点是如何将丧失了近百年发展机遇的时间抢回来，如何使生活在占世界7%土地上的、占世界20%的人口尽快地走上现代化的道路。经过艰难的探索，在为发展计划经济艰苦奋斗30年之后，我们选择了社会主义市场经济，并且决定了调整发展战略和更新增长方式。1995年9月中共十四届五中全会制定的"九五"计划和2010年远景目标的《建议》和八届人大四次会议批准的计划目标的《纲要》中都强调指出，实现今后15年的奋斗目标，关键是实行两个具有全局意义的根本性转变；最近召开的党的十五大确定跨世纪的战略目标时，又再次强调："我们要积极推进经济体制和增长方式的根本转变，努力实现'九五'计划和2010年远景目标，为下世纪中叶基本实现现代化打下坚实基础。"

一、社会主义市场经济体制的选择

1979年以前，我们从"本本"出发，按照苏联的思路，以为社会主义只能搞计划经济，不能接受市场机制，"市场是资本主义的东西"。在近30年的时间里，我们将商品生产、价值规律和市场调节排除在社会主义经济的理论、政策和实践之外。企业生产什么、生产多少，以及家庭和个人消费什么、消费多少，都由国家计划从上到下来决定，企业、家庭和个人在经济行为中缺乏自主选择，没有横向竞争。不可否认，这种高度集中的计划经济在一定程度上加速了本来短缺的资源动员，使我们初步建立了社会主义的工业体系和国民经济体系，改变了旧中国贫穷落后的面貌，并且消除了贫富两极分化的现象。

但是，原来那种排斥市场和市场调节的计划经济，由于强调"一大二公"，强调全面计划化，经济系统内缺乏竞争，缺乏优胜劣汰的机制，缺乏一个自我发展、自我积累、自主决策、自负盈亏的微观基础。经济行为的效率要靠自上而下的宣传鼓动和行政指令来维持，加上一次又一次的政治运动的干扰，"从1958年至1978年，中国经济的发展基本上是停滞的"，而且经常是大起大落，强周期波动，经济结构经常出现大失衡后的大调整，大调整后的大失衡。由此我们发现，社会主义排斥市场，排斥商品生产，排斥竞争和价格调节，并不是一个科学的选择。

早在20世纪70年代的中期，邓小平同志就根据马克思主义的一般原理，对中国经济的发展道路作出了开拓性的探索。20世纪70年代末到90年代上半期，逐渐形成有中国特色社会主义的理论。他对现代经济发展规律作出了最新的概括：资本主义可以有计划、社会主义可以有市场，社会主义的中国也应当走市场经济的道路。改革开放以来，人们按照小平同志建设有中国特色社会主义的理论，寻求公有制和市场相结合的途径，努力实现从社会主义计划经济向社会主义市场经济的转变。建立社会主义市场经济体制，这正是我们改革的基本目标和选择。

过去18年，我们在这一选择上迈出了重要的一步。到目前为止，我们在建立现代企业制度、发展市场体系和改革宏观调控机制这三方面，都取得了重大成就。"我国的实践已经证明，发展社会主义市场经济有利于解放和发展社会主义社会的生产力，增强社会主义国家的综合国力，提高人民的生活水平，也有利于增强人们的自立意识、竞争意识、效率意识、民主法制意识和开拓创新精神，使社会主义的优越性进一步发挥出来。"发展社会主义市场是一个正确的选择，它既适合中国自身的国情，符合人民群众的意愿，又与现代世界经济发展的规律相适应。

中国经济发展走上市场之路，走上社会主义市场经济之路，对世界来说是一件大事，对中国来说是一个创举。翻开近、现代世界经济发展史，社会主义和市场经济相结合还没有现成的经验可循。社会主义如何与市场相结合？20世纪80年代，我们只是摸着石头过河，到20世纪90年代，才有了清楚明确的目标。1992年年初，邓小平视察南方的重要谈话提出："市场经济不等于资本主义，社会主义也有市场"，10月，党的十四大提出"我国经济体制改革的目标是建立社会主义市场经济体制"。接着，1993年11月，党的十四届三中全会通过了《关于建立社会主义市场经济体制若干问题的决定》，确立了改革的基本框架。几年来，按照建立社会主义市场经济体制的要求，大步推进了财税、金融、投资、外贸外汇、物价、国有资产管理和流通领域等的改革，取得不少成就。最近召开的党的十五大又进一步强调要坚持社会主义市场经济的改革方向，使改革在一些重大方面取得新的突破。应当看到，今后的改革任务还很艰巨，还将面临并要在实践中逐步解决的许多矛盾和问题。

两个根本性转变的历史选择

二、经济发展战略和经济增长方式的更新

经济发展战略的概念，国外在20世纪50年代首次提出，60年代后得到较普遍的运用，引入我国则在70年代末。经济增长方式的讨论，前苏东各国在60年代已热烈展开，引入我国也早一些，只是用语不尽相同。之所以到70年代末又博得重视，则是为了谋求国民经济的更好发展。人们认为，过去有成绩，也有失误，既

有发展战略目标选择上的失误，也有实现战略目标方法、方式上的失误。"在经济发展战略目标的选择上，或多或少地背离了社会主义生产的目的。"①至于实现经济发展战略目标的方法、方式上的失误，具体表现在：（1）在生产建设上，片面地追求产值的高指标，而忽视经济效果；（2）片面强调发展重工业，挤了农业和轻工业；（3）扩大再生产单纯地依靠上新的基本建设项目，忽略了充分发挥原有企业的作用，不重视原有企业的技术改造；（4）片面地追求像钢铁等重工业初级产品、中间产品的产量，严重忽视最终消费品的生产；（5）片面追求高积累，挤了人民必需品的消费；（6）片面地强调人多好办事，对人口增长缺乏控制，吃了大亏；（7）片面地理解自力更生，实际上搞封闭半封闭，造成了不少本来可以避免的浪费；（8）在生产关系上急于过渡，脱离实际地提高公有化的程度。②这些情况充分说明，传统的经济发展战略必须更新。

关于经济增长方式的转变，我们曾将它作为经济发展战略的一项重要内容来看待。在党的历次重要会议和重要文献中，都不止一次地从各种角度提出过和强调过转变经济增长方式的问题。党的十一届三中全会前后，我国经济发展在战略和增长方式的选择上有过几次转变和若干反复。

党的十一届三中全会前，在粉碎"四人帮"和结束"文革"后，1977—1978年国民经济有了初步回升。但是在制定1976—1985年发展国民经济十年规划纲要时，又重犯片面追求高速度并导致高积累的错误，把所需资金寄托于大量举借外债、大规模引进项目上，脱离当时的国情国力，搞所谓的"洋跃进"。1979年4月，中央召开工作会议，决定对经济进行调整，制定了"调

---

① 马洪：《试论我国社会主义经济发展的新战略》，中国社会科学出版社1982年版，第13—14页。

② 同上书，第14—15页。

整、改革、整顿、提高"的新"八字方针"。这次调整，提出12项措施。调整的过程，实际上也是转变经济发展战略和转变经济增长方式以及推进改革开放的过程，目的是探索适合中国特色的社会主义现代化道路，具有积极意义。贯彻新的"八字方针"以来，在1984—1988年，围绕"六五"和"七五"计划，总的情况是好的，表现在：经济增长比较稳定，保持了较快的速度；经济结构有所调整，农业和轻工业发展较好，基础产业得到加强；出现了有限的买方市场势头，形成了比较宽松的经济环境；城乡人民生活也有明显改善。但是也要看到，在此期间，经济的效益和质量，正如每年和每季度分析经济形势时所用的新闻辞令，始终是"不够理想"。改革开放以来，经济周期虽然较改革开放前波动幅度减小，但是仍然出现了四次。最近两次一是在1988年后，二是在1993年后，都是由于速度过快、投资规模过大，导致经济过热。针对第一次过热，实行治理整顿，有所缓解；但是开始过严，致使一度出现增长滑坡。针对第二次过热，加强宏观调控，实行适度从紧适时微调的货币政策，经过三年努力，成功地实现了"软着陆"。对这两次周期波动，有过不尽一致的看法；有人认为是由于推进市场取向改革所致，主张重新采取计划经济体制的某些办法；有人认为是传统体制的惯性使然，只有以转变经济体制推进经济增长方式的转变，才有可能逐步根治上述经济痼疾。18年来的实践已清楚地告诉我们，问题的关键在于实行两个根本性转变。只有这样，国民经济才能逐步走向持续、快速、健康发展！

三、两个根本性转变的相互关系

经济体制的改革和经济发展战略（经济增长方式）的更新，两者互为条件、互为因果。一般地说，经济体制是手段，经济发展是目标，前者服务和服从于后者，为后者所决定。也就是说，选择什么样的经济发展战略和增长方式，就要求有什么样的经济体制，两者必须统一；否则，经济体制会影响经济发展，使战略目标难以实现。但是，前者对后者又反作用，可以制约经济发展。改革与发展之间的联动关系，有人比喻为鸡生蛋，蛋生鸡，像是一个封闭的圆圈，形成一个没有起点和终点的循环。

经济体制改革的进步，必须有良好的经济环境，这又与经济发展的方式有关：一方面，改革在某种意义上是对原有利益格局的调整，为了使多数人在改革中得到实惠，增加改革动力，减少改革阻力，应当在改革进程中保证经济的持续发展，使消费基金不断增长，否则群众不会拥护和参与改革；另一方面，改革的目标之一是创造生产经营者之间的竞争，为了使竞争能在正常的环境中进行，应当保持市场的稳定运行，否则如果过热，出现通货膨胀，价格信号混乱，包括价格改革在内的不少改革措施就难以出台。为此，我们主张"渐进"方式，并曾提出"双向协同，稳中求进"的改革策略和发展策略。[1]"双向协同"是指体制转变与发展战略转变的配合。"稳中求进"是既不造成束手束脚，不敢突破传统体制的基本框架；又不造成急躁冒进，把经济增长搞得过热，使改革处于紧张的经济环境里而难以有序地推进。同时，我们主张必须努力争取有限的买方市场，这也是市场取向改革和发挥市场功能必要的基本条件。[2]

必须把经济发展和经济改革视为一个整体结合起来，同步进行经济体制模式和经济发展模式的双重转变，才可望成功。在10年前，中共中央关于制定"七五"计划的《建议》中已经含有这

---

[1] 中国社会科学院课题组：《双向协同，稳中求进》，《80年代中国经济改革与发展》，经济管理出版社1991年版，第71—74页。

[2] 详见《经济发展模式转换与经济体制模式转换》一章，《中国经济体制改革的模式研究》，中国社会科学出版社1988年版，第425—467页。

刘国光

经济论著全集

第
13
卷

个精神,并早在"六五"期间就有所体现,基本上实现了国民经济的持续稳定增长,经济失衡有所缓和,人民的需要得到比以往任何时期都好的满足。当时,提高质量和效益以及强调内涵、集约发展的课题也已开始列上议程,经济活力初步增强。然而,在肯定改革、发展进展的同时,传统模式的影响和作用远未消除,而新模式的运行机制也远未完善。因此,无论改革或发展,都存在许多亟待解决的问题。由于旧的发展模式中追求产值增长速度的惯性很大,旧的体制模式中投资饥渴、数量扩张的痼疾依然存在,加上宏观未能控制、微观未能搞活,减少行政指令支配范围却缺乏健全的市场协调机制,因而经济发展过程中出现了某些不稳定因素,影响了改革进程,使双重模式的转变欲行又止。接着,出现了总需求的猛增和经济超速增长,国民经济中重新出现了旧模式中常见的增长过热和严重的通货膨胀。此外,产业结构的某些失衡现象远远没有纠正,铺新摊子和重复建设之风也未衰减,都使双重模式的转变不能顺利进行。[①]因此,双重模式的转变,是一个非常艰辛曲折的过程。这不仅因为新模式转变之际有冲突,并且两种模式各自转变也有内在矛盾。从发展模式看,当前在工业和农业、城市和农村存在鲜明的二元结构,对发展模式转变有很大压力,增加了发展模式转变本身的摩擦;从体制模式看,由于生产力水平较低、发展很不平衡、人才和经验都缺乏等原因,对体制模式转变也有很大牵制,并导致新旧体制并存的种种摩擦。

回顾历史,总结经验,可以明确,体制模式和发展模式实是不能分割的统一体,双重模式的转变必须一起实行。一方面,经济发展要以改革为动力,并为改革提供良好环境,有利于改革的逐步深化,进而取得改革的配合;另一方面,经济改革要以发

---

① 刘国光:《试论我国经济的双重模式转变》,《光明日报》1985年11月4日。

展为己任，每一步、每一项改革都要有利于发展，并在发展中取得支持，尽量减少改革付出的代价（或称"改革成本"）。联系当前现实，显然比10年前有了很大进展，实行双重模式的转变既有更迫切的需要，又有更有利的条件。提出和实施两个根本性转变，正是顺应历史潮流的开拓性使命。

十五大报告对经济理论和
政策的重大推进[*]

—— 在中国经济社会文化交流会召开的
十五大文件座谈会上的发言
（1997年9月30日）

十五大报告向全党提出了高举邓小平理论伟大旗帜，把建设有中国特色社会主义事业全面推向21世纪的历史使命。它对世纪之交的我国经济社会发展作出了战略部署，对建设有中国特色社会主义的一系列重大问题作出了科学回答，在理论和政策上作出了重大的推进。

在经济理论和经济政策方面，十五大报告的贡献是十分丰富的，这里只列举主要的几点。

一、第一次完整地回答了什么是社会主义初级阶段有中国特色社会主义的经济

《报告》把建设有中国特色社会主义的经济，概括为在社会主义条件下发展市场经济，不断解放和发展生产力，并分别从所有制结构、资源配置方式、分配制度等方面进行了剖析，阐明了建设有中国特色的社会主义市场经济，就要坚持公有制为主体，

---

[*] 先后在1997年10月21日《中国改革报》《理论研究》1997年第23期和《价格理论与实践》1997年第10期摘要发表。

多种所有制经济共同发展的基本经济制度，使市场在国家宏观调控下对资源配置起基础性作用，实行按劳分配为主体的多种分配方式，逐步走向共同富裕。这一概括充分体现了马克思主义关于社会经济制度的原理，完全符合邓小平理论对社会主义本质和根本原则的科学论断。

二、提出了跨世纪关键时期经济体制改革和经济发展战略两大任务

《报告》指出：从现在起到21世纪前10年，是我国实现第二步战略目标，并向第三步战略目标迈进的关键时期。我们要积极推进经济体制改革和经济增长方式的根本转变，努力实现"九五"计划和2010年远景目标，为21世纪中叶基本实现现代化打下坚实基础。《报告》深刻指出，在这个关键时期，我们必须解决好两大课题：一个是建立比较完善的社会主义市场经济体制；一个是保持国民经济持续快速健康发展。这两大课题的解决，关系到我国现代化建设的全局。这是对跨世纪的关键时期提出的总任务，写在《报告》第五部分阐述八个方面经济问题的前面，作为引子，言简意赅，提纲挈领，高瞻远瞩，极为重要。

三、在所有制结构方面对公有制的含义和实现形式有重大突破

针对一些人士认为国有经济比重下降会不会影响"公有制的主体地位"和"国有制的主导作用"，《报告》指出，公有制不等于国有制。集体经济、混合所有制经济中的国有经济成分和集体经济成分也属于公有制。国有经济起主导作用不等于行行业业、大大小小什么都要国有。国有什么都搞，力量分散，就起不了

主导作用。主导作用体现在对关系国民经济命脉的重要部门和关键领域的控制力上，所以不宜把国有经济的有限力量分散到国民经济各个领域和大中小各种类型企业上。由此引出了国有资产的结构调整和有进有出的战略重组任务。《报告》明确指出：只要坚持公有制为主体，国有经济对国民经济命脉的控制力得到增强，国有经济比重减少一些，并不影响我国的社会主义性质。这一解释是科学的，有力的，有助于解除人们在这个问题上的疑虑。

关于公有制的实现形式，《报告》明确指出，应允许其向多样化发展，要努力寻找能够极大促进生产力发展的公有制实现形式。一切反映社会化生产规律的也就是符合"三个有利于"原则的经营方式和组织形式，都可以大胆利用。《报告》对近几年人们特别关注的股份制与股份合作制是不是搞私有化的问题，做了回答，指出股份制是一种现代企业的资本组织形式，资本主义可以用，社会主义也可以用，不能笼统地说它是公有或者私有，关键看控股权掌握在谁手中。强调只要控股权在国家和集体手里，实行股份制不但不是削弱而是扩大公有制的支配范围。对于目前城乡大量出现的股份合作制，报告作了分析，指出劳动者的劳动联合和劳动者以资本联合为主的股份合作制属于集体经济的范畴，要加以支持和引导，不断总结经验，使之逐步完善和规范。强调实行股份制不能刮风，不能硬定指标推广。现在有许多不规范的名不副实的股份制，要规范清理。应当指出，《报告》中特别提到了股份制和股份合作制，并不意味公有制经济改革所能采取的实现形式只有这两种。除了股份制、股份合作制外，公有制经济还可以有各种各样组织形式，如社区所有企业、社团所有企业和各种共同基金，包括投资基金、各种社会保险基金，等等，都可以是公有制的实现形式。所以公有制经济有着非常宽阔的活动天地，其主体地位是不会动摇的。

在"所有制结构"一节，《报告》还明确指出：非公有制经济是我国社会主义市场经济的重要组成部分，要继续鼓励、引导，使之健康发展。这是在党的文件中第一次明确非公有制经济是社会主义市场经济重要组成部分。过去的提法是非公有制经济是公有制经济必要、有益的补充。现在非公有制经济在社会主义市场经济中已经三分天下有其一，它对满足人们多样化的需要、增加就业、促进国民经济发展有重要作用，因此，如实地明确它的重要地位是必要的。

十五大报告中关于完善所有制结构的这些新论断，都有利于推动经济体制改革，促进生产力的大发展。

四、在深化国有企业改革方面制定出一系列的重要决策

众所周知，国企改革是整个经济体制改革的重点和难点，碰到的问题和改革的思路，过去讲过不少。十五大报告突出地强调了以下几点。

1. 在重申按"十六字"要求，对国有大中型企业实现规范的公司制改造时，进一步明确国家和企业的权利和责任，既反对政府直接干预企业经营活动，又反对企业损害国家作为所有者的权益；强调要培育和发展多元化投资主体，以推动政企分开和转换企业经营机制。过去试点企业独资较多，难以实现政企分开，有的与上级主管部门不愿放权有关，有的与因效率低困难多找不到入股对象有关，这两方面的问题都要解决。

2. 强调国有企业的体制改革必须同结构改组、技术改造和加强管理结合起来。着眼于整体上搞好国有经济，而不是救活每个企业。要抓大放小，实施战略重组。通过市场形成有竞争力的大企业集团，不能用行政"拉郎配"的办法；采取多种形式加快放活国有小企业的步伐。这样，把党的十四届三中全会以来一系列

成功的经验写入十五大报告，丰富了国企改革的内容。

3. 对于国有企业改革中碰到的难题，特别是"钱从哪里来，人往何处去"的问题，明确了解决的思路。如在资金筹措问题上，提出"要采取多种方式，包括直接融资，充实企业资金"，把发展资本市场同企业的股份制改造结合起来。在安排就业与再就业问题上，报告中写进了近几年来形成的"鼓励兼并、规范破产、下岗分流、减员增效，实施再就业工程"等新的系列经验，首先要求党和政府采取积极措施，依靠社会各界力量，关心和安排好下岗职工的生活，搞好职业培训，拓宽就业门路，推进再就业工程；同时要求广大职工要转变就业观念，提高自身素质，努力适应改革和发展的新要求。这对于形成企业优胜劣汰的竞争机制，保证职工生活和社会安定，都有十分重要的作用。

五、按劳分配与按生产要素分配相结合是对社会主义分配理论的新贡献

《报告》在坚持按劳分配为主体的同时，比较强调按生产要素分配，提出允许和鼓励资本、技术等生产要素参与收益分配，这对于鼓励居民投资和激励科技投入，将产生巨大作用，特别受到科技人员的欢迎。《报告》还对如何解决人们关心的分配不公问题进行了阐述，对取缔非法收入、整顿不合理收入和调节过高收入提出了对策。大的思路是清楚的，问题在于落实。

六、进一步明确充分发挥市场机制作用和健全宏观调控体系的关系

《报告》强调要着重发展资本、劳动力、技术等生产要素市场，完善生产要素价格（利率、租金、汇率等）形成机制；总结

了近几年宏观调控特别是成功实现"软着陆"过程中的新经验，如把抑制通货膨胀作为宏观调控的一项主要任务，把实施适度从紧的货币政策和财政政策、注意调控力度，写进了《报告》；并根据近几年国际国内经验，提出加强对金融机构、金融市场包括证券市场的监管，有效防范和化解金融风险；等等。这些论断在党的代表大会报告中都是第一次出现，对于加强宏观调控、保证经济平稳发展，具有极其重要和深远的意义。

以上所述，主要是在经济体制改革方面，十五大报告中有明显新意或有重要进展的论述。在经济发展战略方面，《报告》也有不少新的论断，包括调整和优化经济结构、实施科教兴国和可持续发展战略，提高对外开放水平等问题，这里就不一一叙述。在全面学习十五大报告的同时，我们经济界人士尤其要深入学习如《报告》第五部分关于经济体制改革和经济发展战略的论述，认真领会其精神实质，并将其贯彻到工作中去，解决经济改革和经济发展的重大理论和实际问题。

十五大以后中国改革形势和经济走向

——《中国经济时报》记者专访
（1997年9月30日）

记者（陈国强）：如果说，十五大召开以前人们都在期待思想解放的话，那么，十五大以后，我们更应该考虑的是如何冷静地看待当前大好形势的问题。现在人们普遍认为，思想的解放必然推动事业的大发展，中国的改革正在获得新的动力，中国的经济将出现又一次高潮。您对此是如何判断的?

刘国光：思想解放对我们的改革事业必然能起极大的推动作用，这是改革以来的实践所证明了的。如果这次能出现又一次改革高潮，我觉得是很好的，改革高潮同时也能推动我国经济结构的调整和优化，促进经济增长方式和企业经营方式的转变，改变过去那种粗放的、外延的、搞重复建设、盲目追求数量和速度、不顾效益和质量的做法。过去用放松银根、搞外延扩张那一套，很容易形成所谓的新高潮。而优化结构和实行两个根本性的转变则是需要下硬功夫的。我们要利用正在出现的改革高潮来推动经济增长方式转变的高潮、结构调整的高潮。中国的经济问题主要在于结构扭曲、在于效益质量不高、在于竞争力不强——特别是国际竞争力不强。解决这些问题都需要下硬功夫。所以我觉得新高潮应该在这些看不见的硬功夫上做文章，而不是说又要放松银根推动新一轮的投资热、房地产热、开发区热，绝对不能重复那样的做法。只有这样，中国经济才能长期保持现在这样好的发展势头。

现在我们国家实行的适度从紧、适时微调的宏观调控政策是稳妥的。宏观调控要有利于经济结构的调整、有利于经营机制的转换、有利于两个根本性的转变，而不是有利单纯的数量扩张，更不应为泡沫经济鼓气。总之，我们应该在大好形势下，注意怎么把握机会，把力量使在正处，不是使在铺新摊子、搞重复建设上。新的热，要看怎么热，这一点必须说清楚，我们需要理智的热，不要热在外延的、粗放的扩张上，而要热在结构调整、机制转化和增长方式的转变上，这样才能促使我们经济持续快速健康地发展。

记者： 前些天，中央电视台《焦点访谈》做了一个节目，反映山东诸城股份合作制改制并非"一股就灵"的情况。其中心意思有两点：一是企业如果仅仅在表面上、形式上改制，并不能解决根本问题，关键还在于如何加强企业管理，如何转换经营机制；二是企业改制后，经过几年运行，职工当初那种积极性逐渐衰减，股份合作制下一步如何完善呢？他们的基本思路是使股权相对集中。对此，您怎么看？

刘国光： 企业机制转换是很重要的，原来计划经济体制下政企不分、"大锅饭"的情形，要转变成适应市场经济体制的"产权清晰、权责明确、政企分开、管理科学"的现代企业制度，这是很不容易的。还有企业组织结构的调整、企业的技术改造、企业的经营管理，是多方面的问题，要结合起来搞，所谓"三改一加强"，是非常重要的经验总结，绝不是单纯的一项产权改革就能解决所有问题的。

企业的管理也是一整套的东西，这一整套必须适应市场经济的需要，只有适应市场需要，才能参与竞争，否则，好一阵子就不行了。市场的大海就是竞争的大海，企业哪个方面有缺陷就肯定要落伍。所以"一股就灵"是不可能的。任何一个现代市场经济的国家，都是不断有新生企业起来，也不断有企业被淘汰，这都很正常。具体到我国中小企业的改制来说，并不是说企业改制以后就不再优胜劣汰了。市场需求不断有变化、技术不断有提高，如果企业的机制、管理、技术跟不上，就要被淘汰，市场竞争是很残酷的，但这在市场经济大海里又是很正常的事情。

对于股份合作制企业股权要相对集中的问题。我们在原则上要求股权相对差别不要太大，但同时如果企业职工同意，也可允许经营者多拿一些股份。企业规模大了，分散的股民多了，从责任、风险角度考虑，只要符合"三有利"原则，股权不是不可以适当集中一些。

记者：改制前是"大锅饭"，股份合作制改制以后则是"小锅饭"，那么，进一步完善的方向是否就是股权相对集中这条路呢？

刘国光：千万不能把股份合作制变成新的"大锅饭"或者你刚才所说的"小锅饭"，即不能搞新的平均主义。我们讲股权分配上的大体平均，不是绝对平均，这是一；第二，少数经营者是不是可以持大头，或者控股？如果企业发展到一定阶段，股权集中到一定程度，控股也不是不可以。同时，还可以考虑吸收外部法人股和外部个人股。但是如果股权集中到经营者控股、外部法人或个人控股的程度，企业的股份合作制性质就会改变。

问题是要防止另外一种情况，就是在开始进行股份合作制改制的时候，少数干部利用职权拥有多数股权。在改制初期，还是应该坚持使多数职工都拥有大体相近的股份，让他们都来关心企业的发展。诸城等地的做法证明，改制以后，职工对企业关心了，对企业领导的监督、对企业的参与增强了，企业的效益提高了，这是显而易见的。我们首先要看到这点：首先不要强调股权集中，特别是在开始的时候，往往是利用行政权力把股权集中于少数人手中，这是非常糟糕的。

如果市场上需要，技术上需要，而且得到群众的同意，得到股东的同意，我认为股权相对集中的做法没有什么不好，只要符合"三个有利于"，职工作为股东的利益继续有保障。当然这里面问题会比较复杂，集中控股后整个企业的性质就可能向股份制企业或向别种组织形式过渡了。但是绝对要防止行政的、命令的、强迫的做法，使少数人得利，多数人受损。

还有一种情况，比如改制之初，原供销合作社或者原来集体所有制企业，要留大量的集体股，小部分分给职工，大头控制在经营者手中，实际上这还是一种变相的干部所有制，这是另外一种集中，也是不符合股份合作制性质的。

还要强调的一点是，股份合作制企业原则上职工全员持股，但在开始时也不应该勉强都这么做。有些职工可能不愿马上入股，有些可能能力不够入不了股，这也应当允许，应当帮助他们创造条件，如以将来分红部分作为股金等，这些都不能强迫命令。现在有些地方已经出现定指标、定时间推广股份制和股份合作制的做法，应该引起高度重视。企业改制绝对不能刮风。我们要鼓励、支持、引导，这是一方面，另一方面绝对不能刮风，要群众自愿，如果群众入股有困难，不能勉强其入股。原则上是全员入股，但企业新进员工也不可能马上入股，还应有个过程，有一定条件，这些都需要研究，都不能简单机械地处理。千万要避免用行政手段刮风，强迫命令，这是必须强调的。

记者： 十五大报告中提出公有制的多种实现形式问题，不少人对此的理解似乎有偏差，他们把公有制的实现形式理解为除了国有、集体之外，主要就是股份制和股份合作制这两种形式，这种简单化的理解显然不利于人们在改革实践中的进一步探索。您能否就此作些说明？

刘国光： 因为股份制和股份合作制这两种形式，过去争议比较多，所以报告中特别点明了，点得很好，着墨不多，但把问题解决了。过去有人怀疑股份制和股份合作制是不是搞私有化，这个问题现在明确了。股份制是一种企业资本的组织形式，资本主义可以用，社会主义也可以用。不能笼统地说股份制是公有还是私有，关键看控股权掌握在谁手中。股份合作制也解决了同样的问题，它是以劳动者的劳动联合和劳动者的资本联合为主的、新型的集体经济组织。过去这些问题不明确，曾经阻碍我们前进。

公有制的实现形式除了纯粹国有的、集体的企业之外，并非就是股份制和股份合作制两种形式，还有其他各种形式的合作社、社区、社团的所有制，公共基金的所有制——比如养老基金、投资基金等，这些都是公有制的实现形式。一切反映社会化生产规律的经营方式和组织形式都可以大胆利用，我们要努力寻找能够极大促进生产力发展的公有制实现形式。简单地把公有制的实现形式理解成股份制和股份合作制只会限制人们在改革中的探索。应该说，公有制的多种实现形式，其天地空间是很大的，不能狭窄地理解。由于前段时间人们在股份制和股份合作制问题上争论较多、分歧较大，因此十五大报告中着重把这两种企业组织形式讲清楚是很有必要的，对解放人们的思想有很大推动作用。

记者：最近中央领导多次提出，要争取用3年左右的时间，使大多数国有大中型亏损企业走出困境，这是否意味着国企改革近期内将有突破性的进展？您对此是怎么估计的？

刘国光：用三年左右的时间使大多数国有大中型亏损企业——并不是所有亏损企业——走出困境。这与过去讲在2000年以前，争取使大多数国有大中型骨干企业——而不是所有企业——初步建立起现代企业制度，是大体一致和互相补充的，是有限制词的。我觉得这个问题的解决难度很大，还需要下很大的决心，付出很大的努力。

记者：过去曾经有一种理论认为，中国应该自东向西梯度发展。最近有学者提出，这种梯度理论已经失效，并提出以"中心城市联网辐射"战略来取代"梯度推进"战略，您对此有何评价？

刘国光：我觉得这两种提法是可以同时存在的。发挥中心城市的中心作用，并进一步加强这种作用，我赞成联网的意见，但这种意见过去也有。只是说法不同。过去讲发挥中心城市的辐射作用，下一步加上联网也是对的。像东部沿海的许多城市现在就可以联网，西部城市要联网恐怕不易。东部几个三角洲地区城市都很密集，本身就存在一个网，其相互之间原来也有一些协作关系。现在联网，重要的一点是要打破条块分割，否则是联不了网的，因此关键还不在于纸上的联网，而在于怎么把条块分割的问题解决，建立起统一、开放、有序的市场。十五大报告中提出，要发挥中心城市的作用，进一步引导形成跨地区的经济区域和重点产业带；同时提出，消除市场障碍，打破地区封锁、部门垄断，尽快建成统一开放、竞争有序的市场体系。上述提法把这两者结合在一起，有一定的新意。但是，这并不排斥从东向西推进的战略，因此这种说法只说对了一半。

我认为，从东向西推进战略反映了我国地区经济发展的客观进程。十五大报告提出，东部地区要充分利用有利条件，在推进改革开放中实现更高水平的发展，有条件的地方要率先基本实现现代化。中西部地区要加快改革开放和开发，发挥资源优势，发展优势产业。这就说明了东部仍要先行一步，并加大对中西部支持力度，逐步缩小地区发展差距。

记者：有人说，同样的话，出自经济学家之口，就要受到批判，而一旦写进党的报告就是突破，对于这种说法，您是怎么看的？

刘国光：学者之间的讨论和争鸣我觉得是正常的。即使一些同志跟不上形势，经过探讨跟上了也是好的，但不要摆出一副我走在前面，你走在后面的架势，我不赞成这种做法。我们应该提倡平等的探讨，在探讨中一起前进，理论界应该这样才对。据我所知，这些年经济理论界好像没有什么人受到中央的批判，当然，中央的一些同志跟理论界一些同志意见有不同，那也是可以探讨的，这也不叫批判。

比如关于所有制问题，在中央还没有讲话以前，大家可以探讨，这都没有什么不正常，相互间有点批评意见也不是不可以。为什么一种意见一写进报告就叫突破呢？写什么不写什么是经过全面、慎重考虑的，尽管理论探讨中不是没有说过，但形成明确的政策还是第一次。从政策上讲当然是突破，如果没有形成政策怎么突破呢？理论观点的提出当然有先有后，但那也不能算定论。又比如计划与市场问题讲了多少年了，我当初也受过批判，后来，原来受批判的东西也写进有的报告里去了，证明那些东西是对的，但那还是中央突破的。个人受点委屈没有什么关系，维护中央的权威才是最重要的。

我们学术界有不同观点，这不奇怪。应该共同探讨共同前进。不要说我走在前面，你落在后面。你说你在前面，对不对还很难说呢，是不是？过头和赶不上都不好。国内外都有人说我们社科院的学者多是"稳健改革派"，"激进"的人说我们保守，"慢进"的人则说我们搞"自由化"。我们自己倒无所谓。稳健也好、激进也好、保守也好，我觉得还是邓小平那句话说得好：要警惕右，但主要是防"左"。因此理论上还是既积极又稳健为好。

提出两个根本性转变的理论和现实背景

——在中国经济史学会现代史专业委员会召开的研讨会上的发言摘要

（1997年10月6日）

在刚刚庆祝了新中国诞生48周年的金秋送爽时节，我们中国现代经济史专业委员会在烟台召开这次学术研讨会，讨论"从中国经济发展的历程看两个转变"，这对于学习和贯彻刚刚闭幕的十五大精神，深入中国现代经济史的研究，都是很有意义的。

中国经济的两个根本性转变，这一提法在党的文件上正式提出，始于1995年9月中共十四届五中全会通过的关于制定国民经济和社会发展"九五"计划和2010年远景目标的建议。经过近两年的探索，1997年党的十五大报告又进一步郑重提出，从现在起到21世纪的前10年，我们要积极推进经济体制和经济增长方式的根本转变，努力实现"九五"计划和2010年远景目标，为21世纪中叶基本实现现代化打下坚实的基础。这样，两个根本性转变成为我国跨世纪社会经济发展的重大战略任务。但是在理论和实践上，两个根本性转变并不是这两年才有的，从党的十一届三中全会起，中国经济就进入了一个新的大转变时期，开始了两个转变的过程。在20世纪80年代初，经济理论界曾讨论过这个转变过程，我曾经把这个过程概括为"双重转换"，一重是经济体制的转换，当时称作从传统的计划经济体制转向为市场取向的经济体制。另一重是经济发展战略的转换，其含义比现在所讲的经济增长方式转变要宽一些，包括生产目的的转变、产业结构的转变、消费积累关系的转变、发展策略的转变，以及发展方式的转变，等等。其中，发展方式的转变，实际上相当于现在所讲的经济增长方式的转变。

20世纪80年代初期还有一件重要的事情，国务院财经委员会曾经组织了四个大的调查组，集中了一批专家学者，对我国经济发展的历史和现实进行了全面深入的调查研究，从不同的角度得出了大致相同的看法，即过去几十年间我们采取了一种高指标、高投入、低效率的增长方式，增长率虽然不低，但是缺乏成效。当这种增长方式发挥到极致时就会出现大起大落的灾难。所以在制定"六五"计划和1980—1990年十年规划时，一些经济学家提出，出路在于实行从外延粗放的增长方式转变到内涵集约的增长方式。同时指出外延粗放的增长方式，乃是集中计划经济体制的产物，要改变这种经济增长方式就必须改革现有计划经济体制，发挥市场机制的作用。这实际上是把两种转变连到一起，用经济体制的转变来推进增长方式的转变，用改革来推进发展的一条思路。

十几年来，我国在改革经济体制方面所做的努力和所起的变化，是比较明显的。而在转变增长方式上所做的努力人们却不大注意。其实改革开放以来在党的历次重要会议和重要文献中，不止一次地从各种角度提出过和强调过转变经济增长方式的问题。

党的十一届三中全会确定工作重点转向经济建设时，就要求各项经济活动必须讲求经济效益。党的十二大提出，把全部经济工作转到以提高经济效益为中心的轨道上来。党的十三大提出，使经济建设转到依靠科学进步和提高劳动者素质的轨道上来，从粗放经营为主逐步转上集约经营为主的轨道。党的十四大进一步强调，努力提高科技进步在经济增长中所占的比例，促进整个经

提出两个根本性转变的理论和现实背景

济由粗放经营向集约经营转变。这些提法虽然侧重面不尽相同，但基本精神是一致的，都反映了党和政府在理论上和在方针路线上为转变经济增长方式所做的努力。

经过十几年的改革开放和经济发展，中国经济体制转变从大一统的计划经济，经过计划经济为主、市场调节为辅，前进到建立社会主义市场经济的新阶段，中国经济发展战略的转变包括生产目的、产业结构、发展策略等，许多方面也都有所前进，从而推动了这18年来中国经济的快速发展。但是由于传统计划经济体制和粗放增长方式影响很深，经济生活中追求数量、速度的惯性很大，重复建设、盲目扩张的倾向依然严重存在，经济发展的质量和效益一直很不理想，部分国有企业的问题和困难越来越引人注目，这些深层次的问题只有进一步深化改革转变经济体制并推动增长方式的转变，才能逐步得到解决。总之，18年的经验证明，要进一步推进我国现代化进程，实现"九五"计划和2010年远景目标，关键在于实现两个根本性转变，这就是当前强调提出两个根本性转变的理论背景和现实背景。

刘国光

经济论著全集

第

13

卷

"软着陆"成功后的经济形势和对策*

——在中国社会科学院经济形势分析与预测 1997年秋季座谈会上的开幕词摘要 （1997年10月11日）

　　关于当前的经济形势，以及今年（1997年）全年的经济走势和明年（1998年）的预测，是我们大家关心的一个重要问题。"软着陆"成功之后，我们又面临着各种可能的选择。在有多种选择存在的时候，就容易产生各种不同的意见。对于"软着陆"成功之后我们应该采取怎样的宏观调控政策，我国今后的经济运行会呈现出怎样的特点，经济学界存在着各种不同观点，这是自然的、正常的。正确的选择只有在各种不同意见的讨论中，方能产生出来。关于对当前经济形势的看法，我已在9月26日《人民日报》的文章中谈了，本文将就几个有关问题进一步谈谈个人的一些看法。

为什么"软着陆"成功后，我们还要坚持"适度从紧"的政策

　　"适度从紧"政策是在1993年6月、7月，中央针对当时经济过热而及时果断地采取的措施，加强宏观调控后，实际上已开

---

* 原载《经济日报》1997年10月13日，原题为《再论当前经济形势的几个问题》。

始实行。到1996年，"适度从紧"写进了《国民经济与社会发展"九五"计划和2010年远景目标纲要》。这样，"适度从紧"就由短期政策上升为今后一段时期内的调控的重要指导方针。在刚刚结束的党的十五大上，又把"实施适度从紧的财政政策和货币政策"正式写进了江泽民总书记的报告。就是说，在成功地实现"软着陆"后，还要在跨世纪的较长时期继续坚持"适度从紧"的政策。我体会，之所以将"适度从紧"由短期政策上升为今后一段时期内的中长期政策方针，是有其重要原因的。第一，从理论上说，这是新中国成立以来我们党在认识、探索和把握社会主义经济建设及其运行规律方面，从正反两个方面的经验教训中所得出的深刻总结。第二，从我国经济体制改革的现状来说，原有体制所固有的盲目扩张冲动的倾向尚未根除，为避免一次又一次地扑救通货膨胀之火，给改革发展一个较为稳定的宏观环境，有必要坚持适度从紧的政策。第三，从我国经济运行中的主要矛盾来说，在我们已开始告别短缺，买方市场已初步形成的情况下，我们迫切面临着产业结构、行业结构和产品结构的调整、优化升级的艰巨任务。只有坚持"适度从紧"，保持总量平衡，才能在市场导向下有效地调整结构，才能在适度快速增长的同时，不断提高经济增长的质量和效益，实现经济增长方式的根本转变。第四，从经济波动的当前态势来说，经过几年的努力，我国经济增长率已回落至适度增长区间。1996年GDP增长率为9.7%，预计今年全年为9%左右，这个增长位势不低。若放弃"适度从紧"的政策方针，则经济增长率又很容易地一下子冲出适度增长区间。几年来"软着陆"的成果将会失去，过后又要进行长时间的大调整。第五，从国际上看，20世纪80年代以来，世界上一些主要国家，针对世界经济以及各国经济发展的新形势，都注重采取了稳定性的货币政策和财政政策。这种稳定性政策，是可持续发展和增长的政策，也有助于防范各种外在冲击所带来的风险。"适度从紧"正是从我国国情出发的一种稳定性政策，有利于我国经济在跨世纪的发展中既适度快速又相对平稳地增长。目前，国际学术界已提出经济周期波动正在走向"微波"（Ripple）化的问题，也就是经济周期波动在新形势下呈现出一种缓升缓降、平稳增长的变形趋势。我们应该注意国际学术界的最新前沿研究动向，结合考虑我国的问题。

关于在"适度从紧"下适时适度地微调问题

大家都知道，所谓适度从紧并不意味全面紧缩。十五大报告在"实施适度从紧的财政政策和货币政策"后面，紧接着写了"注意掌握调控力度"。这就是说，"适度从紧"有机地包含着"适时微调"。"适度"二字也要通过"适时微调"体现出来。因此，坚持"适度从紧"的政策方针，并不排除而且必须要在年度间和年度内审时度势地进行适时与适度的微调，这也就是注意掌握宏观调控的力度。1993年以来，我国经济增长率一直处于平稳的回落中，1994年10月以后物价上涨率也逐月不断地回落。前者已延续了四余年，后者也延续了三十四个多月。应该注意的是，在保持宏观调控的一定力度下，经济增长率和物价上涨率的变动趋势，都会有一定的惯性。这是由部门间的产业关联效应、生产与需求间的关联效应所决定的。这种关联效应也使政策具有滞后效应。因此，当前为了防止经济回落的惯性可能带来后续经济增长的持续下滑，需要适时适度地及时作些必要的松动微调。但是，应当指出的是：第一，这种微调是在"适度从紧"总方针下的微调，而不等同于一般意义上的扩张性政策。第二，这种微调，绝不是用通货膨胀的办法去刺激经济增长。抑制通胀和稳定物价的方针不能放弃。当然，稳定物价不是绝对的稳定，而是基本稳定和相对稳定。第三，适时适度的松动微调，也不是像目前有人主张的在货币政策上继续从紧，而在财政上实行扩张性政策。或者相反，实行所谓"紧财政松货币"的政策，货币政策和财政政策从总体上说都还要坚持适度从紧。在进行适时适度的微调时，货币政策和财政政策可以配合交替运用。第四，这种微调要促进经济结构的调整，要支持有市场、效益好的企业的发展，而绝不是鼓励简单的外延扩张和重复建设。总之，微调的目的是熨平或弱化经济的波动，而不是放大或激化经济的波动。

关于就业问题

目前，就业与再就业问题比较突出，成为大好形势下各界极为关注的问题。这个问题关系到群众生活和社会安定，必须高度重视和妥善解决。把目前就业压力大的原因归之于需求不足，是一种过于简单的说法。在今年春季会上，我曾从总量供给、结构调整、体制转换、技术进步和周期紧缩五个方面分析过我国就业压力大的原因，并指出解决就业问题，应采取多种对策、综合治理。从大思路、大方向来说，以下一些途径，是可以考虑的：一是从我国国情出发，加强第一产业，发展高产、优势、高效农业，大力推进科教兴农，促进农业产业化经营，促进乡镇企业的新发展，这有利于在高水平上吸纳农村剩余劳动力，缓解城镇就业压力。二是进一步采取有效措施，积极发展第三产业。从世界各国的情况看，第三产业是最能吸纳劳动力就业的产业。我国目前第三产业的就业人数占总就业人数的比重仅为26%，在美国，20世纪50年代，第三产业的就业比重已经达50%，到90年代中期，更上升到80%。三是就第二产业来说，要把发展技术密集型产业和劳动密集型产业结合起来。四是积极培育新的经济增长点，以扩大就业规模。五是调整工时制度，缩短在岗劳动时间，增加学习、培训和闲暇时间，以创造出更多的就业机会，并有利

劉國光

经济论著全集

第

13

卷

于提高劳动者的素质、技能和生活质量。六是转变就业方式，即由固定性、终身就业的旧模式，向时段性、灵活性就业的新模式转变，这也是20世纪90年代以来，在世界上一些主要国家就业的新趋势。比如在美国，近几年来，就业增加，失业率下降，在很大程度上是由于这种新的就业方式提供了许多新的就业岗位。特别是在一些技术性、专业性领域，如会计事务、计算机服务、医疗卫生服务等方面，这种新的就业方式发展得更快。近三年来，美国时段性就业的人数增长了19%，这种新式就业的人数占美国总劳动力的比重已达十分之一。而且，这种新的就业方式越来越成为体面的、受人尊敬的就业选择。七是积极扶持城镇集体经济、私营个体经济的发展，这是吸纳就业的一条重要渠道。八是加大劳动力市场的培育与发展力度，加大社会保障制度改革的力度。这有利于劳动力供求双方的信息沟通，缩短再就业过程，扫除劳动力流动的各种障碍。这些是对解决我国就业压力问题长期思路和对策的考虑。就近期来说，要采取积极措施，依靠社会各方面力量，关心和安排好下岗职工的生活，搞好职业培训，拓宽就业门路，实施再就业工程，并完善最低生活保障方面的工作。这绝不单纯是"放松银根、刺激需求"所能奏效的。

最后，我想再次强调：当前我国的经济问题，主要不是刺激需求总量、加快增长速度的问题，而是调整结构、提高素质和效益的问题，这要靠两个根本性转变来实现，在宏观环境上要以适度从紧、适时微调的方针保证。我们要充分利用当前买方市场初步形成、相对宽松的宏观环境已经出现的大好形势，加大结构调整、机制转换和增长方式转变的力度，按照党的十五大所制定的路线、方针、政策，把建设有中国特色社会主义事业全面推向21世纪。

再谈"买方市场"[*]

（1997年10月）

一、买方市场问题研究回顾与重提买方市场的现实意义

20世纪80年代初期，我曾提出了要把卖方市场转变成买方市场以实现改革目标的思想。围绕买方市场问题的观点体现在我的几篇文章中^①。当时研究买方市场问题，是为了使市场机制和市场调节不只是在国民经济调整时期发挥其作用，而且能够成为改革后将要建立起来的新经济体制不可分割的组成部分。建立买方市场是为了充分发挥市场的作用，创造一个宽松的经济环境，为体制改革创造物质基础，其最终目的还是要建立一个市场经济体制。因为，原来的计划经济是以卖方市场为基础的，总量关系总是处于求大于供的状态，经济运行的态势在宏观层次上属于供给制约型，市场关系只能是由供给者或卖方主宰，消费者或买方只能听任作为卖方的生产者、供应者的摆布，没有什么发言权。国家对物质资料的分配采取了配给和调拨体制，在这种体制和市场供求总量格局之下不存在实行正常的市场调节所必需的竞争，社

---

* 本文由作者口述，请社科院财贸所刘力、张群群两位博士协助整理成文，作者修改定稿。原载《财贸经济》1997年第10期。

① 《略论计划调节与市场调节的几个问题》，《经济研究》1980年第11期；《再论买方市场》，《人民日报》1983年9月23日等处。

会主义生产目的无从实现，消费者权利难以有效行使，人民生活长期以来一直受到严重影响。经济体制改革的最终目的还是要改善人民生活，从这个角度来说，要实现改革目标，就应该通过努力把卖方市场转变成买方市场。

把卖方市场转变成为买方市场，这是调整经济结构、消除一系列体制弊端的迫切需要。卖方市场是传统计划经济体制在经济运行方面的一个特征，并且是国民经济深层次的结构矛盾的一个表现。在传统体制下，生产者的生产活动并不是以满足消费的需要为目的，而只是为生产而生产，强调要为更高的政治层面的目的服务。在当时的特定历史背景中，经济活动的目的主要是服务和服从于国家防务的需要。在这个方面，中国和苏联的情况有颇多相似之处。历史地看待这个问题，虽然不能完全否定当时采取的发展战略和政策措施的合理性，但不能不看到，由此带来的体制弊端和结构矛盾的影响却是相当深远的。隐藏在卖方市场格局背后的是一个畸形的国民经济结构。当时是强调以重工业为基础，把重工业放在优先发展的地位上，提出要把一切人力、物力和财力集中到发展工业上来。为实现全面的资源动员，满足高积累的需要，在经济调节方式上实行了普遍的全面的严格的计划控制。虽然在政策原则上不时地提出要按照农轻重的次序来安排，但在具体的计划执行过程中，却变成了重轻农次序。经济结构的严重失衡是传统体制下以至改革多年后仍然困扰着我们的重大问题。

卖方市场格局和结构失衡问题的根源大致可归结为两个方面。一是在宏观经济层次上的发展战略的选择决定了相应的体制安排和经济增长方式，并由此造成了许多弊端。特定历史环境条件下的战略需要把巩固国防和提高国力放到突出地位。为大力发展军事工业，必须优先发展重工业，人民生活的改善则被放到次要的地位上。为贯彻这种发展战略，在经济体制的安排上实行了计划经济；在宏观经济的运行上，则选择了片面追求高速度，特别是追求重工业高速发展的粗放型的经济增长方式；为实现外延型的扩大再生产实行了高积累政策。由此挤占了发展轻工业和农业的资源，造成了经济结构的严重失衡。二是在微观层次上实行了吃"大锅饭"的做法，形成了一种内在的需求扩张机制。在实行指令生产、资金供给制、物资计划调拨、一般消费品统购统销等制度安排之下，处于软预算约束之中的企业和地方都要不断地上规模争项目，它们对于资金、物资、一般商品的需求，都在不断地不可遏制地膨胀起来。难以抑制的投资饥渴症和全面的持续短缺是这种需求扩张机制的典型表现。从根本上讲，建立一个买方市场的想法是从经济结构调整的最终目的和改革高度集中的计划体制的需要产生出来的。

今天，经过十多年市场取向的改革，我们终于确立了社会主义市场经济的改革目标，并正在不断深化改革，努力实现这一改革目标。社会主义市场经济的核心是要发挥市场在资源配置中的基础性作用，而建立一个买方市场则有利于市场机制发挥作用。买方市场格局的形成具有一系列好处：消费者在这种局面中才能通过选择行为实现自身权利；买方市场可以促进生产者之间的竞争，提高生产经营活动的效率，改进经营、技术、管理水平；供略大于求且有适当存货的状态，既可以为市场形势的变动留有回旋余地，又可以为经济体制改革提供良好的宽松环境；等等。

二、目前的买方市场格局及其成因

改革以来，随着经济的迅速发展，我国逐渐告别以供给严重短缺为根本特征的卖方市场结构，逐步走向买方市场结构。至今，我国已经基本实现了由卖方市场向买方市场的过渡，初步形成了买方市场的新格局。

买方市场的基本标志是市场供给略大于需求。近年来，我国的大多数商品已经实现了供求基本平衡且供给略大于需求。根据国内贸易部对直接关系人民生活、生产的600多种主要商品供求总量的排队分析所得出的资料，到1995年上半年，已经有95%的消费品保持供求基本平衡和供给略大于需求，投资品种多数供大于求，有的产品库存已出现积压现象。1996年上半年供求基本平衡和供给略大于需求的商品比重达90.6%，下半年这一指标达到了93.8%。1997年上半年，市场格局继续沿着买方市场的方向发展。在进行排队分析的609种主要商品中，供不应求的商品只有32种，占5.3%，与上年下半年相比减少0.9个百分点；供求基本平衡和供给略大于需求的商品有577种，占94.7%，比上年下半年增加0.9个百分点。另外，农业持续丰收，1995—1997年上半年粮食产量连续增产，1995年全国粮食总产量为46657万吨，1996年达到49000万吨，1997年夏粮产量又创历史最高纪录。国际收支状况明显改善，外贸由1993年的巨额逆差转为1994—1997年上半年的连续顺差，国家外汇储备大幅度上升，1996年达到1050亿美元，比1992年增加856亿美元。上述状况表明，我国已经出现了供求总量基本平衡和供略大于求的局面，在总体上基本形成了买方市场格局。

目前的买方市场格局是怎样走过来的呢？应该说，这一转变过程是与体制上和战略上的两大转变密切联系在一起的。第一，买方市场的实现应该归功于市场取向的改革。市场取向的改革使中国经济摆脱了传统计划经济的羁绊，极大地促进了社会生产力的发展。特别是在所有制上打破了"一大二公"的禁区，在坚持公有制为主体的前提下，大力发展了非国有经济。改革以来，国有制以外的经济部门发展很快，成为经济发展和市场供应的重要力量。表1、表2表明，在全社会固定资产投资中，国有经济单位的比重由1980年的81.9%下降为1996年的52.2%，而非国有经济单位的比重则由1980年的18.1%上升到1996年的47.8%。在工业总产值中，国有工业的比重由1980年的76.0%下降为1996年的28.8%，而非国有工业的比重则由1980年的24.0%上升为1996年的71.2%。非国有经济的迅速发展、多元化竞争主体的形成，大大增加了商品供给和促进了市场繁荣。同时，通过改革，国有经济也达到了一定的发展，例如家电等行业，国有企业也为经济发展和市场繁荣作出了重要贡献。另一方面，市场取向的改革，也使国有企业的经营机制有了一些转换，软预算约束问题有了一些弱化，面对市场的约束和竞争，企业增加了调整产品结构的能动性，生产出更多符合市场需求的产品，这在一定程度上促进了买方市场格局的形成。

表1　1980—1996年我国固定资产投资经济类型结构的变化　　单位：%

经济类型	1980年	1985年	1990年	1995年	1996年
国有单位	81.9	66.1	65.6	54.4	52.2
集体单位	5.0	12.9	11.9	16.4	14.8
个体	13.1	21.0	22.5	12.8	14.1
其他经济单位	—	—	—	16.4	18.9

资料来源：《中国统计摘要1997年》，第6页。

表2　1980—1996年我国工业总产值经济类型结构的变化　　单位：%

经济类型	1980年	1985年	1990年	1995年	1996年
国有工业	76.0	64.9	54.6	32.6	28.8
集体工业	23.5	32.1	35.6	35.5	40.4
城乡个体工业	—	1.8	5.4	14.5	16.5
其他经济类型工业	0.5	1.2	4.4	17.3	14.3

资料来源：《中国统计摘要1997年》，第7页。

　　第二，买方市场的实现还应该归功于经济发展战略的调整。20世纪70年代末以来，我国逐步摒弃了以片面追求生产速度、重积累轻消费和重工业倾斜发展的传统发展战略，努力实行以提高人民生活为目的、积累和消费并重和农轻重并重的发展战略，以求得国民经济的协调发展，使我国的市场供应状况日益好转，商品供应不断增加，买方市场格局逐步实现。

回顾我国买方市场实现的过程，我们可以深刻地认识到，我国买方市场的实现是来之不易的，是十多年来艰苦努力的结果。同时，我们还应该清醒地认识到，我国买方市场的格局仅仅初步建立了起来，还很不巩固。主要表现在以下几个方面：（1）部分商品（如能源产品、部分化工产品和个别冶金、轻工产品等）还没有达到供求基本平衡，更没有达到供大于求。（2）市场供应不仅包括产品供应，而且也包括服务供应，随着经济的发展和人民生活水平的提高，市场对后者的需求将越来越大，而我国的服务业的发展相对滞后，远远无法满足市场的需要。（3）部分商品如城市住房，虽然远远未能满足居民需求，但是由于体制、结构、价格等方面的原因，却出现了大量闲置现象。（4）部分产品实现了供求基本平衡或供大于求，但其生产供给基础仍然很脆弱，不稳固。这方面最突出的例子是农业，尽管1995年以来粮食连续丰收，但将来能否持续下去，尚存在许多不确定性因素。对于我国这样一个拥有12亿多人口的大国来说，粮食的供应形势永远是不容盲目乐观的。

针对目前我国已经基本实现买方市场但很不巩固的情况，我们在指导思想上必须克服认为卖方市场向买方市场的转化已经大功告成的观念。我们应该清醒地认识到，尽管过去片面追求生产速度、经济结构失衡和积累率过高的情况已有很大改变，但整个经济体制和经济发展战略并没有彻底转变过来。由于经济体制上政企职责不分、条块分割盛行、预算约束软弱、投资责任不明等弊端远未消除，所以在增长方式上盲目追求外延粗放式的扩展，追求"大而全""小而全"的重复建设和重复引进依然存在，这种情况将导致经济结构的进一步扭曲和经济效益的下降，并反复引发经济过热和严重的通货膨胀，这些都不利于买方市场的巩固和发展。特别当经济过热和严重通货膨胀再度出现，还会从总体上破坏买方市场的格局。对此我们千万不能疏忽大意。

三、实行有利于维持买方市场格局的经济政策

现在我们再次谈论买方市场问题，是有很强的现实意义的。随着经济运行"软着陆"的成功，今年（1997年）上半年仍有着相对快速的经济增长，而且物价增幅下降了。面对如此的经济形势，有人却认为经济偏冷了，主张加温。一些地方和企业要求更高速度的经济增长，这种愿望是可以理解的。目前部分职工下岗、在岗人员就业不充分，商品积压增加、在"三角债"困扰下企业资金运转困难等问题确实存在，需要认真对待，切实解决。但把这些问题归结为需求不足，认为与买方市场有关，则是需要商榷的。理论界有人提出，当前经济运行中出现了经济增长和物价指数"双低"的势头，主张在宏观调控上不能继续从紧和"消极求稳"，而应该刺激需求，加快增长速度。这种看法和主张是否符合实际呢？

首先，这次"软着陆"后与上次"硬着陆"后的情况不同。上次周期转折时，经济增长率由1988年的11.3%骤降到1989年的4.1%和1990年的3.8%，出现滑坡，可以说"偏冷"。这次"软着陆"前后的增长率，1995年是10.5%，1996年为9.7%，1997年上半年仍达到9.5%。今年上半年的经济增长率，高于宏观调控预期的全年目标（8%），处于我国目前经济增长的合理区间（8%~10%），仍排在世界各国的前列。总之，今年上半年的增长速度并不低，怎能说经济运行"偏冷"呢？

其次，从需求拉动来看，今年上半年消费稳中有升，全社会消费品零售总额为13006亿元，同比增长14.1%，扣除价格因素，实际增长12.1%。投资需求适度增长，全社会固定资产投资

（不含城乡集体和个体投资）同比增长13.8%，实际增幅9.7%。外贸需求明显回升，同比增长26.2%。总之，消费、投资和出口三大最终需求，今年上半年的增长幅度都高于GDP的增长幅度（9.5%），拉力并不低。从总体上看，不能说需求不足。

最后，货币政策适度从紧的"度"把握得比较好。从今年上半年金融运行形势看，中央银行适度增加了货币供应量，积极支持了合理的资金需求。①今年上半年金融机构各项贷款共增加3944亿元，比去年（1996年）同期多84亿元。②随着资金供应渠道的多元化，上市公司在股市吸收了不少资金。上半年共有100多家企业发行各种股票，筹集资金达500亿元。③出口结汇增加了不少人民币资金。④在货币供应量方面，反映现实需求状况的，流动性较高的货币M_0、M_1，上半年增幅分别为19%、19.1%，两个指标的增长幅度都超过了原定全年调控目标（13.6%和18%）。而且，到6月末金融机构中企业存款余额25674亿元，同比增长27.6%。企业存款上升幅度的提高表明企业自身支付能力增强，资金紧张状况得到进一步缓解。此外，股市相当活跃，实体生产部门的资金转向虚拟资本部门，在股市上反复翻腾，证明资金并不那么缺。总之，实施适度从紧的货币政策并没有采取"一刀切"的做法，而是保证了货币供应的适度增加，并促进了整个市场流动性的增强。

可见，就目前形势而言，不存在经济偏冷的问题，也看不出有改变适度从紧政策的理由。当前经济运行中的确存在一些值得注意的问题，如供给过度增多、商品供应过剩、生产能力过剩、产品积压、开工不足等，这些问题不属于"买方市场"的范围，因为我们讲的和要的"买方市场"，是总体供给"略大于"需求的市场，而不是供给"过度超过"需求的市场。目前我国经济生活中出现的某些商品供应过剩、生产能力利用不足的现象，既与买方市场无关，亦非"需求不足"之过，而主要在于供给结构扭曲，不适应市场需求变化；在于多年来盲目追求粗放扩张，重复建设超过正常需求；在于优胜劣汰机制还不健全，在新的生产能力不能增长的同时，那些本该淘汰不符合市场需求的生产能力却得不到及时调整。特别是在经济过热时，在需求扩张假象拉动下，生产能力一下子上去了，一旦需求膨胀消除，便会暴露出来深层次的结构矛盾。这种结构矛盾的原因归根到底还在于前面所说的体制缺陷，包括投资体制还处于无人负责的状态，等等。有人提出用扩大投资的办法来刺激需求，这在当前资源供应的"瓶颈"有所松动的情况下，不是不可以有选择有重点地适当增加某些投资，以促进闲置资源的有效利用。但应注意，在目前体制条件下，全面放松对投资的控制，这只能继续鼓励粗放扩张和重复建设，加剧产品积压和资金占用，进一步扭曲供给结构，应该努力避免。

另一例子是就业问题。在中国，简单地套用"物价高失业率低，物价低失业率高"的公式，一定会碰壁。对于就业问题的分析不能简单化。目前我国就业压力的原因十分复杂，有劳动人口占总人口比重上升的供给总量原因；有农村剩余劳动力向非农业转移，第二、第三产业和城镇就业压力增大的结构原因；有资本有机构成提高的技术上的原因；有企业转制减人增效的体制上的原因；等等。当然，还有周期性原因，经济增长率的回落限制了劳动需求总量的增长，但这个原因是短期性的，不是主要原因。前几个原因是基本性的、较长期性的，不是一时经济景气与否的问题，也不是银根松紧程度的问题。因此，对于就业问题，要根据不同原因，采取不同的对策，进行综合治理。如实施再就业工程，建立和完善社会保障体系，发展乡镇企业，发展第三产业，不断地向生产的广度和深度、向市场的广度和深度推进，拓宽就业领域，创造更多的就业机会，增加适应市场需求的有效供给而不是无效供给，这也是有利于买方市场的发展和巩固的。单纯用放松银根、刺激增长的办法，解决不了当前我国的就业问题。

另外，在若干年来市场取向改革和卖方市场转化为买方市场的过程中，我国绝大多数商品价格形成已走上市场定价的轨道。但每逢经济过热、物价涨幅过高时，这种转化都要受到阻碍。近几年来随着加强和改善宏观调控政策的实施，物价涨幅逐年回落，今年在国民经济保持适度快速增长的同时，物价涨幅又进一步下降。这是一件好事，是买方市场得到进一步健康发展的体现。占居民消费比重较大的食品价格下降，主要得益于农业丰收，但基础并不稳固。同时，居住和服务项目价格涨幅仍高，还不能掉以轻心。有人认为现在物价涨幅太低，提出要实行适度的物价上涨，以刺激经济增长。我认为，对通货膨胀绝对不能开口子，只能收口子，就是说，只能采取"抑制"通货膨胀和稳定物价的方针（当然抑制到什么程度，要看当时主客观条件），而绝不能采取"适度通胀"和"刺激涨价"的方针。口子一开，收不了，只能引发新一轮的严重通货膨胀和物价上涨，从而破坏得来不易的买方市场良好局面。

再谈『买方市场』

总之，在确定当前经济政策的指导方针时，我认为应实行有利于巩固和发展买方市场格局的宏观经济政策。当前我国的经济问题，主要不是刺激需求总量，加快增长速度的问题，而是改进结构、提高素质和效益的问题，这要靠两个根本性转变来实现，在宏观环境上要以适度从紧的方针来保证。现在我们已经初步实现买方市场的格局，有了一个相对宽松的宏观环境和市场环境。我们应充分利用这个大好时机，加大体制改革、结构调整和增长方式转变的力度，以促进我国经济的持续、快速和健康发展。

中国经济改革与发展[*]

——在日本久留米大学东亚经济与后工业社会国际学术研讨会上的学术报告摘要

（1997年11月2日）

一、经济改革的进展

中华人民共和国的经济，以1978年为分界线，划分为两大时期。在此以前，实行高度集中的计划经济。从1978年年末开始实行市场取向的改革，到现在已18余年。18年来的改革，大体经历了三个阶段。第一阶段，以1978年中共十一届三中全会为起点，否定了过去长期实行的"以阶级斗争为纲"，把全国工作重点转移到以经济建设为中心上来，提出了改革、开放的任务。改革的重心在农村，实行了包产到户，打破了人民公社体制，极大地激发了农民的生产积极性。第二阶段，以1984年中共十二届三中全会为标志，否定了传统的计划经济体制，提出我国要建立有计划的商品经济，改革的重心由农村转到城市，在工商等各个领域展开。第三阶段，以1992年中共十四大为标志，把建立社会主义市场经济体制作为改革的目标，改革重心由南向北，由沿海向内地推进。今年（1997年）9月召开的中共十五大，进一步提出把改革、开放和现代化建设事业全面推向21世纪的任务。中国的改革、开放势头方兴未艾，这是全世界欢迎的，

*　原载《消费经济》1997年第6期。

也是不可逆转的。

经过18余年逐步深化的改革，中国的经济体制发生了显著的变化。

1. 在所有制结构上，初步形成了以公有制为主体、多种所有制经济共同发展的格局。初步估计，1996年国内生产总值，国有经济比重已降到百分之四十左右；包括国有、集体在内的公有制经济约占四分之三；包括个体、私营、外资在内的非公有制经济约占四分之一。尤其值得注意的是：由不同所有制经济组成的混合经济组织，目前在国内生产总值中已占20%。所有制结构的多元化、复合化，给整个经济运行带来了不少活力。

2. 市场机制作用不断增强。现在，95%以上工业生产的消费品、85%以上农副产品的价格都已由市场来决定。原来不进入市场的生产要素，如资本、劳动力、土地、技术等，也逐渐走向商品化、市场化。

3. 国家对经济的管理，由过去行政指令性的直接控制，逐步转向用经济手段来进行间接调控。近几年来，通过对财政、金融、计划等体制进行了比较深入的改革，宏观调控体系的框架已初步建立起来。

4. 经济改革与对外开放互相促进，外贸、外汇等涉外经济体制逐步完善。目前，中国已初步形成了包括经济特区—沿海—沿江（长江、珠江）—沿边（境）—沿主要交通干线和内陆中心城市的多层次全方位对外开放格局。

二、经济发展的成就

与一些国家的经济改革往往在一定时期要以经济增长的下降为代价不同，中国在经济改革取得进展的同时，推动了经济建设的迅速发展。1979—1996年中国国内生产总值每年平均增长9.9%左右，高于改革前30年平均年增长6.1%的速度。中国的综合国力不断增强，相应的城乡居民生活水平也得到提高。农村居民家庭人均收入由1978年的133.6元人民币增加到1996年的1926元人民币，增长指数为409.2%；同期城镇居民家庭人均生活费收入由316元人民币增加到4377元人民币，增长指数为296.7%。尤其是最近5年，我国经济呈现出快速稳定增长的蓬勃局面。1996年国内生产总值达67796亿元人民币，按可比价格计算，比1991年增长77.1%，5年平均每年增长12.1%，是新中国历史上发展最快的时期，在世界经济中增长速度也是名列前茅（同期世界经济年均增长2%，其中发达国家1.8%，发展中国家5.4%）。根据世界银行公布的预算资料，1996年中国GDP在世界各国的排位，已由1991年的第10位升到第7位。

改革开放的结果，使中国经济与世界经济的联系更为紧密。中国进出口贸易总额由1979年的293亿美元，1991年升至1356.3亿美元，1996年增长到2899亿美元。1996年比1991年扩大了1.1倍，每年平均增长16.4%。中国在世界贸易总额中所占比重已从第32位提到第11位。改革开放以来，我国引进外资迅速增长，1979—1996年共批准利用外资项目28万余个，实际利用外资金额2839.4亿美元，其中最近5年为2043亿美元，数倍于前13年利用外资的总和。5年来外商直接投资1515亿美元，年均增长57.1%，其中1996年417亿美元，占当年发展中国家吸收外商直接投资总额的三分之一，是世界上仅次于美国的第二大吸收外国直接投资的国家。中国经济的持久、快速发展，将形成巨大的进口和投资要求，为世界各国扩大与中国的贸易和投资合作，带来多方面的机会。

三、改革与发展中存在的问题

中国的改革，采取了渐进方式，在体制转换和经济发展中，取得了阶段性成果。但是，采取的渐进式改革策略，决定了中国必然要经历一个从计划经济体制向市场经济体制过渡的时期。在过渡时期中，新旧体制并存，必然带来许多摩擦，而体制上的摩擦又同经济发展中的矛盾交织在一起，使中国经济在转变过程中面临许多难题，它们也是社会公众关心的热点问题。主要的有以下几点。

1. 反复出现的经济过热与通货膨胀。所有实行改革和转轨的国家都遇到通货膨胀的挑战。中国改革开放以来已经先后出现了四次经济过热。过去的经济过热往往引起经济的大起大落，造成重大损失。最后一次经济过热由于正确地实行了"适度从紧，适时微调"的宏观调控政策，和不失时机地对财税、金融和外贸等体制进行了重大改革，才得以既控制了通货膨胀又保持了经济相对快速增长（物价上涨率由1994年的21%降到1996年的6.1%；经济增长率由1992年的14%降到1996年的9.7%，平均每年保持10%左右的速度），成功地实现了"软着陆"。但由于旧体制中软预算约束等因素的影响尚未根除，由投资饥渴等原因引发经济过热和通货膨胀的潜在压力仍然存在。

2. 产业结构不合理：一是基础设施和基础产业的"瓶颈"制约尚未完全解除；二是一般水平的加工工业能力过剩，而高水平加工生产能力不足；三是服务业发展滞后；四是追求"大而全""小而全"的粗放扩张和重复建设，以及地区之间结构雷同现象还比较普遍。

3. 地区发展差距问题。东部沿海地区经济增长持续快于中部、西部地区，导致地区间发展水平差距扩大，而我国中、西部又是少数民族分布地区，所以地区差距问题如不注意及时适当处理，会带来一些社会政治问题。

4. 国有企业活力不足，改革进展缓慢。目前国有企业分散在从一般性竞争性部门到关系国民经济命脉的垄断部门，不少企业经营机制不适应市场经济的要求，冗员、债务和各种社会负担沉重，转制阻力重重，成为改革中的一大难点。

5. 就业问题日益突出。中国劳动力丰富是一种资源优势，同时也带来就业难题。农业剩余劳动力十多年来已被乡镇企业和其他非农产业吸收了一亿多人，目前仍有一亿多剩余劳动力有待转移。产业结构调整、企业机制转换以及技术进步等因素，都会不断产生大量的失业和下岗人员，给改革和发展造成巨大压力。

6. 意识形态问题。我国的改革从一开始就明确是社会主义制度的自我完善，而不是改变为资本主义制度。但什么是社会主义制度和如何完善社会主义制度，对此一直有不同的理解。几乎每前进一步都会遇到争论。从改革初对农村实行包产到户，和广东、福建办经济特区是不是搞资本主义，到后来对社会主义经济是否是商品经济，可否实行市场经济，都有过长期的争论。最近几年又对股份制、股份合作制等是否搞私有化，在一部分人中间发生了怀疑。这些问题不从理论上加以澄清，改革就难以顺利进行。

7. 计划经济转变为市场经济以及国有企业改革等，碰到政府职能转变和机构精简的问题，政府机构改革是关键。但政府职能转变与机构精简涉及政治体制，举步维艰，进展缓慢，成为其他方面改革的制约因素。

此外，收入分配不公问题、金融风险增大问题、资源短缺与环境污染问题、腐败问题等，也都对我国的经济改革与发展形成了挑战，成为社会公众关注的焦点。我国经济改革与发展中出现的各项难点与热点问题，只有在今后继续推进改革和现代化建设的实践中进行不断的探索，才能得到解决。

四、跨世纪的改革和发展纲领

不久前中共十五大通过的报告，对中国改革开放和社会主义现代化建设跨世纪的发展作出了全面部署。这里我就经济方面作点简要介绍。

十五大报告指出，从现在起到21世纪前10年，是我国现代化进程的关键时期，在这个时期我们必须解决好两大课题：一是建立比较完善的社会主义市场经济体制；一是保持经济持续快速健康发展。这两大课题的解决关系我国社会主义现代化建设事业的全局。报告对如何解决跨世纪经济体制改革和经济发展战略任务进行了阐述，提出了明确的思路和政策取向。

在经济体制改革方面，十五大报告强调要坚持社会主义市场经济的改革方向，使改革在一些重大问题上取得新的突破。重点阐述了调整和完善所有制结构，加快推进国有企业改革。明确指出，公有制为主体、多种所有制经济共同发展，是我国社会主义初级阶段的一项基本经济制度。针对一些人对我国国有企业比重降低忧心忡忡，阐明了公有制的内涵并不等于国有制，它有多种实现形式，只要坚持公有制为主体，并且国有经济对国民经济命脉的控制力得到加强，国有经济比重减少一些，并不影响我国社会主义性质。针对部分人士对公有制改革采取股份制、股份合作制形式是实行私有化的担心，报告指出股份制是现代企业的一种资本组织形式，资本主义可以用，社会主义也可以用；股份合作制是劳动者的劳动联合和劳动者的资本联合相结合的集体经济，是改革中的新事物，要支持、引导。同时还第一次肯定了非公有制经济是社会主义市场经济的重要组成部分，要继续鼓励引导，使之健康发展。这些论述都有利于推动经济体制改革，大大促进我国生产力的发展。

在国有企业改革方面，报告进一步明确了建立现代企业制度的改革方向，力争到20世纪末大多数国有大中型骨干企业按照规范的公司制的要求，初步建立起现代企业制度，使企业成为适应市场的法人实体和竞争主体。国有企业体制改革要同结构改组、技术改造和加强管理结合起来。要着眼于搞好整个国民经济而不是救活每一个企业，通过战略性改组，形成跨地区、跨行业、跨所有制以至跨国经营的大企业集团；并采取多种形式，加快国民经济市场化进程和健全宏观调控体系，以及实行政府机构改革等方面，提出了推进改革的任务。

在经济发展战略上，报告强调要在调整和优化经济结构、发展科技教育和提高对外开放水平等方面，取得重大进展。坚持把农业放在经济工作的首位；改造和提高传统产业，发展新兴产业、高技术产业和第三产业；推进国民经济信息化；促进地区经济合理布局和协调发展，逐步缩小地区发展差距；实施科教兴国战略和可持续发展战略，使经济建设真正转到依靠科技进步和提高劳动者素质的轨道上来，处理好经济发展同人口、资源、环境的关系。在经济增长和结构调整的基础上，多渠道妥善解决就业和再就业问题，使全国人民过上小康生活，并逐步走向更高水平。

十五大报告提出的上述经济改革和经济发展的各项任务，将为实现国民经济社会发展"九五"计划和2010年远景目标创造良好条件，预计20世纪最后几年，中国经济增长率将保持在8%以上，通货膨胀率将控制在5%以下，2000年人均国民生产总值将达到1980年的400%，人民生活达到小康水平，初步建立起社会主义市场经济体制。2010年国民生产总值将比2000年再翻一番，人民的小康生活更加富裕，形成比较成熟的社会主义市场经济体制，从而为21世纪中叶实现全面的现代化，建成富强、民主、文明的社会主义国家打下坚实的基础。

　　在向现代化目标迈进的过程中，中国将坚定不移地实行对外开放政策，以更加积极的姿态走向世界。中国经济的发展是和世界经济的发展密切联系在一起的。中国经济的振兴需要大量吸收外国先进技术、资金和管理经验。中国广阔的市场和巨大的发展潜力，必将对中外经济合作特别是一衣带水的中日两国的经济合作，产生强大的推力。不久前，我们两国庆祝了中日邦交正常化25周年。过去25年中日经济合作关系得到了长足的发展。1972年两国贸易额尚不到11亿美元，到1996年已增长至624亿美元。中日经济合作关系是经济全球化的时代潮流与中日之间特有的经济互补关系相结合的体现。两国经济合作的发展对双方都有好处，更增进了两国人民之间的友谊。我们希望中日两国人民的友好合作万古长青。

中国经济改革与发展